Marxismo e Oriente:
quando as periferias tornam-se os centros

Dados Internacionais de Catalogação na Publicação (CIP)
(Câmara Brasileira do Livro, SP, Brasil)

Marxismo e Oriente : quando as periferias
tornam-se os centros / Marcos Del Roio
(organizador) . — São Paulo : Ícone ;
Marília, SP : Oficina Universitária da
FFC - Unesp Marília, 2008.

Vários autores.
ISBN 978-85-274-0962-9

1. Marxismo 2. Oriente - História I. Del Roio,
Marcos.

07-9668   CDD-320.5315095

Índices para catálogo sistemático:

1.   Maxismo e Oriente :   Ciência política
320.5315095

Marxismo e Oriente:
quando as periferias tornam-se os centros

Marcos Del Roio
(organizador)

© Copyright 2008.
Ícone Editora Ltda & Oficina Universitária - Unesp

CONSELHO EDITORIAL - ÍCONE
Dorival Bonora Jr.
Cláudio Gastão Junqueira de Castro
Vinícius Cavalari
Neusa Dal Ri
Marcos Del Roio
José Luiz Del Roio
Tereza Isenburg
Ursulino dos Santos Isidoro
Sebastião José Roque
Diamantino Fernandes Trindade

CONSELHO EDITORIAL - OFICINA UNIVERSITÁRIA
Antonio Carlos Mazzeo
Viviane Souza Galvão
Clélia Aparecida Martins
Mariângela Braga Norte
Maria Izaura Cação
Hugues Costa de França Ribeiro
Ubirajara Rancan de Azevedo Marques
José Geraldo Alberto B. Poker
Maria Inês Bayer Pereira (Secretária)

Capa e Diagramação
Andréa Magalhães da Silva
Edevaldo D. Santos
Rogério Seibel

Revisão
Rosa Maria Cury Cardoso

Proibida a reprodução total ou parcial desta obra, de qualquer forma ou meio eletrônico, mecânico, inclusive através de processos xerográficos, sem permissão expressa do editor (Lei nº 9.610/98).

Todos os direitos reservados à
ÍCONE EDITORA LTDA.
Rua Anhangüera, 56 - Barra Funda
CEP 01135-000 - São Paulo - SP
Tel./Fax.: (11) 3392-7771
www.iconeeditora.com.br - iconevendas@iconeeditora.com.br

SUMÁRIO

Introdução, 7

Marx e a questão do Oriente, 17
   Marcos Del Roio

A idéia de História e de Oriente no último Marx, 51
   Pedro Leão da Costa Neto

O lugar do Oriente em Marx e a concepção staliniana
   dos "Cinco Estágios", 69
   Mauro Castelo Branco de Moura

Lenin, e a Internacional Comunista na questão do
   Oriente, 91
   Antonio Carlos Mazzeo

O marxismo das periferias, 113
   Aldo Agosti

A China e o marxismo: Li Dazhao, Mao e Deng, 145
Armem Mamigonian

O movimento nacional palestino perante a "solução
final" sionista, 201
João Quartim de Moraes

Gramsci e o Islam, 241
Derek Boothman

A visão do centauro: hegemonia e o lugar do Oriente
em Gramsci, 269
Roberto Ciccarelli

Introdução

O "Oriente" é muito mais uma construção cultural do "Ocidente", do que uma expressão geográfica. Essa construção cultural designada como "Oriente" contou com significado e amplitude diferentes com o decorrer do tempo. O Ocidente atual tem as suas raízes na época feudal madura, a partir do século XI, quando era uma zona cultural periférica em relação ao mundo árabe-muçulmano e ao mundo greco-bizantino-cristão. É a sua capacidade de incorporar a produção técnica e cultural dessas zonas mediterrâneas que lhe dá o potencial de agressão e conquista que tem início com as "cruzadas". O Ocidente passa a ser o centro cultural e econômico a partir do fim do século XV, quando o Oriente é redefinido pelo avanço imperial dos turco-otomanos, que ocupa o mundo árabe e o greco-bizantino e o Ocidente se volta para o oceano Atlântico. Além do império turco, surge a Rússia, pretensa herdeira do mundo greco-bizantino, como novo Oriente cristão. O próprio capitalismo surge na periferia do núcleo do Ocidente, na Inglaterra.

Mas a expansão sobre o mundo, na medida que ocorria a acumulação originária do capital, fez o Ocidente da modernidade capitalista em construção se chocar com outras amplas zonas culturais que em muito ampliaram o significado de Oriente. Por suposto, noção não reconhecida por culturas tão particulares, tão profundamente arraigadas como as da Pérsia, da Índia, da China e de suas periferias. Cada uma dessas antigas culturas, com formas também diversas de organização da produção e do poder, resistiu ao assédio do Ocidente, até mesmo com desprezo, por meio da força de suas construções culturais e de suas convicções expressas em sólidos valores religiosos. A Pérsia pela vertente xiita do islamismo, a Índia pelo hinduísmo e a China pelo confucionismo, mas ao fim todos tiveram que capitular diante da força das armas e do comércio do Ocidente, com sua dinâmica expansiva intrínseca. Vergados finalmente pelo imperialismo capitalista foi no resgate da sua própria tradição cultural popular que encontraram forças para reagir ao colonialismo.

Observe-se que o capitalismo se difundiu e penetrou com força, num primeiro e decisivo momento, apenas no Japão, região periférica feudal que havia incorporado e transformado o budismo em senso prático, uma religião originária da Índia e migrada para a China, quando traziam toda outra característica. O cristianismo e também o liberalismo, produtos culturais do Ocidente, tiveram escassa e periférica penetração no Oriente e mesmo assim entre parcelas das classes dirigentes, como o exemplo do Vietnã ou o caso particular das Filipinas. Mais tarde o individualismo capitalista teve sucesso significativo na Coréia do Sul e em Taiwan, além do Japão.

Percebe-se então a importância das periferias nas grandes mudanças históricas. Na Antigüidade, a Grécia era apenas uma periferia das grandes civilizações do Egito e da Mesopotâmia, e deu origem ao helenismo unificador das classes dirigentes de um vasto território. A Europa feudal era a periferia do mundo árabe-islâmico e do mundo greco-bizantino, mas foi o berço do capitalismo. Mesmo na Europa feudal a Inglaterra era uma região periférica, mas foi onde germinou o capitalismo. Também na Ásia o capitalismo surgiu no Japão, uma zona periférica do gigantesco império chinês delapidado pelo imperialismo ocidental. No século XX foi também nas periferias onde eclodiram as revoluções sociais mais poderosas e que provocaram deslocamentos geopolíticos de reconhecida monta, particularmente as revoluções russa e chinesa.

O marxismo, um produto cultural do Ocidente periférico, que era a Alemanha dos anos 1840, se propôs a colocar o seu próprio berço no avesso, porquanto pode obter maior penetração na Ásia por sua identidade com o proletariado industrial e por ser cultura crítica do colonialismo e do imperialismo. O marxismo contribuiu para as lutas de emancipação no mundo árabe, na Pérsia, na Índia, mas só se tornou uma força decisiva na China e em parte da sua periferia, tal como a Coréia do Norte e a Indochina. Nessa última região, o marxismo serviu de substrato para a emancipação e reconstrução do Estado em bases nacional-popular e em declarada "transição socialista".

Não resta muita dúvida de que o Oriente, em toda a sua complexidade e diversidade, volta nesses tempos de mundialização do domínio do capital e de um redivivo e renovado colonialismo, a ser centro de esperanças e de preocupações, de ambição e de repúdio. De uma ou outra forma, resgatando uma expressão utilizada por Gramsci, as periferias voltam a ser os centros, numa inversão da lógica imperialista. Hoje o Japão, terceiro ângulo da tríade imperial (junto com o EUA e Europa) e berço do assim chamado toyotismo – essa forma exacerbada e sofisticada de exploração do trabalho social – já não chama tanto atenção por estar submerso em profunda crise e tende a voltar a sua histórica posição periférica. A China, com sua vasta zona de influência externa, por sua vez, apesar de tantos problemas, se destaca como uma excepcional área de crescimento econômico e avanço social, em meio a um planeta submerso em dramática crise social e estagnação econômica. A Índia demonstra também um enorme potencial de crescimento, que fazem aumentar muito a explosiva situação social e cultural do subcontinente, ainda mais com o reforço da identidade hinduísta. O Irã (Pérsia) encontrou no xiísmo a forma de resistir ao renovado impacto do Ocidente imperial.

Por outro lado, o Oriente é vitimado por uma ofensiva colonialista, perpetrada pelos EUA e Grã-Bretanha, que buscam o controle dos recursos naturais energéticos, como o gás e o petróleo, e de posições político-militares estratégicas. O ataque é perpetrado sobre um hemicírculo que se estende de leste a oeste, da Ásia central a Europa sul-oriental, por meio de alianças políticas com grupos sociais dominantes locais ou de guerras de agressão e conquista. A aliança que se forma a partir da Servia e Bulgária passa pela Turquia e por instáveis regimes árabes, mas principalmente por Israel, congênita ponta de lança contra o mundo árabe, e se estende até as antigas repúblicas soviéticas da Ásia Central, aparecendo apenas o Irã como elemento de resistência.

A agressão e conquista do Iraque visava pôr em xeque a resistência popular Palestina e a própria Síria, além do Irã. Este é pressionado também pela ocupação do Afeganistão, ponto de apoio para a Ásia Central e para exercer pressão sobre a China e a Índia. A China já tem ainda que assistir a persistente presença imperialista em Taiwan. Certo que os grandes países da Ásia – a China, a Índia e a Rússia – sentem-se profundamente incomodadas pela presença americana e de seus asseclas menores e devem resistir negociando (até por contarem com armas nucleares). A resistência árabe-muçulmana tende a realçar a sua faceta de resgate da tradição cultural numa perspectiva de reencontro da "pureza original", como forma de recusa da modernidade capitalista.

Dessa situação podem resultar novas guerras em benefício das grandes empresas, principalmente de armas e de produção de energia, mas também daquelas especializadas em "reconstrução" de zonas devastadas, que contam com potencial de mercado para bens de consumo agrícolas, farmacêuticos e outros mais supérfluos. É exatamente o vastíssimo potencial de mercado da China e da Índia que tanto seduz o *imperium mundi* do capital e de seu principal instrumento de domínio, o Estado americano ampliado pelas bases militares, pela força econômica e por um arco de alianças, e que perpassa diversos níveis hierárquicos e regionais.

A resistência do Oriente, essa figura de fantasia inventada pelo Ocidente no processo de construção da sua própria identidade, surge da crescente força econômica da China e da Índia e da resistência antiimperialista na Palestina, no Iraque e no Afeganistão, que deve e pode se difundir por outras regiões caracterizadas pela religião islâmica. Guerra e revolução mais uma vez se entrelaçarão no Oriente e nas periferias do mundo, de modo que resistência antiimperialista e revolução social tenderão inevitavelmente a se confundir, assim como a possível redefinição de fronteiras.

A resposta para a questão de um possível papel do marxismo, ou melhor, de uma refundação comunista no futuro do Oriente está completamente em aberto, até porque a extensão e diversidade da Ásia exigiriam uma avaliação pormenorizada. A Ásia oriental parece contar ainda com grandes possibilidades, qualquer que seja a avaliação sobre a realidade atual desses países, apenas considerando a trajetória histórica do século XX e as forças atuais. Apenas pelo fato de grandes revoluções de libertação nacional endereçadas para a transição socialista, na esteira da revolução russa de 1917, terem ocorrido na Ásia oriental (China, Indochina e Coréia), sem que a avassaladora derrota que atingiu a Europa oriental tenha ali sucedido, faz crer nessa hipótese. A Índia conta desde os anos 20 com ponderável força social e cultural inspirada no marxismo e que tem apresentado frutos nos últimos anos de forma bastante diversificada, tanto nos movimentos sociais quanto no mundo intelectual cosmopolita da língua inglesa.

Bem mais complexa e difícil é a situação no mundo islâmico. Nessa vasta zona, particularmente afetada pela agressão imperialista, as tentativas de consolidação de revoluções nacionais redundaram num fracasso marcante quase por toda a parte diante da insuficiência de forças internas capazes de fazer frente à pressão imperialista aliada a forças sociais reacionárias internas e que contam com Israel como importante ponta de lança. Mesmo onde contaram com certa influência, como no Iraque e no Irã, os marxistas e comunistas foram vítimas de repressão por parte de regimes que procuraram certo grau de autonomia diante do imperialismo do Ocidente.

O fracasso da mimetização do Estado nacional ocidental no mundo islâmico e a debilidade das forças propensas ao socialismo abriram grande espaço para a emergência da religião islâmica como fundamento propositor de um resgate cultural e de uma nova sociabilidade antagônica a modernidade capitalista gerada pelo Ocidente, mas com grande possibilidade de resvalar para o reacionarismo. Um projeto histórico efetivamente emancipador exige, nessa vasta zona do planeta, uma solução para a questão da relação entre marxismo e islamismo. A versão igualitária e comunitária do islamismo deve se encontrar, em algum ponto, com a perspectiva universalizante do comunismo crítico a fim de que as massas árabes, em particular, e os povos islâmicos, em geral, possam trilhar o caminho da emancipação, da autodeterminação e do progresso material.

Inequívoca parece ser a proposição de que a emancipação efetiva do trabalho e dos povos passa pela diluição da representação cultural que opõe Ocidente e Oriente. Mas a noção de multiculturalismo não é uma solução, mas apenas uma nova visão originada da perspectiva do *imperium mundi,* que pretende dividir a humanidade em culturas estanques e estáticas. O horizonte emancipatório indica uma diversidade cultural que se entrecruza, que se transforma e que se enriquece umas às outras, sem particularismos ou hierarquias.

Um conjunto de textos que pretende contribuir para a compreensão e a reflexão sobre realidade tão complexa como

12

a do Oriente, privilegiando a perspectiva teórico-política do marxismo, deve necessariamente abordar, antes de qualquer outra coisa, a leitura e a perspectiva que o próprio Marx (e também Engels) fizeram e tiveram. Por certo, partiram eles de uma leitura consolidada pelo liberalismo (mas de origem teológica) do Oriente como entidade abstrata, terra do mal e de inconcebíveis riquezas. Partindo de uma visão histórico-evolutiva na qual o Oriente ocuparia os primórdios, parecem aos poucos se avizinhar de uma perspectiva mais adequada ao complexo da obra marxiana – na qual a atividade humana, no seu fazer história aponta para possibilidades diversas –, mas sem, no entanto, transcender o eurocentrismo.

Os três primeiros capítulos deste livro se debruçam por essa difícil trajetória teórica, do esforço para se conceber o Oriente como uma vasta e diversificada área, que contribuiu significativamente para a 'civilização', vítima momentânea do domínio do Ocidente, cujos instrumentos eram o mercado e as armas, mas que contava com perspectivas revolucionárias ponderáveis, capazes de incidir nos destinos da humanidade. Por outro lado, também são vistas as persistentes tendências de reabsorção de visões etnocêntricas (especificamente eurocêntricas) dentro da própria vertente cultural inspirada em Marx. O esforço de Marx encontrou uma tendência até certo ponto contraposta no próprio Engels, mas o retorno de uma concepção linear e evolucionista fez-se forte, ainda que de maneiras obviamente diferentes, nas vertentes majoritárias da II Internacional e depois no stalinismo.

Feito isso se passou ao esforço de oferecer ao leitor um painel de como o marxismo se difundiu pelas periferias, tornando-se instrumento de crítica de precedentes ordens sociais iníquas, submetidas pela difusão do capitalismo com as suas diversas facetas da opressão colonial. Marcante é o momento de grande criatividade e impacto universal do marxismo e da revolução socialista na Rússia de 1917. A difusão do marxismo pelas periferias se processou com maior ou menor sucesso, influência e criatividade, mas sempre girando em torno do epicentro gerado na Rússia Soviética. Com o marxismo refundado na periferia constituída pelo Oriente russo, mormente com Lenin, é que se consegue na teoria e na prática política a superação do eurocentrismo.

Fundamental, pela sua dimensão histórica, o marxismo e a revolução que se produziu na China e em alguns de seus entornos. Vitoriosa a revolução na Rússia e depois na China (seguida por uma esteira de novos Estados nacionais miméticos, eventualmente autodenominados 'socialistas') o Oriente teve enfatizado, pelas classes dirigentes do Ocidente imperialista, a sua imagem de espaço onde brota o mal (agora o 'totalitarismo comunista'). Mas passou, sem dúvida, a ser uma região de grande protagonismo histórico, alterando toda a dinâmica da política internacional e das áreas com potencial para exercer uma nova hegemonia. A catástrofe produzida pela desintegração da URSS e de sua área de influência na Europa oriental possibilitou uma renovada arremetida colonialista do *imperium mundi,* que acentua a sua tendência unipolar, não só pelo colapso de seu maior inimigo, mas como pelas dificuldades sócio-econômicas imensas enfrentadas pelo Japão e pela Europa, os outros dois ângulos da tríade capitalista imperialista. Essas dificuldades, porém, advem tanto da agressividade dos EUA quanto da pressão exercida pelo crescimento da China.

Por fim, no momento em que a história humana se universaliza pela ação do capital, o Oriente oprimido apresenta a sua face emancipadora, convergindo para a história do gênero humano efetivamente socializado, é oportuno oferecer aspectos da visão que Gramsci apresentava da questão das periferias e do Oriente. Lembrando sempre que Gramsci é também expoente do pensamento marxista gerado na periferia do Ocidente, a zona meridional da Itália, imbricamento de culturas milenares e que carrega consigo aspectos sociais e culturais da marca "Oriente".

Esse livro não pretende mais que ser uma primeira aproximação do problema. Um problema de tal vastidão e complexidade que certamente demanda toda uma série de estudos. Fica faltando uma análise do marxismo nas diversas regiões culturais que compõem esse vasto e diverso "Oriente", particularmente a Índia e o Japão, onde aparece uma produção teórica significativa. Do mesmo modo uma avaliação mais aprofundada do mundo árabe-muçulmano seria mais do que desejável. Essas lacunas são conscientes, mas representam um desafio para que o leitor parta daqui para o aprofundamento de tantas questões aqui apenas sugeridas. A idéia, o auxílio e estímulo para que esse livro fosse composto partiram de João Quartim de Moraes, a quem muito tenho a agradecer.

(Marcos Del Roio)

16

Marx e a Questão do Oriente

Marcos Del Roio
Prof. de Ciências Políticas
Unesp - Universidade Estadual Paulista
FFC - Faculdade de Filosofia e Ciências

1 Oriente enquanto paradigma liberal e figura da política internacional

Em meados do século XIX, entendiam-se limitadamente por "questão do Oriente" os problemas decorrentes do declínio e recuo do império turco, que deixava na sua esteira um séquito de Estados débeis e de fronteiras mal delimitadas. Esses novos Estados que surgiam na península balcânica não só tenderam a se digladiar entre si como passaram a ser campo de disputa entre as maiores potências da Europa, até se apresentarem como estopim de uma guerra imperialista generalizada, a partir de 1914.

Nesse contexto, o império russo era visto na sua dupla face de potência européia imperialista e de um regime despótico de clara marca oriental, assim como um Oriente interno ao próprio Ocidente, uma periferia. Mas a "questão do Oriente" tinha ainda uma faceta mais ampla, que englobava o vasto território da Ásia, vítima da expansão colonial e imperial do núcleo do Ocidente, portador da missão de reproduzir a acumulação ampliada do capital e difundir os princípios socioculturais da propriedade privada. Nesse caso, além da Turquia, encontravam-se a Pérsia, a Índia e a China, entre outros territórios.

O problema de fundo que este capítulo apresenta é o entendimento que Marx (e Engels) teve da questão do Oriente – assim como a vertente teórica do marxismo revolucionário do século XX – e a conexão com as formas e bloqueios das revoluções e dos intentos de transição socialista na Rússia e na China. Essa problemática também tem relação, mais amplamente, com o fracasso das revoluções nacionais no mundo árabe e a revolução passiva na Índia (na acepção que Gramsci dava a essa categoria). No entanto, dessa vasta e polêmica problemática, serão abordados aqui apenas os indícios que foram possíveis a Marx de lançar e para dizer que as insuficiências e lacunas por ele deixadas foram sanadas tão-somente numa medida muito pequena.

Há uma longa tradição, que remonta mesmo a antiga Grécia e Aristóteles, identificando o Oriente como terra de riqueza e servidão, a um só tempo. Obscurecida essa visão nos séculos de declínio do império romano e de surgimento do feudalismo ocidental, foi recuperada de um ponto de vista teológico pela Igreja de Roma, na época do apogeu e expansão do Ocidente feudal em direção ao Próximo-Oriente muçulmano, a partir do século XI. Note-se que o Ocidente feudal constrói a sua própria imagem em oposição ao Oriente muçulmano, embora tivesse que reconhecer a sua situação periférica do ponto de vista técnico e cultural. A imagem negativa do Oriente foi depois seguidamente reafirmada pela Filosofia e Ciência Política "clássica", de Maquiavel a Hegel, consolidando quase que um senso comum, na medida que se invertia a relação entre essas áreas culturais, e o Ocidente se sobrepunha sobejamente no seu caminho rumo à conquista do mundo. Não resta dúvida, porém, que foi Montesquieu quem melhor sistematizou essa perspectiva, apresentando o despotismo oriental como uma forma política diferenciada, inferior, perigosa e própria do Oriente, a qual poderia até mesmo se expandir e subjugar o Ocidente.[1]

Para Montesquieu, o despotismo oriental derivava basicamente de condições ambientais, que modelam as relações sociais e a forma do poder, pois que somente "circunstâncias provenientes do clima, da religião, da situação ou do temperamento do povo, forçam-no a seguir alguma ordem ou a submeter-se a alguma regra".[2] Sua característica fundamental é a ausência do direito político e de projeção na História, reproduzindo-se sempre igual a si mesmo, podendo mesmo ser encontrada em outras regiões da Terra que apresentassem condições semelhantes. A transformação social efetiva só poderia advir de uma reforma religiosa ou do impacto externo trazido pelo Ocidente.

Hegel retoma essa formulação dentro do contexto de uma filosofia da história, que estabelece algumas diferenças no seio do Oriente. Assim, a China aparece como um despotismo que anuncia a História, enquanto que a Índia, pela presença das castas, manifesta um despotismo degenerado. Vários outros autores tentaram estabelecer uma compreensão do Oriente, enfatizando um ou outro aspecto, mas o paradigma do despotismo oriental, elaborado como contraposição ao nascente Ocidente liberal foi o que gozou de uma não suspeitável fortuna.

---

[1] DEL ROIO, Marcos. *O império universal e seus antípodas: a ocidentalização do mundo*. São Paulo: Ícone Editora, 1998. Cap. 2.

[2] MONTESQUIEU. *O espírito das leis*. São Paulo: Abril Cultural, 1973. Livro 8, Cap. 10 (Os Pensadores).

2 Marx e o colonialismo inglês na China

Não é de se surpreender, então, que Marx e Engels tenham também partido dessa reflexão, no momento em que se aventuraram a abordar a questão do Oriente em suas diferentes facetas. O interesse demonstrado pelo Oriente aparece a partir dos reflexos dessa questão na política governamental inglesa e na política internacional, nos efeitos do colonialismo na Ásia e nos estudos sobre as formas de propriedade que precederam a forma burguesa, uma necessidade para explicar o capitalismo e a particularidade do Ocidente. O paradigma do despotismo oriental, que norteou as reflexões de Marx, tem sua contraparte na concepção de revolução socialista derivada do padrão da revolução francesa e do jacobinismo, assim como do papel progressivo que cumprira a burguesia revolucionária.

As fontes de Marx, além de Montesquieu e Hegel, foram também as observações de autores da economia política britânica, de viajantes, de administradores coloniais e de precursores da Etnologia. Embora sempre atentos à bibliografia mais atualizada, é importante anotar que o conhecimento histórico sobre o Oriente estava apenas em seus inícios, que a própria história do Mediterrâneo oriental estava para ser deslindada e que a Antropologia e a Arqueologia eram campos científicos ainda em gestação.

De tal maneira, mais que em qualquer outro ponto da produção dos fundadores do comunismo crítico – com sua concepção dialética e radicalmente antagônica ao Ocidente presidido pela acumulação do capital e pelo egoísmo-proprietário – os limites e lacunas se fazem sentir na abordagem da questão do Oriente, trazendo ainda a persistência mais notável de continuidade com a tradição cultural do Ocidente. Essa continuidade se manifesta particularmente no recorrente uso da noção de despotismo oriental, indicando que a valorização do Ocidente e de sua tradição cultural, também em Marx encontrava um complemento na perspectiva eurocêntrica (ou etnocêntrica), que fazia do Oriente e outras zonas vitimadas pela expansão do capital, espaço do barbarismo e do imobilismo.

As preocupações iniciais de Marx e Engels eram sobre o impacto positivo da difusão do mercado mundial nas formas sociais não-capitalistas. A derrota da revolução européia de 1848 levou Marx a se debruçar sobre o trabalho de crítica de economia política do capital, cujo efeito incidental foi à busca de uma melhor compreensão da questão do Oriente. Uma observação de Marx, carregada de ironia, sobre o depoimento de um missionário alemão, recém-chegado, após longa ausência, que observou as semelhanças entre o socialismo europeu e as demandas da plebe na China, trazia uma clarividência inimaginável para o próprio autor. "Certo que o socialismo chinês poderá corresponder àquele europeu tanto quanto a filosofia chinesa àquela de Hegel", dizia Marx, que continuava em tom de chacota: "Se os nossos reacionários europeus, na sua iminente fuga através da Ásia, chegarem até a muralha chinesa, até as portas que introduzem o baluarte da reação e do conservadorismo ancestral, quiçá não devam ver escrito: Republique chinoise, Liberté, Egalité, Fraternité".[3]

Marx inaugurava assim uma série de pequenos artigos sobre a China, acompanhando o impacto da expansão do mercado mundial e do colonialismo, que tinha então na Inglaterra seu instrumento principal, além de ser ainda o país que usufruía as vantagens do pioneirismo da produção industrial. A estagnação do império chinês e o choque com o Ocidente provocaram a mais importante rebelião de massas de todo o século XIX, que foi a revolta de Taipem (ou Tai ping), com a duração de quase uma década, finalmente sufocada pela intervenção inglesa. Segundo Marx, "do mesmo modo que o imperador era geralmente considerado o pai de toda a China, seus funcionários eram vistos como garantes dos

---

[3] MARX, Karl. *América e China*. Neue Rheinische Politisch-Okonomische Revue, março de 1850. *In*: Cina. Roma: Riuiniti, 1993, p. 6 (I piccoli).

direitos paternos nos respectivos distritos", relação que foi quebrada pelo tráfico de ópio e pela exportação de prata. Interrogando sobre os possíveis efeitos que a revolução na China poderia gerar no "mundo civil", Marx supõe que o comércio estabelecido com a China pelas armas e pela droga, poderia levar a indústria inglesa a enfrentar uma crise com potencial de se espalhar pela Europa continental e servir de estopim de uma nova onda revolucionária.[4]

Entre 1857 e 1859, Marx esmerou-se em denunciar a renovada agressão inglesa contra a China, com todas as suas atrocidades, mas não deixa de insistir que os resultados tampouco são auspiciosos para a Inglaterra. A guerra anterior agravara a crise comercial inglesa, abrira espaço para a intervenção russa no norte da China e provocara uma revolução camponesa no Sul desse mesmo país. Guerras feitas em nome da liberdade de comércio, mas que fazem Marx notar que "quando se examina de perto a natureza do livre comércio britânico, quase não há vez em que no fundo da sua 'liberdade' não se descubra o monopólio".[5] No entanto, Marx identifica as reais dificuldades do comércio inglês com a China na lentidão com a qual é capaz de desarticular as relações de produção nesse país, cujo "enigma é resolvido, (...), pela combinação entre pequena agricultura e indústria doméstica".[6]

3 Marx e o colonialismo inglês na Índia

Sempre no decorrer dos anos 50, Marx dedicou mais atenção a Índia do que a qualquer outra região do Oriente, tendo sido também a partir daí que arriscou algumas observações teóricas de caráter mais geral. A conquista completa e

---

[4] MARX, Karl. *Revolução na China e na Europa*. New York Daily Tribune, 14 de junho de 1853. Idem Roma: Riuniti, 1993, pp. 7-18 (I piccoli).

[5] MARX, Karl. *História do comércio do ópio*. New York Daily Tribune, 25 de setembro de 1858. Idem. Roma: Riuniti, 1993, p.57 (I piccoli).

[6] MARX, Karl. *O comércio com a China*. New York Daily Tribune, 3 de dezembro de 1859. Idem. Roma: Riuniti, p. 100 (I piccoli).

total da Índia pela Inglaterra, iniciada em 1763, se concluíra em 1848, basicamente por ação da Companhia Inglesa das Índias Orientais, com apoio do Estado inglês.

Em junho-julho de 1853, Marx e Engels trocaram intensa correspondência sobre a questão do Oriente, particularmente sobre a Índia, o que contribuiu para a redação de alguns artigos importantes para se captar o entendimento que haviam alcançado sobre esse problema. Era também o momento que se debatia a renovação do mandato da Companhia das Índias Orientais para a exploração daquele subcontinente. Marx via a Índia, por analogia, como uma mistura entre a geografia da natureza e da política da Itália com a miséria social da Irlanda. Para ele a Índia era uma região entregue ao sofrimento e a estagnação desde há milênios, mas o pior dos males era o impacto do Ocidente.

Dizia então que "não aludo ao despotismo europeu sobreposto ao despotismo asiático da Companhia Inglesa das Índias Orientais", mas ao fato do colonialismo da Inglaterra ter reduzido a escombros toda a velha estrutura social, sem substituí-la por algo substancialmente inovador.[7] Tal estrutura social era baseada na ausência da propriedade privada da terra e na articulação entre produção agrícola e manufatureira no interior das comunidades de aldeia, relativamente autônomas, que "foram sempre o sólido fundamento do despotismo oriental".[8]

Ao Estado despótico, em geral, cabia a cobrança de impostos, a defesa ou expansão do império e a construção de obras públicas, particularmente as de irrigação. Essas características, a partir do Egito podiam ser encontradas por todo o Oriente, sendo inclusive localizáveis as regiões de declínio e desertificação, quando da queda do poder despótico

---

[7] MARX, Karl. *O domínio britânico na Índia*. New York Daily Tribune, 25 de junho de 1853. In: Índia. Roma: Riuniti, 1993, p. 15. (I piccoli).

[8] Idem, idem, p. 21.

responsável pela obras de irrigação, como em partes da península arábica.

A visão de Marx sobre a realidade sócio-histórica e cultural da Ásia não diferia muito das idéias que predominavam no Ocidente, e nem poderia ser de outro modo devido à escassez de conhecimentos concretos. Assim, Marx insistia na ausência de uma verdadeira História, na estagnação, no desperdício, no isolamento e no atraso cultural do Oriente. Acreditava mesmo que apenas o impacto destruidor do Ocidente liberal-capitalista poderia provocar mudanças profundas naquela imensa região. Em tudo isso, Marx pouco se destacava da visão eurocêntrica de Montesquieu ou Hegel.

Aquilo que diferenciava substancialmente a perspectiva marxiana do Oriente é uma sutileza de não pequena monta. Para Marx, a opressão colonial da Inglaterra e do Ocidente, em geral, estava destruindo as raízes milenares da opressão humana no Oriente, não para portar a civilização e a liberdade, como queriam fazer crer os liberais, mas para criar as condições pelas quais os povos do Oriente poderiam lutar por sua própria liberdade e aguçar as contradições no seio do núcleo do Ocidente capitalista. É assim que se perguntava: "pode a humanidade estabelecer seu próprio destino sem que ocorra uma revolução fundamental nas relações sociais da Ásia?".[9]

Para Marx, então, "A Inglaterra deve assumir na Índia uma dupla missão, uma destruidora, outra regeneradora: aniquilando a velha sociedade asiática e pondo os fundamentos materiais da sociedade ocidental na Ásia". Isso seria feito pela unificação política imposta pela armas do colonizador, mas também pelo telégrafo e pela ferrovia, criadores de condições para o início da industrialização. Seria esse, no entanto, um longo processo, e "os indianos não recolherão os frutos dos novos elementos sociais injetados entre eles pela burguesia britânica, até que na própria Grã-Bretanha as atuais classes

---

[9] Idem, p. 22.

dominantes não sejam suplantadas pelo proletariado industrial, ou que os próprios indianos não sejam bastante fortes para destroçar o jugo britânico".[10] Como se vê, em nenhum momento a história é um processo de mão única e sem alternativas.

Marx voltou a se ocupar dos assuntos da Índia somente em 1857, depois da eclosão da revolta dos Cipaios (a tropa mercenária indiana a serviço do colonialismo), que acabou provocando a supressão da Companhia das Índias Orientais como instrumento de exploração colonial, função assumida, a partir de então, diretamente pelo Estado inglês.

4 Marx (e Engels) e a questão russa

Marx começou a interessar-se por temas relativos à Rússia na época da guerra da Criméia (1854-1857), abordando, nas páginas da revista inglesa *The Free Press,* a história das relações diplomáticas do século XVIII. Na análise de Marx, a Prússia cumprira um deplorável papel histórico ao ajudar a destruir a Suécia, primeiro, e a Polônia depois: exatamente as barreiras que continham o avanço russo na direção do Ocidente. Tanto Marx quanto Engels demonstram vivo e crescente interesse pela questão russa, tanto do ponto de vista de sua influência nos assuntos europeus, quanto do ponto de vista da polêmica sobre a natureza da forma social e da revolução nesse gigantesco império. De todo modo, a preocupação política fundamental era derrotar o regime russo, visto como um obstáculo intransponível à revolução proletária na Europa.

O ressurgimento das rebeliões camponesas (1858-1862), o início da "emancipação" dos servos (1861) e, principalmente, a insurreição nacional polonesa (1863), acentuaram o interesse de Marx e Engels pelas condições sócio-históricas do império

---

[10] MARX, Karl. *Os resultados futuros da dominação britânica na Índia.* New York Daily Tribune, 8 de agosto de 1853. _____. Índia. Roma: Riuniti, p. 72 (I piccoli).

dos czares, sem deixar de lado a preocupação com a sua influência e peso diplomático-militar nos assuntos europeus. Por um momento, Marx e Engels acreditaram que a insurreição polonesa pudesse desencadear uma nova "primavera dos povos", como a de 1848. Como Rousseau antes dele, Marx também via na emancipação nacional da Polônia um anteparo essencial para impedir o avanço do "barbarismo asiático sob a liderança moscovita" contra o Ocidente.[11]

A preocupação com o peso condicionante exercido pelo poder czarista sobre o Ocidente e sobre o movimento socialista, acompanhou Marx e Engels de maneira permanente. Seriamente batida na guerra da Criméia, a Rússia começou a recuperar-se ao impedir que a Áustria-Hungria se aliasse a França e ao avaliar a incorporação da Alsácia-Lorena ao Reich prussiano-alemão que se formava. A vitória da Rússia na guerra contra a Turquia (1877-1878), apareceu como um verdadeiro desastre na análise de Marx e Engels, pois poderia levar o império czarista ao objetivo de atingir o mar Mediterrâneo, ou por Istambul ou pela Sérvia. Essa vitória deu ainda um novo fôlego a uma renovada "Santa Aliança" entre a Rússia, a Alemanha e a Áustria-Hungria, conforme estratégia concebida por Bismarck. Parece que é só a partir desse momento que Marx e Engels começam a supor uma revolução que ocorresse a partir das contradições internas do vasto império russo.

Desde a derrota da insurreição polonesa (1863), a formação da Associação Internacional dos Trabalhadores (1864) e o aumento do fluxo de exilados russos no Ocidente, os contatos e a polêmica sobre a questão russa, a natureza da comuna agrária e da revolução, se aprofundaram, contando com a incisiva participação de Marx e Engels. Já no contexto das profundas divergências que confrontavam Marx e Engels de um lado e de outro o conjunto da intelectualidade

---

[11] MARX, Karl. *Um discours de Karl Marx sul a Pologne*. Cahiers de l'ISEA. Série C, nº 4, p. 89, 1961.

revolucionária russa, no seio da AIT, em 1870, Engels brandia com ceticismo e ironia:

> Que desdita para o mundo, se não fosse uma monstruosa mentira, que na Rússia estejam 40 mil estudantes revolucionárics que não tenham atrás de si nem um proletariado revolucionário e nem mesmo um campesinato revolucionário e que diante de si não tenham outra solução senão o dilema: Sibéria ou emigração na Europa ocidental.[12]

Ainda com as feridas abertas pela derrota da Comuna de Paris (1871), pela expulsão de Bakunin e a transferência do Conselho Geral da AIT para Filadélfia (1872), Engels travou um debate virulento com Tkatchov, do qual resultou o texto *A questão social na Rússia* (1874). Engels confirma nesse escrito o diagnóstico de ser o império russo não só o sustentáculo das forças reacionárias da Europa, mas um decisivo impedimento para a eventual vitória da revolução no Ocidente. Acreditava que o império russo poderia ser derrubado por uma guerra externa ou então por uma insurreição nacional polonesa apoiada pelo movimento operário ocidental, embora reconhecesse (não sem alguma reticência) que o campesinato começava a se tornar um sujeito político de importância e que a Rússia se preparava para uma revolução.[13]

A fim de realçar a distância do projeto *narodinik* de um socialismo oriental fundado na comuna agrária, Engels reafirmava a necessidade objetiva do desenvolvimento das forças produtivas do capital, assim como a formação de um proletariado industrial e de uma burguesia. A revolução russa seria então de caráter burguês e levaria a comuna agrária necessariamente à destruição, num prazo mais ou menos longo. A única possibilidade de sobrevivência e transformação da comuna agrária seria uma revolução proletária na Europa ocidental. Percebe-se então que para Engels a possibilidade

---

[12] ENGELS, F. *La política estera degli Zar*. Milano: La Salamandra, 1978, pp. 20-21.

[13] ENGELS, F. *A questão social na Rússia*. In: FERNANDES, R. C.. (org.) Dilemas do Socialismo. Rio de Janeiro: Paz e Terra, 1982, pp. 141-155.

maior de uma revolução russa a curto prazo sugeria uma origem exógena, produto de alterações políticas e sociais fundamentais na Europa ocidental.

É bastante possível que Marx compartilhasse dessa análise de Engels, mas se isso for verdade, uma pequena diferenciação começou a aparecer nos anos seguintes. Numa carta de novembro de 1877, endereçada à revista russa chamada *Anais da Pátria*, Marx negou ser autor de uma filosofia universal da História na qual a inserção da Rússia só seria possível através do desenvolvimento capitalista. Fazendo uma análise dialética – muito menos evidente em Engels –, após árduos estudos, Marx conclui que: "se a Rússia continuar marchando pelo caminho seguido desde 1861, ela perderá a mais bela oportunidade que a História jamais ofereceu a um povo e experimentará todas as peripécias fatais do regime capitalista". Marx enfatiza que em seu capítulo sobre a "acumulação primitiva", publicado em *O Capital*, procurou analisar a origem do capital nas entranhas da ordem feudal do Ocidente, sem qualquer pretensão universalizante. A conclusão é que a Rússia não teria que inevitavelmente seguir a mesma trajetória do Ocidente e que seu futuro como país capitalista dependeria da transformação de boa parte do campesinato em proletários.[14]

Alguns anos depois, numa breve carta (após três esboços) enviada a Vera Zasulitch em 1881, num momento de aproximação com uma facção dos *narodinik*, Marx expõe com maior clareza uma proposição anteriormente apenas sugerida, estabelecendo a diferença fundamental entre Ocidente e Oriente eslavo: no primeiro caso tratou-se da transformação de uma forma de propriedade privada (fundada no trabalho pessoal) em outra (a propriedade privada capitalista), enquanto que no segundo caso trata-se da transformação da propriedade comum em propriedade privada.

---

[14] MARX, K. À *redação do Otitchestvienniie Zapiski*. Idem, idem, pp. 166 (165-168).

A propriedade comum estivera também difundida pela Europa ocidental, mas desaparecera havia muito tempo, podendo-se supor que na Rússia poderia também desaparecer. Na Rússia, porém,

> (...) a comuna rural ainda estabelecida em escala nacional, pode desembaraçar-se gradualmente de seus caracteres primitivos e desenvolver-se diretamente como elemento da produção coletiva em escala nacional. É justamente graças à contemporaneidade da produção capitalista que ela pode apropriar-se de todas as conquistas positivas desta última, sem passar por peripécias terríveis. A Rússia não vive isolada do mundo moderno, nem é presa de um conquistador estrangeiro, como as Índias orientais.[15]

De tal modo, nesse primeiro esboço da correspondência, Marx indica que um desenvolvimento ulterior da comuna seria possível caso essa se constituísse em elemento de produção coletiva em escala nacional e incorporasse o conhecimento técnico-científico da produção capitalista do Ocidente. A contemporaneidade do não coetâneo, entre o Ocidente capitalista e uma Rússia marcada por um particular feudalismo em desintegração é que possibilitaria uma excepcional brecha revolucionária. Mas "certamente se deveria começar colocando a comuna em estado normal sobre sua base atual", sendo necessário para isso derrubar a monarquia dos czares, cujos domínios estatais e dos grandes proprietários de terra ameaçam a existência da comuna, por meio do fisco e da utilização da força de trabalho dos camponeses impelidos pela necessidade de fugir à miséria.[16]

O Estado czarista russo criou um capitalismo em condições de "estufa", a fim de poder fazer frente à pressão do Ocidente, implantando a bolsa, a especulação, os bancos, a sociedade por ações e a ferrovia. No entanto, a crise agrária torna a sobrevivência da comuna insustentável, pois para os

---

[15] MARX, K. "À Vera Zasulitch, primeiro esboço". Idem, idem, p. 176.
[16] Idem, idem.

interesses articulados no Estado "é preciso constituir em classe média rural a minoria mais ou menos rica dos camponeses e converter a maioria em proletários". Ao contrário, para que a comuna seja preservada "é preciso uma revolução russa" e

> se a revolução for feita a tempo, se ela concentrar todas as suas forças para assegurar um livre curso à comuna rural, logo ela se desenvolverá como um elemento regenerador da sociedade russa e como fator de superioridade sobre os países submetidos ao regime capitalista. [17]

A questão russa é dotada, portanto, de uma particularidade que a análise feita n'*O capital*, não pode dar conta. Marx percebe que a contaminação capitalista da Rússia tanto pode levá-la ao capitalismo, como também pode gerar uma variante não-capitalista de desenvolvimento baseada na propriedade comum. De fato, Marx se confessa convencido de que a comuna agrária "é o ponto de apoio para a regeneração social da Rússia", mas chama atenção para a presença de "influências deletérias" que a assolam e que deveriam ser eliminadas a fim de "assegurar-lhe as condições normais de um desenvolvimento espontâneo", permitindo que a Rússia trilhasse uma via revolucionária não-capitalista. [18]

No *Prefácio* à edição russa de 1882 do *Manifesto Comunista,* assinado em conjunto por Marx e Engels, aparece uma síntese da visão marxiana, mas ao que parece compartilhada por Engels de uma maneira bastante limitada e momentânea. Nesse texto está dito que "se a revolução russa der o sinal para uma revolução proletária no Ocidente, de modo que ambas se complementem, a atual propriedade comum da terra na Rússia poderá servir de ponto de partida para uma evolução comunista".[19] Essa é uma solução que pode ter inspirado decisivamente a práxis política dos bolcheviques em 1917.

---

[17] Idem, p. 185.

[18] MARX, K. "À Vera Zasulitch, Londres 8 de março de 1881". Idem, p. 187-88.

[19] MARX, K. e ENGELS, F. "Prefácio à edição russa de 1882 do Manifesto do Partido Comunista". Idem, p. 191-193.

Conformado um grupo marxista na Rússia, no mesmo ano da morte de Marx (1883), aquelas sugestivas idéias de Marx ficaram sem eco. Em 1885, em correspondência enviada a mesma Vera Zasulitch, Engels reafirma a sua firme convicção que a Rússia se aproximava de uma revolução de estilo jacobino, que daria um impulso decisivo ao desenvolvimento do capitalismo na Rússia.[20]

Uma derradeira e importante manifestação de Engels sobre o tema abordado ocorreu em 1894, como um suporte à posição do grupo marxista russo Emancipação do Trabalho, num texto chamado de *Epílogo à questão social na Rússia*. Nessa ocasião, Engels reafirma sua análise do desenvolvimento capitalista na Rússia, produto de "um novo período de revoluções conduzidas de cima para baixo, que começaram na Alemanha". Essa passagem a um só tempo corrói o que resta da comuna agrária, cria um movimento socialista proletário e fortalece a burguesia. Uma revolução burguesa na Rússia, de fundo jacobino, parecia ser evento descontado para os próximos anos, o que impediria a guerra, fortaleceria o movimento operário alemão e poderia salvar os restos da comuna agrária, embora essa não pudesse mais ser considerada base de uma evolução comunista, tal qual imaginada ainda em 1882.[21]

É possível aventar uma diferença no conjunto da análise entre Marx e Engels sobre a questão russa. A visão de Marx é mais acentuadamente dialética, perscrutando a possibilidade de uma particular revolução russa fundada na comuna agrária e na vanguarda revolucionária, servindo de estímulo ao proletariado alemão. Engels, de sua parte, enfatizava a objetividade das leis do desenvolvimento capitalista na sua universalidade, permanecendo mais firmemente ancorado ao eurocentrismo, mesmo que tenha acedido a visão de Marx no prefácio de 1882 da edição russa do *Manifesto Comunista*,

---

[20] ENGELS, F. "À Vera Zasulitch, Londres, 23 de abril de 1885". Idem, idem, pp. 201-203.

[21] ENGELS, F. "Epílogo a questão social na Rússia". Idem, idem, pp. 275-287.

eventualmente por razões políticas imediatas. De todo modo o certo é que as concepções de Marx e Engels sobre o problema russo evoluíram condicionadas por um conhecimento progressivamente maior do problema, pela própria modificação acelerada da situação russa e pelas condições da luta política internacionalista, que envolviam os revolucionários russos.

5 Marx e os fundamentos histórico-sociais do Oriente

Entre outubro de 1857 e março de 1858, Marx trabalhou sobre os Grundisse der Kritik der Politischen-Oekonomie (Elementos para a Crítica da Economia Política), que conta com uma parte de título "Formas que Precedem a Produção Capitalista". O problema fundamental a ser resolvido era a particularidade da acumulação do capital e da forma de propriedade privada individual que lhe é inerente.

Daí que a pesquisa busca os fundamentos ontológicos da propriedade privada e a mediação existente entre a não-propriedade original presente no ser social da primitiva comunidade humana imersa na natureza e propriedade privada individual sob o capital. Marx procura delinear o processo de emancipação da individualidade e da propriedade em relação à comunidade, até a realização do indivíduo alienado e trabalhador livre de propriedade sob domínio da propriedade privada do capital. Tanto na pequena propriedade livre dos estertores do feudalismo (o camponês proprietário), como na comuna oriental, há uma relação de propriedade entre o trabalhador e as condições objetivas do trabalho, mas uma está próxima da produção do capital e a outra é a mais distante desta.

Na comunidade original é a tribo que se apropria em conjunto da produção, da natureza transformada, e faz uso temporário da terra. A apropriação da produção pelo processo de trabalho tem a tribo, a entidade coletiva, como pré-condição, mas pode se realizar de maneiras diversas. Nas "formas asiáticas fundamentais" a apropriação pelo processo de trabalho indica que "as comunidades reais se constituem apenas em possuidoras hereditárias", já que a "a unidade geral mais abrangente" aparece como o único proprietário efetivo e pré-condição da propriedade comum. Assim, "o indivíduo é, na verdade, um não-proprietário" e "o produto excedente pertencerá à unidade suprema", isto é, ao Estado, que por fim assume a forma de uma pessoa. De tal modo, "o despotismo oriental aparentemente leva a uma ausência legal de propriedade. Mas de fato seu fundamento é a propriedade tribal ou comum, criada, na maioria dos casos, por uma combinação de manufatura e agricultura dentro da pequena comunidade (...)".[22]

A apropriação comunal pelo processo de trabalho pode ocorrer também de um modo no qual "as pequenas comunidades vegetam lado a lado" e vivem da agricultura familiar. Parte do excedente é transferida para custear a defesa da comunidade mais ampla e para a preservação da identidade comum. Marx cita o exemplo das comunas eslavas e romenas que, em contato com o Ocidente, transitam diretamente para a servidão feudal, a partir do século XVI. É o caso de uma forma social mais primitiva que adquire dinamismo através do contato com outra forma social mais avançada (do ponto de vista da propriedade individual).[23]

Em qualquer caso, as cidades surgem apenas como pontos de comércio externo ou localização do poder político. Mas a apropriação pelo processo de trabalho pode "envolver uma organização comum do trabalho", de modo que "as condições comunais de apropriação real através do trabalho, como os sistemas de irrigação (importantíssimos entre os povos asiáticos), meios de comunicação, etc., surgirão, assim, como obras da unidade superior – o governo despótico que se impõe às unidades menores". Essa seria a forma asiática propriamente

---

[22] MARX, Karl. *Formações econômicas pré-capitalistas*. Rio de Janeiro: Paz e Terra, 1975, pp. 67-68.

[23] Idem, idem.

dita, mas Marx cita como exemplos o México e o Peru, os celtas (num aparente equívoco), e "algumas tribos da Índia", deixando de se referir ao antigo Egito, a Mesopotâmia e, surpreendentemente, a China.[24]

Marx aponta ainda outras duas formas de apropriação pelo processo de trabalho, que, partindo da comunidade tribal original, assumem formas comunais de propriedade, ainda que fundadas em condições que oferecem certa manifestação da individualidade e da propriedade, o que lhes permite se desenvolver até o ponto da contradição entre comunidade e individualidade. São essas a forma antigo-mediterrânea, que daria no escravismo, e a forma germânica. O choque e a desintegração de ambas possibilitariam o surgimento do feudalismo ocidental e da servidão de gleba como forma de apropriação pelo processo de trabalho, mais avançado que ambos os predecessores. A possível forma céltica, que cobriu grande parte da Europa, embora Marx não pudesse saber, foi subjugada pelas outras duas, tendo sobrevivido em zonas marginais, como a Irlanda e a Escócia.

Segundo observação de Marx, a forma social eslava surge como uma variante da forma oriental, mas seu entrechoque com a forma germânico-feudal e sua posterior articulação, por meio do comércio, com o "segundo período manufatureiro", levou a Rússia a estabelecer uma particular formação social feudal, baseada na servidão, mas com significativa presença de escravos e sobrevivência da antiga "comunidade eslava". O regime político dessa forma social seria algo intermediário entre o "despotismo oriental" e a monarquia absoluta ocidental.

Mas, entre as formas de apropriação analisadas por Marx, a mais duradoura e tenaz é a forma asiática, e "isto é devido ao princípio em que se fundamenta, qual seja, o de que os indivíduos não se tornem independentes da comunidade, que o círculo de produção seja auto-sustentado e haja unidade da

---

[24] Idem, idem.

agricultura com a manufatura artesanal, etc.".[25] Portanto, a forma asiática, em sentido estrito, se caracteriza pela unidade entre agricultura e manufatura na comunidade e pela realização de um trabalho comum dedicado à unidade que o poder despótico representa, não se desenvolvendo até o ponto da contradição. Assim, a contradição entre comunidade e individualidade na forma oriental, ao que tudo indica, só pode ser produto de um choque externo.

Um ano depois, no conhecido Prefácio da Contribuição para a Crítica da Economia Política, Marx designou essa forma oriental como modo de produção asiático. Pelo que se pode ler nos Grundisse, a interpretação tantas vezes feita de que a história seria a narração da seqüência incindível de quatro épocas não se sustenta, sugerindo, ao contrário, que Marx entende serem "os modos de produção asiático, antigo, feudal e burguês", épocas históricas que se relacionam como formas diferentes, como seqüência ou sobreposição. No entanto, o paradigma ocidental do despotismo oriental, com seu invólucro de subalternização cultural, persiste na reflexão marxiana, ainda que de modo transformado e atingindo, quiçá, o limite de suas possibilidades de apreensão e abstração, sem que, no entanto, pudesse ser superado. Em parte em razão da falta de acúmulo de conhecimento científico, não de Marx, mas do próprio Ocidente, e, fundamentalmente, pela necessidade intrínseca do Ocidente capitalista se apropriar de outros povos e culturas segundo seus desígnios.

6 Marx e o aprofundamento da questão do Oriente: ruptura com o paradigma eurocêntrico liberal?

Nos anos seguintes, enquanto preparava a versão definitiva do primeiro tomo d'O Capital, Marx foi amadurecendo a idéia, já discernível nos Grundisse, de que a variante eslava (ou indiana) da forma oriental, na verdade é uma forma

---

[25] Idem, idem, p. 79

bastante difundida, presente inclusive nos inícios da divisão social do trabalho na Europa, entre os celtas e os etruscos, por exemplo. Marx amadurecera, enfim, a proposição de que "em todos os lugares da Europa o início é constituído por formas de propriedade asiáticas, principalmente indianas, (...)".[26]

N'*O capital*, publicado em 1867, Marx dedica um capítulo à acumulação originária do capital, mas em diversas passagens trata da ontologia do capital como sendo concretamente possível a partir das contradições presentes no feudalismo ocidental, particularmente daquelas derivadas da autonomização das cidades e do capital mercantil, não tendo dedicado espaço a outras formas sociais de propriedade, que não aquela regida pelo capital.

No tomo III d'*O capital*, publicado apenas após a morte do autor, encontra-se a proposição de que a forma mais simples de renda da terra é aquela produzida diretamente pelo processo de trabalho. O produtor direto pode ser visto com a posse direta dos meios de produção, seja para o trabalho agrícola ou para o artesanato doméstico-rural, em mais de uma forma social ou sistema de produção. No Oriente, essa forma pode ser encontrada nas duas variantes sugeridas por Marx. Na variante indiana (que parece ser também a eslava) os pequenos camponeses se agrupam em comunidades mais ou menos elementares de produção, em cujas condições "só a coação extra-econômica, qualquer que seja a forma que se revista, pode arrancar desses produtores o trabalho excedente para o possuidor nominal da terra".[27]

Na outra variante,

> quando não são os possuidores de terra, mas o próprio Estado, como ocorre na Ásia, quem os explora diretamente

---

[26] MARX, Karl. "Carta a Friedrich Engels, 1868". Apud SOFRI, Gianni. *O Modo de Produção Asiático: História de uma Controvérsia Marxista*. Rio de Janeiro: Paz e Terra, 1977, pp. 53-54.

[27] MARX, Karl. *El capital: crítica de la economia política*. México: Fondo de cultura econômica, 1975, Tomo III, p. 733.

como possuidor da terra, além de defrontar-se com ele como soberano, coincidirão a renda e o imposto ou, melhor dizendo, não existirá imposto algum distinto dessa forma de renda do solo. Nestas condições, a relação de dependência não necessita assumir política ou economicamente uma forma mais dura que a que supõe que todos sejam igualmente súditos deste Estado. O Estado é aqui o supremo possuidor da terra e a soberania a propriedade da terra concentrada na sua face nacional. Em troca, não existe propriedade privada sobre o solo, ainda que haja a posse e o desfrute tanto privado como coletivo.[28]

Nesse aspecto da renda da terra pelo trabalho e da extração do excedente, a forma oriental encontra-se numa situação intermediária entre o escravismo e o feudalismo. Na forma escravista o produtor direto não trabalha por sua conta, mas com condições de produção que não lhe são próprias. Essa forma de renda da terra exige a presença de "relações pessoais de dependência, carência de liberdade pessoal, no grau que seja, e o vínculo com a terra como seu acessório, servidão, no seu sentido estrito da palavra".[29]

No feudalismo, o produtor direto também é possuidor de seus meios de produção e de subsistência e as relações de apropriação se manifestam como relação direta de domínio, pela qual o homem é privado de liberdade e individualmente reduzido à servidão de gleba, de modo que a renda da terra pelo trabalho é extraída pela coerção extra-econômica. Assim, enquanto que no escravismo a renda da terra pelo trabalho é extraída da forma mais completa e no feudalismo o servo é um homem dotado de alguma individualidade, apenas que privado de liberdade, na forma oriental (ou nas formas orientais) é a comunidade em seu conjunto que produz a renda da terra.

De tal sorte, a forma oriental foi, ainda uma vez, tratada apenas incidentalmente e de forma comparativa, não

---

[28] Idem, idem.
[29] Idem, idem.

oferecendo solução para a ambigüidade presente nos estudos anteriores. Por um lado, Marx sugere que a pequena economia camponesa e o exercício independente do artesanato teriam prevalecido na "comunidade clássica" (Europa mediterrânea), entre o desaparecimento da "originária propriedade comum oriental" e o surgimento do escravismo (cuja passagem poderia ser explicada pela guerra entre diferentes "comunidades").

Mas, por outro lado, Marx sustenta que a forma oriental persistiu na Ásia, tendo mesmo evoluído para a forma de grandes Estados imperiais, embora a posse comum do solo, a união entre agricultura e trabalho artesanal, uma divisão fixa do trabalho, tenha persistido, com o excedente econômico sendo apropriado diretamente pelo Estado, por meio de seus funcionários, que também eram os organizadores do trabalho comum. Sendo que, para Marx, exatamente "esta simplicidade constitui a chave do segredo da imutabilidade das sociedades asiáticas, que tanto contrasta com a constante dissolução e refundação dos Estados asiáticos e as incessantes mudanças de dinastia. A estrutura dos elementos econômicos fundamentais da sociedade não é em absoluto afetada pelas nuvens de tempestade do céu político".[30]

Compreende-se assim que, para Marx, a noção de forma oriental ganhou dois conteúdos diferentes. Um, mais genérico, se referia a todas as formas sociais fundadas na agricultura sedentária e no artesanato, com incipiente divisão social do trabalho, que teriam, com algumas variantes (indiana, eslava, céltica), existido da Ásia até a Irlanda. A céltica fora substituída pelas formas escravista e germânica, tendo sobrevivido na Irlanda até a invasão inglesa do século X; a eslava evoluíra para uma variante de feudalismo pelo contato com o Ocidente a partir do século XVI, contando ainda com importantes sobrevivências no momento que o capitalismo começava a se assenhorear da Rússia; e sobrevivia ainda na Índia, no momento

---

[30] MARX, Karl. *O capital: crítica da economia política*. São Paulo: Abril Cultural, 1983, tomo I, p. 358.

que o poder colonizador da Inglaterra levava o capital até essa região.

O outro conteúdo possível da forma oriental, mais particular (mas também genérica), remetia às formas sociais que preservavam a essência original, mas que produziam significativo excedente econômico e tinha o trabalho comum organizado pelo Estado político, uma particularização de interesses da classe dominante. A generalidade da segunda formulação encontra-se na abstração das particularidades das formas sociais tão diferentes quanto à chinesa, a indiana e a persa. Poderiam ser citadas também outras formas sociais submergidas por invasão externa de povos que tinham outra forma social, como o Egito antigo e os impérios asteca e quéchua / aimará, na América. Do mesmo modo as formas orientais remanescentes na própria Ásia estão sendo destruídas pelo choque do colonialismo do Ocidente, com as armas dos exércitos e do tráfico de drogas, travestidas de "liberdade de comércio", como o destacado caso da China.

Marx parecia estar no limiar da superação da subjetiva noção de "despotismo oriental", mas, parece que também nessa questão aparece alguma heterogeneidade com os escritos de Engels, que recai no paradigma precedente. Assim, no *Antiduhring*, de 1878, Engels afirma que a característica do Oriente é a comunidade ou o Estado aparecerem como proprietário da terra. Insiste ainda que o fundamento dessa forma social seja a irrigação provida pelo Estado para tornar possível a agricultura e que onde "as antigas comunidades em que tais governos continuaram a existir, da Índia até a Rússia, constituem há milênios a base da forma mais primitiva de Estado: o despotismo oriental. Somente aonde elas se dissolveram é que os povos tornaram-se senhores deles mesmos, e o progresso posterior desses povos fundaram-se no desenvolvimento da produção através do trabalho escravo".[31]

---

[31] ENGELS, F. *Antiduhring*. Roma, 1955, p. 199.

Aqui Engels, além de recair no paradigma liberal, confunde os diferentes conteúdos e matizes que Marx considerava para a forma oriental, de modo que o despotismo oriental fica sendo a sobrevivência da forma mais arcaica de Estado que teria precedido o escravismo e reduz o conteúdo específico à tarefa de irrigação por parte do Estado. Ademais inclui a Rússia, elidindo toda sua particularidade, que incluía não só a servidão feudal, mas uma forma de propriedade comunal que não incluía o trabalho comum organizado pelo Estado.

Com base na leitura da obra de Morgan, Ancient society, e auxílio das anotações de Marx, em 1884, Engels traz a lume a sua *Origem da família, da propriedade privada e do Estado*. Embora a pretensão do autor fosse declaradamente restrita a analisar os fundamentos da hipótese de Morgan sobre a história antiga da Europa, essa obra estabeleceu o principal pilar das subseqüentes interpretações eurocêntricas e unilineares do processo histórico. Contudo, o interesse de Marx e Engels foi se deslocando sempre mais para o Oriente-russo, na medida em que os grandes conflitos enfrentados pela Inglaterra na Pérsia, na Índia, na Birmânia e na China foram por um momento contornados, e a presença, tanto da potência russa nos assuntos europeus, como da intelectualidade desse país, atraíam atenção.

7 A Internacional Comunista e o retorno da questão do Oriente em perspectiva revolucionária

A perda da radicalidade crítica e a intrusão neo-kantista e positivista na ideologia do movimento operário, organizado na II Internacional, repercutiu na questão colonial e na questão do Oriente, que, mesmo tendo estreita relação entre si, não se confundiam. As tentativas de formulação de uma política colonial do movimento socialista recaíram na idéia de uma missão civilizatória do Ocidente diante de um Oriente atrasado e incapaz de romper seus grilhões, sem a ajuda da civilização ocidental. O colonialismo poderia ser um "mal" ou um "bem", dependendo das finalidades estabelecidas pelo imperialismo do Ocidente! Ou seja, tudo dependia da política a ser estabelecida e não da dinâmica intrínseca da acumulação do capital. O fato é que acabou sendo criada uma estreita relação entre o reformismo do movimento operário dos Estados imperialistas e a aventura colonialista. A troca de apoio (ou condescendência) ao imperialismo por ganhos materiais ou políticos pela burocracia sindical e partidária colimou na guerra imperialista, que envolveu a grande maioria do movimento socialista.

A vertente teórica que iria desembocar na refundação comunista do século XX, centrada na contribuição de Lenin, teve entre seus elementos constitutivos o enfrentamento do nexo entre a particularidade do desenvolvimento capitalista no Oriente-russo e o contexto da fase imperialista do capital, cuja decorrência foi o estabelecimento da necessidade da aliança operário-camponesa no processo revolucionário e nos passos iniciais da transição socialista. A presença de uma vasta área habitada por populações de estirpe turco-oriental, dentro do território do decaído império russo, e a efervescência revolucionária no arco que vai da Turquia a China, passando pela Pérsia e Índia, galvanizou um novo debate sobre a questão do Oriente, no interior da recém-constituída Internacional Comunista (1919).[32]

No II Congresso da IC (1920), as posições se encaminharam para os extremos: ou uma visão próxima da perspectiva tradicional da Internacional Socialista, que entendia que a emancipação dos povos do Oriente pressupunha a revolução socialista no Ocidente, ou outra que via na revolução no Oriente o gerador da revolução no núcleo imperialista do Ocidente. No primeiro caso está presente a suposição teórica de que o Oriente deve passar por uma fase de desenvolvimento capitalista, qualquer que fosse a natureza de sua forma social,

---

[32] A contribuição de Lenin, para a reflexão aqui desenvolvida, é de uma dimensão e importância tal que exige um ensaio à parte.

"oriental" – tal como Marx buscara entender – ou "feudal", que foi a fórmula que veio por fim a prevalecer.

O coreano Shang Rhee e o indiano N. R. Roy, principalmente, argumentavam que a luta contra a dominação do Ocidente sobre o Oriente passava pela luta contra as classes dirigentes autócnes, aventando a idéia de um socialismo agrário baseado nas comunas agrárias da forma oriental. A formulação mais dialética de Lenin – e que mais se aproximava de Marx – acabou prevalecendo, com a indicação de que a revolução mundial procederia de modo articulado e que o predomínio poderia estar num ou noutro pólo da contradição imperialista. Reconhecia-se assim que a revolução oriental antiimperialista, com a ajuda do proletariado ocidental, poderia se endereçar para a transição socialista, sem que fosse necessária a passagem pelo capitalismo.

A IC, em razão da persistência da cultura e ideologia do movimento operário europeu, que defendia sua própria importância como decisiva no processo revolucionário, no entanto, tendeu no mais das vezes a priorizar o Ocidente nas suas análises e atividade política, menosprezando os movimentos antiimperialistas do Oriente. Assim que, no decorrer dos anos 20, problemas como o da particularidade das formas sociais asiáticas e da existência ou não do escravismo e do feudalismo no Oriente permaneceram com a resposta em aberto.

No caso do debate sobre a transição socialista na URSS, Bukharin, nos passos sugeridos pelo último Lenin, mas certamente ignorando o conjunto da reflexão marxiana sobre o assunto, entendeu que os aspectos de socialismo no País ainda eram poucos, devendo predominar um capitalismo monopolista de Estado articulado à agricultura mercantil comunal familiar, herdada da forma de apropriação pelo trabalho característica da variante eslava da forma oriental, indicada por Marx. Assim, para Bukharin, o ressurgimento da forma comunal eslava, em seguida a guerra e a revolução, poderia contribuir e confluir no processo geral da transição socialista, por meio do cooperativismo e da grande produção mecanizada, tal como sugerido por Marx na sua correspondência com Vera Zasulitch, desde que bloqueadas as tendências capitalistas, e também pelos últimos escritos de Lenin.[33]

Por outro lado, Preobrajensky entendia que a transição na Rússia contrapunha um modo de produção moderno, urbano e industrial, que se encaminhava para o socialismo, a outro modo de produção justaposto no campo, que se encaminhava inexoravelmente para o capitalismo. Da resolução dessa contradição em vantagem do projeto socialista, cuja implicação era a destruição da produção agromercantil, que assumia celeremente as formas de acumulação capitalista, dependeria o futuro da transição. A reflexão de Bukharin indicava a articulação entre Ocidente e Oriente na transição socialista na URSS, enquanto que Preobrajensky entendia o choque como inevitável pela sobreposição de tempos históricos que pressupunha, de resto, como pensava, ainda que de modo extremamente nuançado, a maioria dos dirigentes bolcheviques e da IC.

8 A questão do Oriente e o marxismo oriental

Em relação à China, às voltas com um processo revolucionário de enormes dimensões, também se apresentavam leituras divergentes. Alguns analistas, como Rjazanov e Varga, percebiam na China a presença de formas orientais duradouras e estáveis, que apenas o colonialismo e o imperialismo vinham desagregando, sendo um equívoco a utilização da categoria de feudalismo para abarcar aquela realidade. Embora esses autores destacassem os aspectos de estabilidade e de atraso da China,

---

[33] Recordar que os textos de Marx sobre as formas sociais que precedem a acumulação do capital só se tornaram conhecidas em 1939, não tendo tido Bukharin a oportunidade de conhecê-los, ainda que pudesse conhecer a correspondência entre Marx e Zasulitch. Esse fato só pode valorizar a contribuição de Bukharin para o debate sobre a transição.

lembrando o paradigma ocidental liberal, a conclusão tinha muitos pontos de contato com a formulação política de Trotski, o qual percebia no pequeno proletariado industrial chinês o dirigente de uma revolução necessariamente articulada com a movimentação operária na URSS e na Alemanha (quando não nos EUA) e contando com o apoio do campesinato.

A posição que veio a predominar, no entanto, foi a de que se tratava, na China, de realizar uma revolução democrático-burguesa de libertação nacional, na qual seria essencial uma aliança entre o proletariado e a burguesia industrial contra o imperialismo e o feudalismo. Assim, a China era vista como atrasada e colonial, mas que se encontrava a um passo da modernidade capitalista, bastando abater o domínio colonial e a propriedade fundiária feudal ou semifeudal. Há indícios de fortes nuances nessa posição, pois é notória a preocupação de Bukhárin na consolidação da aliança operário-camponesa, a qual poderia dar à luz na China a uma ditadura democrática com fundamentos econômico-sociais pequeno-burgueses e cuja resolução da questão agrária poderia ser semelhante àquela encontrada na URSS da NEP.

Entre os próprios marxistas chineses, ao que parece, havia diferenças de interpretação, embora a noção de "modo de produção asiático", como indício de atraso e de transposição do paradigma liberal ocidental do despotismo oriental, fosse incompreensível e mal-recebida. Por outro lado, a noção de feudalismo, mais genérica e anódina, foi mais facilmente incorporada, diante da evidente fragmentação da China entre os "senhores da guerra" e também por motivos estritamente políticos de relações entre o PCCh e a IC.

Porém, mais importante é a questão de fundo que se obscurece por trás dessas formulações ambíguas. O próprio marxismo na China se desenvolveu por duas vertentes que se conflitaram freqüentemente no decorrer do século XX. Há uma tendência "ocidentalista", que defende o predomínio da cidade, da indústria, das forças sociais da modernidade, na construção de uma nova China, para a qual a visão de um país vitimado pelo feudalismo e pelo imperialismo parecia adequada, até para enfatizar a necessidade do desenvolvimento das forças produtivas. Aparece também uma variante "oriental", com vínculos com a antiga filosofia taoísta das comunas agrárias e do campesinato expropriado, que se formava na esteira da desintegração da velha China e para a qual tampouco a caracterização da China como "feudal" era impossível. Nesse segundo caso poder-se-ia realçar a importância do campesinato para a revolução chinesa.[34]

Com a derrota da revolução chinesa de 1925-1927, o debate sobre a questão do Oriente ganhou novo impulso. Interessante anotar que o VI Congresso do Partido Comunista da China, realizado em Moscou, no mês de julho de 1928, concomitante ao VI Congresso mundial da Internacional Comunista, negava que a forma social chinesa estivesse passando por um momento de transição do "modo de produção asiático" para o capitalismo. Afirmava, pelo contrário, que na China havia uma forma particular de feudalismo burocrático. Surgem assim elementos para delinear a hipótese de que o impacto do colonialismo e do imperialismo do Ocidente liberal sobre a China teria provocado (ou acelerado) a decomposição da forma oriental evoluída, dando origem a uma forma regressiva de feudalismo vinculado ao imperialismo capitalista, ambos enfim derrotados pela vitória da revolução nacional-popular, em 1949.

Se essa assertiva é razoável, pode-se então também sugerir que o impacto do colonialismo e do imperialismo sobre a forma oriental chinesa madura levou-a ao ponto de desenvolver a contradição entre comunidade e individualidade. Isso acabou por gerar, a um só tempo, a desintegração da forma oriental, sob a forma de um feudalismo regressivo, e a inserção no mercado mundial, que abriu as possibilidades para a acumulação do capital mercantil e manufatureiro dentro do

---

[34] DEL ROIO, Marcos. A China frente o 'império universal' do Ocidente. Novos Rumos, nº 36, São Paulo: IAP / IPSO, 2002, pp. 11-20.

próprio território do antigo império celestial. É precisamente a partir da contradição induzida pelo imperialismo, que o campesinato surge objetivamente como força motriz do processo revolucionário.

De tal modo, a formação social chinesa aparece como uma forma compósita, na qual se entrechocam modos de produção não coetâneos. Ainda mais, essa característica se prolongaria para as fases iniciais da transição socialista, na qual, batido o imperialismo e o "feudalismo", o país ingressaria numa forma de capitalismo monopolista de Estado, capaz de construir as bases materiais do socialismo.[35]

Há indícios de que Mao Tsé-tung tenha antecipado e incorporado essa interpretação geral para proceder à análise concreta da realidade chinesa, ao descrever e apreender o potencial revolucionário do campesinato, a partir de suas condições sociais e culturais, de modo que pode estabelecer uma estratégia revolucionária vitoriosa. Sua maneira de ver a China possibilita uma aproximação com a descrição de Marx das características genéricas da forma oriental avançada, ou seja, aquela na qual, além da persistência da apropriação pelo processo de trabalho baseado na comunidade de aldeia, há um Estado que se apropria do excedente e organiza o trabalho comum das comunidades.[36]

---

[35] Lembrar como Lenin encarava a forma social russa do período pós-revolucionário como uma realidade na qual se apresentavam formas sociais desde as mais primitivas até o socialismo, que seria a antecipação do futuro. De maneira mais geral, e apenas como possível hipótese de trabalho, não seria o caso de se perguntar se essa forma compósita, caracterizada por um amálgama entre a forma social original da região e formas pregressas do próprio Ocidente, como o escravismo ou o feudalismo, teria sido produto bastante comum na trajetória da ocidentalização do mundo sob a condução do capital, inclusive na América meridional, contribuindo assim para definir uma variedade de formas particularidades espaço-temporais e sociais?

[36] MAO TSÉ-TUNG. "Informe sobre uma pesquisa feita no movimento camponês no Hunan". In: SADER, Eder (org.). *Mao Tsé-tung*. São Paulo: Ática, 1982. pp. 37-57. (Grandes Cientistas Sociais).

A desorganização desse Estado imperial e desse modo de produzir gera uma camada de funcionários corruptos e de senhores feudais que oprimem os camponeses pela continuidade e exacerbação da extração do excedente, sem que sejam mais possíveis a organização do trabalho comum e a prevenção dos serviços públicos, em função do vínculo estabelecido pelas classes dominantes com o imperialismo. No entanto, essa leitura da realidade chinesa, que possibilitou a focalização do campesinato como força motriz da vitória revolucionária, foi utilizada também nos intentos de alguns passos da transição socialista, particularmente com a experiência das 'comunas agrárias', a partir de fins dos anos 50, num esforço de incorporação reversa de aspectos da forma social oriental na transição socialista, até como artifício para se contornar, junto com o imperialismo e o feudalismo, também o capitalismo.

9 Forma social oriental e transição socialista

No entanto, na URSS, em debates ocorridos entre especialistas da questão do Oriente, no início dos anos 30, essa tese da forma oriental "pura" ou em transição para o "feudalismo" foi derrotada, tendo sido aplainada a rota que levaria a uma interpretação que encontrava indícios de escravismo e feudalismo no Oriente em tempos bastante anteriores, sendo negada assim a existência de alguma particularidade essencial. O mais notável, no entanto, é que, precisamente naquele momento, começava, por iniciativa do Estado soviético, o processo de enquadramento do trabalho comum dos camponeses, visando a extração do excedente econômico, de maneira análoga à forma oriental avançada, que jamais existira na Rússia.[37]

---

[37] Partindo dessa analogia é que, em 1937, Karl Wittfogel lança sua obra *O despotismo oriental*, como esforço de compreensão do regime staliniano, redundando numa recriação do paradigma liberal ocidental, que, em seguida, teria seqüência e se imbricaria na formulação conceitual do *totalitarismo*. WITTFOGEL, Karl. *Despotismo oriental: estúdio comparativo sobre el poder total.* Madrid: Guadarrama, 1966. E também DEL ROIO, Marcos. *O império universal e seus antípodas: a ocidentalização do mundo.* São Paulo: Ícone Editora, 1998. Cap. 4.

Assim que a utilização de um padrão de organização sócio-econômico original da forma social oriental avançada (as grandes comunidades organizadas como unidades produtivas identificadas diretamente com o Estado) foi aplicada para sufocar a variante de apropriação pelo trabalho fundado apenas na comunidade de aldeia (a variante indiana / eslava), que possibilitava uma maior expressão da autonomia individual e social, devido a sua proximidade sócio-histórica com o Ocidente. Essa decisão política, definida em fins dos anos 20, contribuiu sobremaneira para a cristalização da transição num socialismo de Estado incapaz de se superar a si mesmo, sendo vitimado, já próximo do fim do século XX, por um renovado impacto do imperialismo maduro, que se assenhoreou e sobrepôs às formas não-capitalistas de produção do capital, ali alojadas. A China, por sua vez, parece hoje estar traçando um caminho inverso, do socialismo de Estado para um capitalismo monopolista de Estado, em condições mais apropriadas para fazer frente ao predomínio global do capital e da mundialização imperialista.

O marxismo na Índia – como se sabe, o depositário maior das preocupações de Marx no Oriente – foi apanhado na generalização da visão unilinear da História, outro produto cultural do Ocidente liberal, tendo em vista a subalternização dos povos da maior parte do mundo e que se introjetou no seio da particular ideologia que deu guarida ao socialismo de Estado e a IC. Se a revolução na China pode ocorrer pela rebelião generalizada dos camponeses e outras camadas do povo, como imaginara Marx ao tomar notícia da revolta de Taipem, a Índia, submetida à Inglaterra, de fato desenvolveu o capitalismo, até que tendo atingido certa maturidade, buscou a emancipação. Mas fez questão de preservar no seio da nova forma social capitalista, vários dos aspectos da antiga forma oriental indiana, inclusive o regime de castas, num exemplo oriental muito particular daquilo que Gramsci chamou de 'revolução passiva'.

As formulações de Marx – como se procurou indicar – tiveram com ponto de partida indispensável e necessário todo o conhecimento acumulado no Ocidente sobre o Oriente, o qual trazia o invólucro da 'vontade de domínio' do Ocidente sobre o Oriente. A noção de despotismo oriental, na qual há um claro predomínio da esfera da subjetividade, sintetiza esse saber e essa vontade. Marx, na sua crítica radical das formas culturais e exploração social do Ocidente chegou muito perto da superação do paradigma de origem liberal do despotismo oriental, ainda que o conhecimento concreto sobre a história concreta das formas sociais orientais fosse ainda muito limitado a seu tempo.

Foi precisamente esse limite histórico-concreto de se passar do geral ao particular que limitou a leitura de Marx sobre o Oriente e gerou sérias incompreensões sobre a interpretação histórica e política de realidades tão diferentes como o mundo árabe, a Índia e a China. De qualquer maneira, algumas de suas observações sobre a forma social oriental e suas variantes permitem uma reflexão e um melhor entendimento sobre as revoluções sociais do século XX, sobre a crucial participação do campesinato e sobre as particularidades e limites dos intentos de transição socialista.

Sabe-se que Marx augurava uma revolução socialista desencadeada pelo proletariado industrial do Ocidente, mas percebeu que a transição poderia percorrer caminhos diversos e mesmo sem saída, tal qual as formas sociais que precederam lógica e historicamente a individuação capitalista. Nesse aspecto, vale sempre recordar a correspondência com Vera Zasulitch, em 1881 e o Prefácio à edição russa do Manifesto Comunista, de 1882, nos quais Marx aventa a possibilidade da revolução socialista ter início em meio ao impacto do capitalismo sobre as formas sociais orientais de caráter agrário-comunal.[38]

---

[38] MARX, Karl. Apud FERNANDES, Rubem Cezar (org.). *Dilemas do socialismo.* Rio de Janeiro: Paz e Terra, 1982, pp. 152-153; 192-193.

Ora, praticamente todas as experiências de transição socialista do século XX tiveram esse impulso inicial, contando com o campesinato como uma essencial base de apoio e acabando por constituir um poder burocrático estatal, que cristalizou um socialismo de Estado, travando a própria transição. A questão crucial, que resta sem ser solucionada, é saber se essa rota era ontologicamente inviável, devido à debilidade das forças produtivas do capital e da própria classe operária. Ou ainda, dizendo de outra maneira, se seus caminhos e possibilidades eram (e são) por demais estreitos, mas não impossíveis, dependendo sobremaneira da *virtu* da vanguarda revolucionária e do contexto internacional para que uma revolução objetivamente democrático-burguesa adentrasse pela transição socialista. A pena seria a configuração de revoluções passivas próprias do Oriente, que ao fim se concluiriam num novo espaço de acumulação do capital. A complexidade do problema pode ser antecipada sempre que se lembre que a heterogeneidade interpretativa estava presente já entre Marx e Engels, tendo perpassado toda a cultura marxista e comunista, incidindo decisivamente nos conflitos e percalços das experiências de transição socialista do século XX.

A Idéia de História e de Oriente no Último Marx

Pedro Leão da Costa Neto
Prof. de Filosofia da Universidade Tuiuti do Paraná

1 Introdução

Como é notório, Karl Marx e Friedrich Engels, dedicaram-se em diferentes momentos, ao longo das suas vidas ao estudo das sociedades pré-capitalistas e das diferentes vias de desenvolvimento da sociedade humana, cabendo aqui destacar os seguintes escritos: K. Marx e F. Engels: *A Ideologia Alemã* (1845), K. Marx: Artigos sobre a Colonização Britânica na Índia (1851), K. Marx: *Formações Econômicas Pré-Capitalistas* (1857-1858), K. Marx: *O Capital* (1867-1875), K. Marx: Escritos sobre a Rússia (1877, 1881), F. Engels: *Anti-Dühring* (1878), F. Engels: *A Marca* (1882), K. Marx *Notas Etnológicas* (1880-1882), F. Engels: *A Origem da Família da Propriedade Privada e do Estado* (1884).

Uma análise específica destes escritos, principalmente no que se refere às modificações ocorridas nas concepções de Marx e Engels, bem como as eventuais divergências existentes entre as posições dos dois fundadores da concepção materialista da História, ultrapassaria os limites deste artigo e envolveria uma série de questões, entre as quais as referentes à polêmica sobre a sucessão dos modos de produção e sobre o modo de produção asiático que desempenharam um importante papel nas discussões marxistas no século XX.[39]

O objetivo de nosso texto é apenas o de efetuar uma análise a partir do conjunto de textos de Marx dedicados à Índia (em particular: A dominação britânica da Índia, e Futuros resultados da dominação britânica na Índia) e a Rússia (em particular: Carta a Redação de "Otiechestviennie Zapiski" e Carta e rascunhos em resposta à Carta de Vera Zasulitch), tentando identificar as transformações ocorridas na concepção de Marx, particularmente no último período de sua produção teórica, mudanças essas que se caracterizam, segundo nossa interpretação, pelo abandono de uma concepção excessivamente otimista sobre a evolução do capitalismo e a possibilidade de um rápido triunfo da revolução nos países europeus. A transformação desta visão o conduziu a uma preocupação crescente com a possibilidade de evitar uma passagem necessária através da sociedade capitalista.

2 Análise marxiana do colonialismo na Índia e concepção de História

Uma comparação entre os textos de Marx dedicados à penetração britânica na Índia[40] e aqueles tardios sobre a comuna

---

[39] Para um balanço geral desta polêmica dentro da tradição marxista remeto aos trabalhos monográficos de: SOFRI, Gianni. O Modo de Produção Asiático: História de uma Controvérsia Marxista. Rio de Janeiro: Paz e Terra, 1977; e BRATKIEWICZ, Jaroslaw: Teoria Przedkapitalistycznej Formacji spolecznej w Kulturach Orientalnych, Wroclaw: Ossolineun-PAN, 1989.

[40] MARKS, Karol e ENGELS, Fryderyk. Dziela (Tradução polonesa da MEW.) Vol. IX, Varsóvia: Ksiazka i Wiedza, 1965. Uma coletânea dos artigos de Marx sobre a Índia escritos para o New York Daily Tribune e de sua correspondência com Engels sobre esta questão, Cf. GODELIER – MARX – ENGELS. Sobre o Modo de Produccion Asiatico, Barcelona: Ediciones Martínez Roca, 1969, pp. 71-108.

rural russa, mostram significativas diferenças de perspectiva. Em relação a Índia, são sublinhados o caráter estacionário das comunidades rurais hindus e sua dissolução resultante da colonização britânica, associada a uma avaliação reservada sobre as possibilidades da resistência e das revoltas contra a ocupação inglesa. Esta concepção se diferencia, claramente, das opiniões expressas posteriormente em sua correspondência sobre a comuna rural russa, em particular na sua *Carta de 1877 a redação de Otietchestviennie Zapiski* e na *Carta e rascunhos em resposta à Carta de Vera Zasulitch* de 1881[41], nos quais o autor afirma que a comuna rural russa poderia oferecer a possibilidade de um desenvolvimento histórico que evitaria uma passagem através do "inferno capitalista".

Tentaremos mostrar, partindo da comparação entre esses dois grupos de textos, que as mudanças na visão de Marx, quanto à importância das comunidades pré-capitalistas, devem ser associadas às concepções metodológicas por ele defendidas no último período da sua vida e, portanto, não representam apenas, como querem alguns, uma acentuação de aspectos críticos que já estavam presentes nos escritos da década de 50.[42]

O último período da vida de Marx, que tem seu início em 1871 e se conclui com a sua morte em 1883, foi marcado por uma grande tensão teórica, resultante da derrota da Comuna de Paris e dos destinos assumidos pelo movimento operário europeu e da vitalidade demonstrada pelo capitalismo em superar os seus obstáculos[43]. Trata-se de um período pouco

---

[41] MARX, Karl e ENGELS, Friedrich. *Escritos sobre Rússia II: El Porvenir de la Comuna Rural Rusa*. México: Siglo XXI, 1980.

[42] Consultar por exemplo: MELOTTI, Umberto, Marx e il Terzo Mondo. Per uno schema multilineare dello sviluppo storico, Milano: Il Saggiatore, 1972, pp. 181-182, e SACHS, Ignacy, Problemy Indii w pracach K. Marksa i F. Engelsa, In: MARKS, Karol e ENGELS, Fryderyk. Dziela, Vol. XII, Varsóvia, 1967, pp. 19ss. Mesmo apresentando uma leitura matizada e anti-unilinear da concepção de Marx sobre a evolução das sociedades humanas, ambos autores tendem a relativizar a diferença existente, entre os textos de Marx, que serão objeto de nossa análise.

[43] Sobre uma caracterização geral do período, Cf. BALIBAR, Etienne. A Filosofia de Marx, Rio de Janeiro: Jorge Zahar Editor, 1995: pp. 16ss. e 123-133.

analisado da obra de Marx e que, em grande medida, está recheado de escritos inéditos, publicados postumamente. Após a publicação em 1873, da segunda edição alemã de *O Capital*, e em 1875 da conclusão da publicação em fascículos da tradução francesa desta mesma obra, Marx escreveu apenas pequenos artigos, redigindo notas de leitura e trocando uma extensa correspondência com Engels e outros personagens.

Mesmo não publicando nenhuma obra significativa, os escritos deste período possuem uma excepcional carga teórica. Nestes textos o autor de *O Capital* aborda uma série de importantes questões relacionadas à questão do Estado, à situação do movimento operário e de suas diferentes perspectivas de desenvolvimento, como por exemplo, quanto ao destino da I Internacional, quanto ao perigo da crescente corrupção do movimento operário, em particular do inglês e do alemão e, ainda, ao problema da transição socialista, dentro da qual a problemática da ditadura do proletariado passa a ocupar um importante lugar, surgindo, também de uma reflexão acerca da eventualidade de uma passagem pacífica ao socialismo. Marx demonstra, uma renovada preocupação com o estudo das sociedades pré-capitalistas e de suas diferentes possibilidades de desenvolvimento e, por fim, a continuação – em menor escala – de seus estudos econômicos.

Os escritos de Marx, que constituem o objeto de nossa análise, nos oferecem uma curiosa simetria. Se, por um lado, os textos dedicados à Índia foram redigidos no início da década de 50, após as derrotas das Revoluções de 1848-1849, (na chamada Primavera dos Povos, que representou uma onda revolucionária em escala continental), e a dissolução em 1852 da Liga dos Comunistas; por outro lado, os escritos sobre a Rússia foram redigidos após a derrota da Comuna de Paris em 1871 e do declínio da Associação Internacional dos Trabalhadores, com a transferência, em 1872, do Conselho Geral da AIT para Nova Iorque e a sua posterior dissolução, em 1876. Portanto, as reflexões sobre a Índia e a Rússia surgem, respectivamente, após duas significativas derrotas do movimento operário.

Marx, em seus escritos e correspondência, descreveu o processo de transformações ocorridas na Índia, como resultantes da introdução de modernas forças produtivas e a conseqüente dissolução das antigas formas de produção e de organização social sem substituí-las por outra nova, o que ocasionou uma profunda miséria:

> Não cabem dúvidas, [...] que a miséria ocasionada no Hindustão, pela dominação britânica foi de natureza distinta e infinitamente mais intensa que todas as calamidades experimentadas desde então por este país. [...] Guerras civis, invasões, revoluções, conquistas, anos de fome: por mais complexas que possam parecer todas estas sucessivas calamidades, seu efeito sobre o Hindustão não deixou de ser superficial. Somente a Inglaterra, destruiu toda a estrutura social da Índia, e até agora não manifestou o menor intento de reconstituição. Esta perda de seu velho mundo, sem a conquista de um novo, imprime uma marca de particular tristeza à miséria dos hindus e desvincula o Hindustão governado pela Grã-Bretanha de todas as velhas tradições e de toda a sua história passada.[44]

Mesmo sublinhando a violência e a gravidade das conseqüências do processo colonizatório, Marx ressalta o caráter essencialmente revolucionário destas transformações:

> Ao destruir sua base econômica, (a Inglaterra produziu) assim a maior, e para dizer a verdade, a única revolução social que jamais foi vista na Ásia.[...] É bem verdade que ao realizar uma revolução social no Hindustão, a Inglaterra atuava sob o impulso de interesses mais mesquinhos, dando provas de verdadeira estupidez na forma de impor esses interesses. Porém não se trata disso. Do que se trata é saber se a humanidade pode cumprir sua missão sem uma profunda

---

[44] MARX, K. *La dominacion britanica en la India*, In: MARX C. e ENGELS F., *Obras Escogidas I*, Moscou: Editorial Progresso, 1980, p. 500; (MARKS, Karol e ENGELS, Fryderyk, DZIELA – MED tradução polonesa da MEW. T. IX, pp. 143-144.). A transcrição para a língua portuguesa, das citações das obras de Marx e Engels são de responsabilidade do autor desse texto.

revolução no estado social da Ásia. Se não pode, então, e apesar de todos os seus crimes, a Inglaterra foi o instrumento inconsciente da história ao realizar dita revolução.[45]

Marx, em diferentes momentos, afirma que a sociedade hindu carecia de história e que a sua estrutura social era marcada por uma total passividade, e que, portanto, a sua conquista era uma fatalidade:

> Assim, pois, a Índia não podia deixar de escapar ao seu destino de ser conquistada e toda história passada, supondo que tenha existido tal história, é a sucessão das conquistas sofridas por ela. A sociedade hindu carece por completo de história, ou pelo menos de história conhecida. O que chamam de história da Índia não é mais que a história dos sucessivos invasores que fundaram seus impérios sobre a base passiva desta sociedade imutável que não lhes oferecia nenhuma resistência. Não se trata, portanto, de se a Inglaterra tinha ou não direito de conquistar a Índia, senão de se preferimos uma Índia conquistada pelos turcos, pelos persas, ou pelos russos a uma Índia conquistada pelos britânicos.[46]

Portanto, não se trata segundo Marx, de uma alternativa entre colonização e Independência, mas apenas uma escolha entre qual seria o colonizador da Índia. Ressalta ainda que a Inglaterra, ao lado de sua missão destrutiva, possuía igualmente uma missão regeneradora, cabendo-lhe lançar as bases materiais da sociedade ocidental na Ásia. Segundo Marx, seriam aspectos desta transformação: a unidade política da Índia, o desenvolvimento das forças produtivas (por meio da introdução da ciência britânica, do vapor e do telégrafo elétrico), o treinamento do exército hindu, a imprensa livre, a tão ansiada propriedade privada da terra e etc.

---

[45] Op. cit. p. 504; (MED IX pp. 147-148).

[46] MARX, K.*Futuros resultados de la dominacion britanica en la India In:* op. cit., pp. 506-507; (MED IX, pp. 246-247).

56

Marx na análise que nos oferece sobre as transformações ocorridas na Índia, acrescenta que, graças à introdução das estradas de ferro a Índia reeditaria o processo de industrialização ocorrido na Europa: "o sistema ferroviário se converterá em um verdadeiro precursor da indústria moderna". E isso encontraria confirmação, segundo Marx, pela "particular aptidão (dos hindus) para adaptar-se a trabalhos totalmente novos". E acrescenta de maneira otimista: "A indústria moderna, levada para a Índia através das estradas de ferro, destruirá a divisão hereditária do trabalho, base das castas hindus, esse o principal obstáculo para o progresso e o poderio da Índia".[47] Note-se que estas palavras não nos deixam de soar semelhantes às escritas no Prefácio de *O Capital*, quando Marx afirma: *de ti fala a fábula (De te fabula narratur)*.

Após retomar a análise dos efeitos devastadores e aterrorizadores da introdução da indústria inglesa na Índia, Marx observa que estes são os resultados orgânicos e indissociáveis do desenvolvimento do modo de produção capitalista e conclui, afirmando:

> O período burguês da história está chamada a lançar as bases materiais de um mundo novo; a desenvolver, por um lado, o intercâmbio universal, baseado na dependência mútua do gênero humano, e os meios para realizar esse intercâmbio; e, por outro lado, desenvolver as forças produtivas dos homens e transformar a produção científica em um domínio sobre as forças da natureza. A indústria e o comércio vão criando essas condições de um mundo novo do mesmo modo como as revoluções geológicas criaram a superfície da Terra. E só quando uma grande revolução social se apropriar das conquistas da época burguesa, o mercado mundial e as modernas forças produtivas, submetendo-as ao controle comum dos povos mais avançados, só então o progresso humano deixará de parecer a esse terrível ídolo pagão que só queria beber o néctar no crânio do sacrificado.[48]

---

[47] Op. cit., p. 510; (*MED IX* pp. 250-251).
[48] Op. cit., pp. 511-512, (*MED IX* pp. 252-253).

Marx em outros escritos acentuará ainda mais esta sua concepção, transformando-a em um esboço de teoria geral da história:

> Em si e para si, não se trata do grau mais elevado ou mais baixo de desenvolvimento dos antagonismos sociais que decorrem das leis naturais da produção capitalista. Aqui se trata dessas leis mesmo, dessas tendências que atuam e se impõem com necessidade férrea. O país industrialmente mais desenvolvido mostra ao menos desenvolvido tão-somente a imagem do próprio futuro.[49]

> Cabe por fim ressaltar que esta concepção elaborada por Marx na década de 50, pode ser igualmente encontrada em textos de K. Marx e F. Engels escritos no final da década de 40. São ainda exemplos paradigmáticos desta visão as opiniões expressas por eles no Manifesto Comunista, – aonde contrapõem às nações civilizadas as nações bárbaras – bem como as opiniões expressas por F. Engels sobre a colonização francesa da Argélia,[50] e sobre a conquista do México pelos EUA.[51]

3. Da Índia a Rússia: uma nova concepção de História

Entretanto, Marx, em seus textos tardios, passará a ter uma visão mais crítica sobre a colonização inglesa da Índia:

> no tocante as Índias Orientais, por exemplo, todo o mundo, salvo Sir H. Maine e outros da mesma índole, sabe que ali (na Índia) a supressão da propriedade comum da terra não foi mais que um ato de vandalismo inglês, que empurrava a população autóctone não para frente senão para trás.[52]

---

[49] MARX, Karl. *O Capital*. Crítica da Economia Política, Volume I, São Paulo, Abril Cultural, 1983, p. 12.

[50] Cf. sobre este respeito o artigo de F. Engels publicado no The Northern Star de 22 de janeiro de 1848.

[51] Cf. sobre este respeito o artigo de F. Engels: *Die Bewegungen von 1847*, publicado no jornal Deutsche Brüsseler Zeitung nº 7 de 23 de janeiro de 1848. (*MED IV* pp. 684-697).

[52] *Carta de Karl Marx a Vera Zasulitch (Rascunho III)*, K. MARX e F. ENGELS, *Escritos sobre Rusia II: El Porvenir de la comuna Rural Rusa*, México: Siglo XXI, 1980, p. 52. (*MED XIX* p. 449).

A passagem acima citada nos remete claramente às notas redigidas pelo autor, a partir da leitura do livro de Maxim Kovalevski: *A propriedade comunal da terra: as causas, processos e conseqüências de sua dissolução*, nas quais Marx escreve:

> Os funcionários britânicos na Índia, assim como os críticos como Sir Henry Maine que confiavam neles, descrevem a dissolução da propriedade comunal da terra em Punjab como se tivesse sido produzida como uma conseqüência do progresso econômico, apesar da atitude carinhosa dos ingleses em relação a essa forma arcaica. A verdade é bem outra. Foram os próprios ingleses os principais (e ativos) agressores responsáveis por esta dissolução.[53]

Marx em outras passagens reafirma sua crítica ao caráter apologético de Maine e outros escritores burgueses ingleses:

> Alguns escritores burgueses, principalmente de origem inglesa, como, por exemplo, Sir Henry Maine, têm por objetivo antes de tudo demonstrar a superioridade e elogiar a sociedade, o sistema capitalista. [...] Lendo as histórias das comunidades primitivas, escritas por burgueses, tem que se tomar cuidado. Porque não retrocedem (frente a nada) nem sequer frente a falsificação. Sir Henry Maine, por exemplo, que foi um ardente colaborador do governo inglês na sua obra de destruição violenta das comunas hindus, nos conta com hipocrisia que todos os nobres esforços por parte do governo para apoiar aquelas comunas fracassaram frente a força espontânea das leis econômicas.[54]

---

[53] MARX, K. *Konspiekt knigi M. Kowalewskogo "Obszczinnoje ziemlewladienije priczyny, chod i posledstwija jego rozlozenija"*, citado segundo WADA, Haruki: *Marx y la Rusia revolucionária*, In: SHANIN, Teodor (org.), *El Marx tardío y la vía rusa*. Marx y la periferia del capitalismo, Madrid: Editorial Revolución, 1990, p. 87. BRAT-KIEWICZ, na obra anteriormente citada, se referindo às mesmas notas de Marx, afirma: *"Marx agora chama os ingleses na Índia de "cachorros ingleses", execra igualmente o cinismo da administração colonial, cujos atos de apropriação ilegal das terras dos Hindus apresentam como manifestação do progresso e da caridade civilizatória"*, In: BRATKIEWICZ, J., op. cit., p. 73 nota 81.

[54] *Carta de Karl Marx a Vera Zasulitch (Rascunho I)*, In: op. cit. p. 34. (*MED XIX* pp. 432-433).

A leitura das passagens acima demonstra que Marx não mais julgará a dissolução da propriedade comunal – e a sua conseqüente substituição pela propriedade privada da terra – como um progresso e uma verdadeira revolução social como julgava anteriormente. Marx apontava em sua *Carta à Vera Zasulitch (Rascunho III)*, para o equívoco que seria a introdução do arrendamento na Rússia:

> A Rússia trataria em vão de sair do seu atoleiro através do arrendamento capitalista à inglesa contrária a todas as condições sociais do país. Os mesmos ingleses fizeram esforços semelhantes nas Índias Orientais; e só lograram mutilar a agricultura do país e redobrar o número e a intensidade da fome.[55]

Em uma carta a Danielson, Marx apresenta um balanço da exploração colonial e de suas conseqüências:

> Na Índia estão para vir sérias complicações para o governo inglês, senão um violento distúrbio. O que retiram os ingleses anualmente sob a forma de renda, dividendos para as estradas de ferro que não são utilizadas pelos hindus, de pensões para o serviço civil e militar, para a Guerra do Afeganistão e outras guerras, etc, etc; tudo o que tiram sem retribuição alguma e fora do que se apropriam anualmente dentro da Índia, tendo em conta unicamente o valor das mercadorias que os hindus têm que enviar gratuita e anualmente para a Inglaterra; tudo isso chega a ser mais que o total do produto dos sessenta milhões de trabalhadores agrícolas e industriais da Índia! Isso é um processo de sangria, que não pode passar sem resposta. Os anos de fome se sucedem e em dimensões ainda inimagináveis para os europeus. Está em marcha uma verdadeira conspiração na qual cooperam hindus e muçulmanos; o governo britânico se dá conta de que algo está se "preparando", porém esta gente superficial (me refiro aos governantes), cega pelos seus próprios procedimentos parlamentares de falar e pensar, nem sequer quer ver claramente e compreender as dimensões do perigo

---

[55] *Carta de Karl Marx a Vera Zasulitch (Rascunho III)* In: op. cit. p. 56, (*MED XIX* pp. 452-453).

eminente. Enganar os outros e os enganando é enganar a si mesmo: esta é a sabedoria parlamentar em uma fórmula sintética! Tant mieux![56]

Como observamos anteriormente, não é somente a sua visão sobre a colonização inglesa na Índia que sofreu uma sensível alteração. Analisando os escritos de Marx sobre a comuna rural russa, podemos identificar uma sensível transformação também em suas análises sobre as possibilidades de um desenvolvimento não-capitalista, tendo como ponto de partida as comunas rurais. Marx passa agora a assumir uma clara oposição a toda concepção fatalista da história, se opondo a toda tentativa de transformar a sua concepção desenvolvida em O Capital, em uma justificativa para uma dissolução necessária da comuna rural russa e de sua inevitável substituição pelo modo de produção capitalista:

> O que põem em perigo a vida da comuna rural russa não é nenhuma fatalidade histórica, nem uma teoria: é a opressão pelo Estado e a sua exploração por capitalistas intrusos, tornados poderosos pelo mesmo Estado às custas dos camponeses.[57]

Marx, pelo contrário, vê na manutenção da Comuna rural um ponto de apoio para um desenvolvimento totalmente diverso: "Pode chegar a ser o ponto de partida direto do sistema econômico ao qual tende a sociedade moderna e de transformar a sua existência sem começar por se suicidar".[58] Marx passava a identificar uma vitalidade própria nas comunidades de tipo arcaico, como uma forma social que poderia representar uma resposta às crises capitalistas, representando um elemento regenerador:

---

[56] Carta de K. Marx a Danielson de !9 de fevereiro de 1881, MED XXXV pp. 180-181.

[57] Carta de Karl Marx a Vera Zasulitch (Rascunho II), In: op. cit. p. 51 (MED XIX p. 447).

[58] Carta de Karl Marx a Vera Zasulitch (Rascunho I), In: op. cit. p. 39 (MED XIX p. 437).

Se a revolução se efetuar em um momento oportuno, se concentrar todas as suas forças (se a parte inteligente da sociedade russa) (se a inteligência russa concentrar todas as forças vivas do país), em assegurar o livre desenvolvimento da comuna rural, esta se revelará rapidamente um elemento regenerador da sociedade russa e um elemento de superioridade sobre os países dominados pelo capitalismo.[59]

No lugar da dissolução necessária, agora Marx opõem a possibilidade de diferentes alternativas de desenvolvimento:

> Sua forma constitutiva admite esta alternativa: ou o elemento de propriedade privada que implica triunfará sobre o elemento coletivo, ou este triunfará frente aquele. Tudo depende do meio histórico aonde se encontre [...]. Estas duas soluções são possíveis *a priori*, mas para uma ou para outra é evidente que se requerem meios históricos completamente diferentes.[60]

---

[59] *Carta de Karl Marx a Vera Zasulitch (Rascunho I)*, In: op. cit. p. 45 (*MED XIX* p. 442). Engels, que inúmeras vezes manteve um grande ceticismo sobre as possibilidades das comunas rurais russa, em uma carta – polêmica sob inúmeros aspectos – a Bernstein afirma sobre esta questão: *"os búlgaros devem isso a que viveram tão longamente sob o domínio dos turcos, que conservaram os restos das antigas instituições clânicas e que as mantiveram intactas, as contribuições impostas pelos paxás foi apenas um obstáculo para a formação de sua burguesia. Os sérvios entretanto, que faz 80 anos se libertaram sob o domínio turco, destruíram as suas antigas instituições clânicas com a ajuda da burocracia que passou pela escola austríaca e por sua legislação, e por isso inevitavelmente sofreram inúmeras derrotas dos búlgaros. De aos búlgaros 60 anos de desenvolvimento burguês (e que assim mesmo não os levarão a lugar nenhum) e de governos burocráticos, se encontrarão igualmente em uma situação repugnante como hoje os sérvios. Para os búlgaros, como igualmente para nós, seria sem comparação melhor, que os búlgaros se mantivessem sob o domínio dos turcos até a revolução européia, as instituições clânicas serviriam de excelente ponto de partida para o desenvolvimento em direção ao comunismo, da mesma maneira que o mir russo, que hoje desaparece sob os nossos olhos".* Carta de F. Engels a E. Bernstein de 9 de outubro de 1886, MED XXXVI pp. 637-638.

[60] *Carta de Karl Marx a Vera Zasulitch (Rascunho I)*, In: op. cit. p. 37 (*MED XIX* p. 435).

Através das longas citações acima reproduzidas tentamos indicar que Marx alterou radicalmente a sua forma de ver o papel colonizatório da Inglaterra na Índia. Pretendemos mostrar, que toda tentativa de explicar esta mudança, a partir de uma contínua observação das barbáries realizadas pela Grã-Bretanha na Índia ou pela França na Argélia são insuficientes e não explicam totalmente o problema analisado, uma vez que não é apenas a concepção sobre o papel civilizatório do capitalismo que está em questão, mas algo de uma importância bem mais abrangente: é a própria concepção histórica de Marx que sofre uma radical transformação, como buscaremos demonstrar abaixo.

Os escritos históricos de Marx sobre a Rússia além de nos permitir identificar as referidas mudanças, abrem igualmente possibilidades metodológicas que podem nos conduzir a elaboração de uma interpretação não dogmática e não teleológica da obra de Marx. Isso é manifesto na oposição expressa por Marx quanto à tentativa de transformar a sua concepção materialista de história em uma filosofia da história:

> A todo o custo (o meu crítico), quer converter meu esboço histórico sobre as origens do capitalismo na Europa Ocidental em uma teoria histórico-filosófica sobre a trajetória geral a que se acham fatalmente submetidos todos os povos, quaisquer que sejam as circunstâncias históricas que nelas concorram, para chegar enfim naquela formação econômica que, a par do maior impulso das forças produtivas do trabalho social, assegura o desenvolvimento do homem em todos e cada um dos seus aspectos. (Isso me traz demasiada honra e, ao mesmo tempo, demasiado escárnio).[61]

Na seqüência, referindo-se a sorte dos plebeus da antiga Roma o autor de *O Capital* acrescenta:

> Estudando cada um desses processos históricos sepa-radamente e comparando-os logo entre si, facilmente

---

[61] *Carta de Karl Marx a la redacción de "Otiechestviennie Zapiski"*, In: K. MARX e F. ENGELS. *Escritos sobre Rusia, op. cit. pp. 64-65, (MED XIX p. 127)*.

encontraríamos a chave para explicar estes fenômenos, resultado que jamais lograríamos ao contrário, com a chave universal de uma teoria geral da filosofia da história, cuja maior vantagem reside precisamente no fato de ser uma teoria supra-histórica.[62]

Poderíamos reproduzir ainda inúmeras outras passagens que confirmariam a presença nos textos tardios de Marx a sua oposição a uma concepção fatalista e unilinear do desenvolvimento histórico das sociedades humanas. Mas, uma vez identificada as transformações ocorridas na concepção de Marx sobre as comunas rurais arcaicas e das conseqüências teóricas e metodológicas resultantes, nos cabe tentar esboçar uma interpretação destas mudanças que contribuíram para esta transformação. Como já nos referimos anteriormente, julgamos que devemos interpretar as referidas mudanças a partir da inserção destes escritos históricos no conjunto da produção teórica do último período da vida de Marx.

Como já afirmamos anteriormente, Marx em suas concepções da década de 50 está profundamente marcado por uma "avaliação equivocada sobre a iminência da revolução".[63] Se Marx, por um lado, ao longo das décadas seguintes, constata o perigo de uma crescente corrupção do movimento operário alemão e inglês,[64] por outro lado toma

---

[62] *Op. cit.* p. 65. (*MED XIX* p. 128).

[63] A respeito da eminência da revolução em Marx, Cf.: BASSO, Lélio, *Socialismo y Revolución*, México: Siglo veintiuno editores, pp. 199-215. É importante lembrar que Roman ROSDOLSKY em sua obra: *"Friedrich Engels y el problema de los pueblos "sin historia": La cuestión de las nacionalidades en la revolución de 1848-1849 a la luz de "Neue Rheische Zeitung""*, associa os equívocos no julgamento de povos da Europa Central e Oriental, como povos sem história, justamente a eminência da revolução: *"Era um mundo próprio muito diferente do atual, o mundo em que Engels e Marx atuaram como combatentes políticos, e também seus erros devem ser compreendidos a partir de sua especial problemática. Antes de tudo, o fundamental "erro de ritmo", do que jamais conseguirão liberar-se totalmente (por razões muito compreensíveis) e que consistia em não querer outorgar uma vida mais larga ao capitalismo, que apenas havia alcançado a sua idade adulta, e por tanto, em considerar a revolução socialista como uma tarefa prática imediata de sua época".* México; Sigloventiuno editores p. 188.

também consciência da crescente difusão de seu pensamento sobre os russos.[65] É, entretanto, em particular o fracasso da Comuna de Paris e os bárbaros massacres efetuados pela burguesia francesa após a sua derrota, que levará Marx a uma profunda transformação em sua reflexão sobre as perspectivas revolucionárias na Europa.[66]

4 Últimas considerações

Esperamos ter demonstrado, nessas curtas notas, os textos de Marx deste período apresentam importantes indicações, que permitem neles identificar uma especificidade teórico-metodológica. Marx se expressa claramente e não sem irritação contra toda tentativa de transformar a sua obra em um sistema filosófico: "Segundo o senhor Wagner, a teoria do valor de Marx é 'a pedra angular de seu sistema socialista'.

---

[64] Cf. a este respeito a correspondência de Marx: *Carta de Marx a Sorge de 19 de outubro de 1877 (MED XXXIV* pp. 331-333), *Carta de Marx a Liebknecht de 11 de fevereiro de 1877 (MED XXXIV* pp. 350-354), e a *Carta de Marx e Engels a Bebel, Liebknecht, Bracke e outros de setembro de 1879 (MED XXXIV* pp. 433-449).

[65] Cf. a este respeito a obra de DUSSEL, Enrique: *"El ultimo Marx (1863-1882) y la liberación latinoamericana"*, em particular o Cap. 7: Del ultimo Marx e a America Latina, 7.2: El "viraje": La Cuestion Rusa " (1868-1877) e 7.3: La respuesta a Vera Zasulitch o el apoyo a los "populistas rusos" (1877-1881); pp. 243-261. Dussel enumera ao lado do fracasso da Comuna de Paris, uma sensibilidade ao problema camponês (anteriormente inexistente) e enfim a entusiasta recepção entre os intelectuais russos das suas idéias e obras.

[66] Teodor SHANIN em seu artigo: *El ultimo Marx dioses y artesanos"*, enumera uma série de acontecimentos que desempenharam uma importância decisiva na evolução de Marx no período analisado: 1) a derrota da Comuna de Paris e a sucessiva dissolução da Comuna de Paris, 2) o descobrimento da pré-história, que será objeto de estudos sucessivos por parte de Karl Marx, 3) associado a descoberta anterior, a ampliação dos conhecimentos sobre as sociedades rurais não capitalistas e por fim 4) A Rússia e os russos que ofereciam uma combinação de todas as causas anteriores. In: SHANIN, T., *"El Marx tardio y la via rusa..."*, op. cit., pp. 18-19.

Como eu não construi jamais um sistema socialista trata-se de uma fantasia dos Wagner, Schäffle e tutti quanti".[67]

O filósofo comunista italiano Cesare Luporini sintetiza da seguinte maneira o período em questão:

> Momento de máxima maturação da metodologia de Marx e de máxima flexibilidade de sua concepção histórica, momento no qual ele dissolve definitivamente qualquer equívoco desta concepção, com uma filosofia da história ou teoria histórico-filosófica.[68]

Uma análise da problemática resultante dos últimos escritos de Marx nos remete, igualmente, às questões relacionadas ao atraso da publicação dos textos pertencentes a este período como, também, às razões de seu relativo esquecimento. Dois autores ingleses, Derek Sayer e Philip Corrigan, que analisaram a obra de Marx do período em foco, afirmam sobre este problema o seguinte: "o último Marx é um recurso fundamental e escandalosamente abandonado pelos socialistas de hoje".[69]

Um exemplo paradigmático desta questão foi a negativa de G. Plekhanov publicar a referida carta de Karl Marx a Vera Zasulitch,[70] uma vez que esta se chocava com a visão defendida então por Plekhanov contra os populistas russos.

---

[67] MARX, Karl. *Notas Marginais ao "Tratado de Economia Política"* de Adolph Wagner. México: Siglo XXI, 1982. p. 34.

[68] LUPORINI, Cesare. *Critica de la politica y critica de la economia politica de Marx.* In: MARRAMAO, Giacomo et. al. *Teoria Marxista de la politica.* México: Siglo XXI, 1981, p. 85.

[69] SAYER, Derek e CORRIGAN, Philip. *El ultimo Marx: continuidad, contradiccion y aprendizaje* in: Shanin. Teodor (org). *El Marx tardio y la via Rusa. Marx y la periferia del capitalismo.* Madrid: Editorial Revolucion, 1990, p. 121.

[70] Sobre as vicissitudes da publicação da *Carta de Marx a Vera Zasulitch*, consultar os artigos de NICOLAIEVSKI, Boris: *Marx y el Problema Ruso* e RÍAZANOV, David Borisovitch: *Vera Zasulitch y Karl Marx, in:* K. MARX e F. ENGELS: *Escritos sobre Rusia,* op. cit.: pp. 9-27. Para uma análise sistemática destes problemas, cf. WALICK, Andrzej: *Marks, Engels i Narodnictwo Rosyjskie,* in: *Polska, Rosja, marksizm.* Studia z dziejów marksizmu i jego recepcji, Varsóvia: K i W, 1983, pp. 59-143.

Acreditamos que o esquecimento dos textos pertencentes ao último período da vida de Marx, em particular dos textos aqui analisados, pode parcialmente ser explicado pela dissonância que estes textos representavam em relação à tradição do marxismo da II Internacional e, pela sucessiva interpretação do marxismo durante o período stalinista – em particular a suas concepções sobre a sucessão dos "cinco" modos de produção e sobre a inexistência do modo de produção asiático.

A não publicação e o esquecimento dos referidos escritos representou a impossibilidade de acesso a um importante instrumental crítico, que se chocava com diferentes interpretações etapistas, fatalistas ou etnocêntricas, que influenciaram fortemente a tradição marxista e que chegaram a justificar até mesmo o apoio a uma política colonialista.

68

O Lugar do Oriente em Marx
e a Concepção Staliniana
dos "Cinco Estágios"

Mauro C.B. de Moura
Prof. de Filosofia da Universidade Federal da Bahia

1 Introdução

Diante da miríade de comentaristas, epígonos ou detratores, que assediam sua obra, nem sempre é possível descortinar o pensamento de Marx na intrincada teia que o envolve, restaurando suas próprias idéias dentro do confuso amálgama em que são, por muitos, apresentada. Participando ativamente da conjuntura política em que são lançadas ao debate, elas (as idéias de Marx), no entanto, obedecem a uma cronologia complexa, onde não podem ser desprezados, nem o contexto em que foram concebidas, nem o contexto em que foram divulgadas, o que torna ainda mais difícil sua abordagem.

A lapidar assertiva de Marx, em seu famoso Prefácio de 1859 (Zur Kritik der politischen Ökonomie), de que, "Reduzidos a grandes linhas, os modos de produção asiá tico, antigo, feudal e burguês moderno aparecem como épocas progressivas da formação econômica da sociedade",[71] tendeu a ser considerada, sobretudo à esteira da concepção stalinista dos "cinco estágios", como prova de sua incontestável adesão a uma interpretação histórica progressiva e linear.[72] Com efeito, pareceria que Stalin, em 1938, ano da publicação do opúsculo *Sobre o Materialismo Histórico e o Materialismo Dialético*, ao afirmar que "A História conhece cinco tipos fundamentais de relações de produção: o comunismo primitivo, o escravismo, o feudalismo, o capitalismo e o socialismo"[73] estaria, em verdade, apenas coadjuvando as mesmas idéias antes esposadas por Marx. E tal crença prevaleceu hegemônica até, pelo menos, o XX Congresso do Partido Comunista da URSS, em 1956, quando foram ensejadas as condições políticas para que um debate mais amplo proliferasse.

O mais grave é que a concepção dos "cinco estágios", em suas versões mais toscas, sequer mantêm a cautela da formulação stalinista, que, ao reconhecer "cinco tipos fundamentais", pela fundamentalidade dos mesmos, não excluiu completamente outros "tipos de relações de produção", que não tivessem idêntica importância. Os manuais de catequese não tiveram pudor em suprimir qualquer sutileza e toda história humana passa a ser

---

[71] MARX, Karl. *Critique de l'économie politique*, in *Euvres: économie* [ed. preparada por Maximilien Rubel], Paris, Gallimard, 1977, Tomo I, pp. 273/274.

[72] Parece oportuno recordar que a *Zur Kritik...* de 1859 foi um dos poucos trabalhos, dentre os integrantes do grandioso projeto de crítica da economia política (1844-1883) que chegou a ser publicado, em vida, pelo próprio Marx. Correspondia ao primeiro tomo, dos dois que constituiriam o Livro I, "Do Capital", de uma obra mais vasta, concebida inicialmente em seis livros, e que seria em seguida abandonada e substituída por uma nova, cujo destino seria, também, o do inacabamento: refiro-me a *O Capital*. A temática tratada na *Zur Kritik...* de 1859 (vale dizer, na parte do plano originário do trabalho que foi escrito e publicado) será retomada na primeira seção do Livro I da obra magna. Para uma abordagem mais ampla do assunto ver meu artigo "Sobre o Projeto de Crítica da Economia Política de Marx", in *Crítica Marxista nº 9*, São Paulo, Xamã, 1999, pp. 52-78.

[73] STALIN, Iosif. "Sobre el Materialismo Histórico y el Materialismo Dialéctico", in *¿Anarquismo o Socialismo?*, México, Grijalbo, 1972, p. 118.

descrita, pela inexorável escatologia que se desdobra, progressiva e linearmente, em apenas cinco figuras históricas possíveis: o comunismo primitivo, o escravismo, o feudalismo, o capitalismo e o socialismo. Destarte, por exemplo, uma equipe de autores soviéticos afirmava peremptoriamente, em 1959, ou seja, mesmo depois da defenestração de Stalin, que "A humanidade, como um todo, passou por quatro formações: comunitária primitiva, escravista, feudal e capitalista, vivendo agora na época da passagem à formação seguinte, comunista, cuja primeira fase se denomina socialismo".[74]

A singeleza da formulação, independentemente de suas variantes, encontra eco no proselitismo, quase religioso, resultante da defesa maniqueísta dos interesses do "socialismo em um só país", quando transplantados para a conjuntura da "guerra fria", após a II Grande Guerra Mundial. Defender um destino histórico homogêneo e inexorável para todos os povos eqüivalia à chancela de uma única via política possível, proscrevendo quaisquer desvios, que se colocavam, *a priori*, como contrários à própria "marcha da história". O apelo popular deste esquematismo contribuiu, decididamente, para torná-lo hegemônico, sobretudo em momentos de grandes enfrentamentos sociais, como foi o do final da primeira metade do século XX, com os enormes sofrimentos humanos que sempre ensejam. Colocar-se a favor do inevitável curso dos acontecimentos será sempre um alento inestimável, sobretudo diante da tragédia da conflagração aberta, quando a possibilidade de pertencer a algo transcendente contrapõe-se à terrível e inquietante finitude do indivíduo, conferindo-lhe, pelo menos, o conforto da aura messiânica de estar em conformidade com a própria ordem histórica e sua inevitável trajetória.

---

[74] KUUCINEN, O., et alii. *Fundamentos do Marxismo-Leninismo*, Rio, Vitória, 1962, p.130.

2 Sobre as vias do desenvolvimento histórico e a vertente oriental

O exame atento da passagem do *Prefácio de 1859*, citado anteriormente, deixa transparecer de imediato seu contraste, quando confrontado com a formulação de Stalin. Com efeito, a presença perturbadora do "modo de produção asiático" permite entrever, liminarmente, que não se podem tomar, simplesmente, uma pela outra, as seqüências históricas concebidas por Marx e Stalin. Com efeito, a ampla discussão, ao longo da década de 60, acerca do conceito de "modo de produção" e que teve no "modo de produção asiático" seu ponto fulcral, evidencia as dificuldades intransponíveis na identificação de uma e outra. O estopim da querela foi o livro de Karl Wittfogel, *O despotismo oriental*, publicado originalmente em 1957 e que, por seu caráter raivosamente anticomunista, suscitará um apaixonado confronto, nem sempre inspirado nas argumentações mais sólidas ou convincentes.

Não obstante, o trabalho de Wittfogel, cujo exame detido extrapola os limites deste escrito, teve o inegável mérito de despertar a atenção para o "modo de produção asiático", omitido por Stalin. O debate fez com que se voltasse também atenção para uma obra de Marx que fora publicada na URSS, a partir de 1939, no exato momento do avanço nazi-fascista na II Guerra Mundial e do ingente e abnegado esforço para contê-lo, que provocou a postergação da sua repercussão. O recrudescimento do confronto da chamada "Guerra Fria" serviu para retardar ainda mais a difusão do conjunto de cadernos manuscritos por Marx entre 1857 e 1858 e dados a conhecer pelo nome de *Grundrisse der Kritik der politischen Ökonomie*. Anteriormente, em 1903, uma pequena parcela destes cadernos fora já publicada, ficando conhecida como Introdução de 1857, porém as partes do Caderno IV consagradas às Formas Anteriores à Produção Capitalista permaneceriam inéditas até a II Guerra.

No entanto, estes escritos só encontrariam uma conjuntura política propícia para sua divulgação quando a concepção unilinear do processo histórico fosse posta em questão e fossem preconizadas outras "vias" de transição ao socialismo, que não se encaixavam no modelo clássico patrocinado pela teoria dos "cinco estágios". Com efeito, os escritos de Marx contidos nos cadernos aludidos sugerem claramente diferentes "vias" de desenvolvimento histórico, contrariando a interpretação prevalecente da famosa passagem do *Prefácio de 1859*. Aliás, cumpriria assinalar que a concepção disseminada pelo opúsculo stalinista foi construída como contraponto a uma tradição anterior, que mesmo desconhecendo estes trabalhos, então inéditos de Marx, intuía uma descrição muito mais complexa do processo histórico.

Plekhanov, que seria firmemente combatido por Stalin por seu "determinismo geográfico", era, certamente, um ardoroso defensor de um determinismo histórico monista e de um esquematismo universalizante, porém, paradoxalmente concebe, em função da base geográfica, é bem verdade, a possibilidade de trajetórias históricas diferenciadas. Para ele, por exemplo, em um trabalho de 1908,

> [...] a lógica de desenvolvimento do modo feudal de produção levou à revolução social que marcou o triunfo do capitalismo. Mas, a lógica do desenvolvimento econômico da China ou do Egito Antigo [...] não conduziu, de modo algum, ao aparecimento do modo antigo de produção.[75]

Portanto, para Plekhanov, o esquema de Marx, esboçado no *Prefácio de 1859*, quando alinha os "modos de produção" asiático, antigo, feudal e burguês moderno, não será interpretado como uma sucessão unilinear entre eles, na medida em que, da China e do Egito Antigo, não se desemboca no "modo de produção antigo", da mesma forma como o

---

[75] PLEKHANOV, Gueorqui. *Cuestiones Fundamentales del Marxismo*, Barcelona, Fontamara, 1976, pp. 88-89.

capitalismo foi gestado nas entranhas do feudalismo.[76] Além disso, as forças produtivas geradas em ambientes geográficos diferenciados podem seguir trilhas diversas, o que explicaria, para Plekhanov, a multiplicidade de formas sociais oriundas de uma base comum: "o clã".

Seria desnecessário discutir aqui a fundamentação de Plekhanov ao conceito de "clã". O mais relevante e sugestivo é que, *matatis mutandis*, a "comunidade tribal" ou "comuna natural" parecem cumprir nos *Grundrisse* de Marx, desconhecidos por Plekhanov, um efeito teórico análogo. Importando menos sua eventual comprovação empírica do que sua função etiológica, fundante das formas sociais que daí emergem. O conceito de "clã", em Plekhanov, é o sucedâneo universal de um conceito de família, que se revela histórico, sobretudo porque esta tende a estar associada a uma conotação patriarcal, devido a sua impregnação semântica pelo contexto burguês.

A "comuna natural" de Marx (de modo análogo ao "clã" de Plekhanov) é aquela organização social humana que serve de ponto de partida para a arrancada histórica, é o momento inicial da inflexão, onde o ser natural, biológico, do homem, mesmo configurando-se como social e constitutivamente gregário, ainda não tem história *stricto sensu*, que não seja "história natural" ou evolutiva, em sentido darwinista. Esta organização primígena, que do ponto de vista do desenvolvimento das forças produtivas poderia ser caracterizada como uma sociedade de caçadores-coletores, adaptando-se ao *habitat*, ou meio geográfico (aproveitando-se a conceituação de Plekhanov), começando

---

[76] Valeria a pena recordar que Gramsci, ácido crítico de Plekhanov, a quem acusa de "positivismo", aceita a separação clássica entre Oriente e Ocidente, não como expressão meramente geográfica, mas como indicativa de uma configuração sócio-histórica diferenciada (Cf. Gramsci, Antonio, *El Materialismo Histórico y la Filosofía de Benedetto Croce*, México, Juan Pablos, 1975, p. 85 e p. 147).

a desenvolver seu campo instrumental e suas forças produtivas de maneira diferenciada.[77]

Assim, para Marx

> [...] a comunidade tribal, comuna natural, não é o resultado, senão condição prévia da apropriação (temporal) e da utilização coletivas do solo. [...] quando os homens se estabelecem, a comuna primitiva sofrerá modificações mais ou menos profundas, segundo as diferentes condições do meio (clima, situação geográfica, constituição do solo, etc.) e suas aptidões naturais (raça, etc.).[78]

O campo instrumental aberto permite um leque ilimitado de possibilidades de desenvolvimento histórico, daí a enorme multiplicidade de culturas.[79] A comuna natural, modalidade primária de existência do *zoon politikon*, nas

---

[77] Caberia assinalar que a argumentação de Plekhanov encontra apoio explícito no próprio Marx quando afirma que: *"Este* [o modo de produção capitalista] *supõe o domínio do homem sobre a natureza. Uma natureza demasiado pródiga 'o leva pela mão como uma criança de andadeiras'. Não converte o desenvolvimento do homem mesmo em necessidade natural. Não é o clima tropical, com sua vegetação luxuriante, a pátria do capital, senão a zona temperada. Não é a fertilidade absoluta do solo, senão sua diferenciação, a diversidade de seus produtos naturais, o que constitui o fundamento natural da divisão social do trabalho e compele o homem, mediante a mudança das circunstâncias naturais em que vive, para que diversifique suas próprias necessidades, faculdades, meios de trabalho e modos de trabalhar. É a* **necessidade de controlar socialmente uma força natural**, *de economizá-la, de apropriar-se dela ou de dominá-la em grande escala mediante obras da mão humana, o que desempenha o mais decisivo dos papéis na história da indústria"* (Marx, Karl, *El Capital*, México, Siglo XXI, 1981, Livro I, Vol. 2, pp. 622/623[*Das Kapital*, MEW, 23, Berlin, Dietz, Livro I, pp. 536/537]).

[78] MARX, Karl. *Los Fundamentos de la Crítica de la Economía Política [Grundrisse...]*, Madri, Comunicación, 1972, Tomo I, p. 342.

[79] "A comunidade tribal, saída diretamente da natureza, ou se prefere, a horda (comunidade de sangue, de língua, de costumes, etc.), é a primeira condição de **apropriação das condições objetivas** de existência e da atividade reprodutiva e objetiva (esta atividade pode ser a dos pastores, caçadores, cultivadores, etc.). A terra é o grande laboratório, o arsenal que proporciona, tanto o meio e a matéria do trabalho, como a **base** da comuna. Os indivíduos nela se relacionam simplesmente como **propriedade** da **comuna**, que se produz e reproduz no trabalho vivo. O indivíduo não é **proprietário** ou **possuidor**, senão porque é um elemento e um membro desta comuna. A **apropriação** real através do processo de trabalho se efetua em **condições** que não estão ligadas ao **produto**, senão que aparecem como naturais ou **divinas**. Ainda que repouse sobre a mesma relação fundamental, esta forma pode realizar-se de maneiras muito diversas" (*Ibid., Tomo I, pp. 342/343*).

75

múltiplas formas que vai assumindo, pode desembocar em duas grandes vertentes de desenvolvimento histórico. Ambas partem desta base comunitária comum, na qual o indivíduo humano é, antes de tudo, um membro de sua comunidade, não importando as peculiaridades que cada cultura encerre. Na primeira modalidade, a estrutura comunitária pode sofrer inúmeras transformações, porém, seus vínculos, por mais esgarçados que eventualmente venham a estar, não se chegam a romper e a comunidade, enquanto tal, permanece, mesmo que se acople sobre ela um poder superior, como um "proprietário supremo".

As "formas asiáticas" consistiriam, assim, essencialmente, numa constelação de comunidades, amalgamadas pelo acoplamento superposto de um elemento unitário comum, repetindo, em escala muito ampliada, a mesma estrutura que congregaria os diversos clãs em uma tribo. Marx assim se expressa:

> Em meio ao despotismo oriental, no qual, juridicamente, a propriedade parece ausente, encontramos em realidade, como fundamento, a propriedade tribal ou coletiva, produzida essencialmente por uma combinação da manufatura e a agricultura no seio da pequena comunidade que satisfaz, assim, à totalidade de suas necessidades e contêm todas as condições de reprodução e de produção de excedente. Uma parte de seu sobretrabalho volta à coletividade suprema que, afinal de contas, tem o aspecto de uma pessoa. Este sobretrabalho toma a forma de tributo, etc., ou de trabalhos coletivos concebidos para exaltar a unidade encarnada na pessoa do déspota real ou no ser tribal imaginário que é Deus.[80]

Independentemente da exatidão empírica da formulação de Marx, o que parece nela fundamental é que permite descortinar toda uma vertente histórica extremamente rica e que não segue um padrão comparável àquele que desembocou no capitalismo, e tampouco configura uma "filosofia da história"

---

[80] Loc. Cit..

apriorística. O que Marx parece querer sublinhar, na verdade, é que a trajetória histórica que desaguou no capitalismo não foi a regra, mas parece ter sido a exceção, apesar das variantes que abarca. Com efeito, sua análise desta segunda modalidade destaca, pela ruptura dos vínculos comunitários um destino histórico muito mais volátil. Tal vertente "Supõe também a comuna como condição prévia. Todavia, contrariamente à primeira forma, não a supõe como substância [...]".[81]

Enquanto as "formas asiáticas" produziram formações sociais muitos mais estáveis, nas quais, apesar da ocorrência de tempestades no cimo da pirâmide social, a sua base permanecia incólume durante séculos, esta segunda forma prima por sua plasticidade, por um destino histórico errante e veloz, fundado na dissolução dos vínculos comunitários, pela emergência da propriedade privada e pelo desgarramento do indivíduo que termina por propiciar. A comunidade aqui também é a base, cuja essência, porém, é subvertida pelo instituto da propriedade privada, que a solapa desde seus próprios fundamentos.

O acesso à propriedade fundiária é um atributo exclusivo dos membros reconhecidos da comuna que, por sua vez, expressa os interesses da comunidade dos proprietários. "A perpetuação da comuna tem por condição a manutenção da igualdade entre os camponeses livres que provêm suas próprias necessidades e cujo trabalho perpetua a propriedade".[82] Entretanto,

> O comportamento de proprietário com respeito à terra supõe sempre uma ocupação, pacífica ou violenta, da terra pela tribo, comuna que possui ainda uma forma mais ou menos natural ou já desenvolvida historicamente. Aqui, o indivíduo jamais se manifesta isoladamente, como, por exemplo, o simples trabalhador livre. Se se supõe que as condições objetivas de seu trabalho lhe pertencem, estabeleceu-se a si

---

[81] Ibid., Tomo I, p. 344.
[82] Ibid., Tomo I, p. 346.

mesmo, subjetivamente, como membro de uma comuna, mediadora entre ele e a terra.[83]

Esta comuna de proprietários, contudo, só pode se configurar como tal pela negativa universal de propriedade a quaisquer outros eventuais pretendentes. Exemplificando, na prática, a assertiva de Spinoza de que *omnis determinatio negatio est*, a comuna dos proprietários representa a unidade dos mesmos na afirmação da propriedade ante qualquer contestação, porque o atributo da propriedade, quando conferido a alguém, supõe sempre uma idêntica negativa a todos os demais. Por isso, a comuna dos proprietários tende a privilegiar a atividade militar, *conditio sine qua non* de manutenção da propriedade. Não obstante, esta associação de proprietários privados em defesa da propriedade, a "pequena comuna guerreira", como a denominou Marx, tende a superar, pela auto-subversão da base comunitária, fundada na constituição de uma esfera privada, que se desprende da pública (que é a comum, *stricto sensu*), suas próprias limitações e os exemplos históricos desta ocorrência poderiam ser localizados nos judeus, na Grécia e em Roma.[84]

3 A vertente ocidental

A propriedade privada funda a vertente européia ou ocidental de desenvolvimento histórico, em contraste com a asiática ou oriental. É na propriedade privada que se deve buscar a etiologia do esgarçamento dos laços comunitários, que

---

[83] Ibid., p. 352.

[84] *"Esta pequena comuna guerreira tende, entre outras coisas, a superar suas limitações (Roma, Grécia, os judeus, etc.)"* (Ibid., Tomo I, p. 346.

configuram, na trajetória ocidental, uma história acelerada e pejada de conflitos.[85]

Por oposição, para Marx, é "[...] a forma asiática a que se mantém com maior tenacidade e durante maior tempo".[86] O que se explicaria pelo maior compromisso dela com a base comunitária, mais resistente, pelo desconhecimento da propriedade privada plena,[87] aos efeitos dissolutivos do desenvolvimento mercantil. Assim, a relativa estabilidade histórica das "formas asiáticas" contrasta firmemente com a velocidade e radicalidade das transformações operadas na história ocidental, cujo destino errante inicia-se com a "pequena comuna guerreira", paradigmaticamente representada pela pólis grega.

O comércio, daí a exacerbada crítica de Aristóteles à crematística, expressão precoce da hipóstase da esfera distributiva configurada em mercado, é o grande desestabilizador das figuras sociais, tendo no dinheiro, paradoxalmente, signo de ligação entre os proprietários privados, o principal veículo da mensagem desagregadora. Ao facilitar o processo de acumulação de riqueza, de forma, em princípio, ilimitada, o dinheiro, *per se*, não provoca, mas permite que as contradições

---

[85] Aliás, se há um denominador comum no pensamento de Marx, que o acompanha da juventude até a morte, este se encontra em sua apreciação crítica acerca da propriedade privada. Com efeito, o escrito juvenil de Engels, "Umrisse zu einer Kritik der Nationalökonomie", publicado originalmente no *Deutsch-Französishe Jahrbüncher* (Paris, 1844), sempre encomiado por Marx e que, como ele próprio confessa, o despertaria para a Crítica da Economia Política, tem como pedra angular a denúncia da propriedade privada uma vez que *"[...] à Economia não se lhe passou pela cabeça deter-se na razão de ser da propriedade privada"* (Engels, "Esbozo de Crítica de la Economía Política", *in Breves Escritos Económicos* [compilação], México, Grijalbo, 1978, p.10). A natural evocação a Rousseau (cf. *Discours sur l'Origine e les Fondements de l'Inegalité parmi les Hommes*) que daí emerge, não deve, contudo, obnubilar o fato de que, para Marx, ao par das mazelas que enseja, a propriedade privada constituiu um estímulo ao desenvolvimento das forças produtivas, *conditio sine qua non* de sua própria superação.

[86] Ibid., Tomo I, p. 353.

[87] *"Na forma asiática (ou pelo menos em sua forma mais corrente), a propriedade não existe, não existe mais que a posse por parte do indivíduo. A comuna é o verdadeiro proprietário. Só existe a propriedade coletiva do solo"* (Ibid., Tomo I, p. 350).

imanentes ao desequilíbrio na apropriação da riqueza social alastrem-se rapidamente.

Neste sentido, para Marx,

> A riqueza monetária, o dinheiro acumulado pelos comerciantes, contribuiu indubitavelmente para acelerar a dissolução das antigas relações de produção [...]. O desenvolvimento do valor de troca, estimulado por meio do dinheiro acumulado pela classe dos comerciantes, dissolve a produção orientada essencialmente para o valor de uso imediato, assim como as formas correspondentes de propriedade [...].[88]

O risco de desagregação social que se expressa através do desenvolvimento da forma dinheiro foi advertido pelas melhores inteligências do Mundo Antigo. Por isso,

> Tal avanço, não obstante, não pode ser contido e, mesmo proscrita como pecado *contra naturam*, a riqueza monetária, inclusive a usura, vai aos poucos se legitimando e de opróbrio pode, com a Reforma, transformar-se em predestinação. Este destino mais fluido e mutável ensejado pela propriedade privada e produzido pela dissolução dos laços comunitários, com a configuração de um mercado mundial e, sobretudo, com a Revolução Industrial, unificará as diferentes histórias paralelas em uma história universal. Foi, portanto, pela via oblíqua que uma história singular converteu-se em história geral. Foi pela exceção que se instituiu a regra.[89]

A história do capitalismo não é, *per se*, geral e universal, porque "A história universal nem sempre existiu; sob a forma de história universal, a história é um resultado".[90] Aliás, tal resultado, já era atribuído por Marx, desde 1845, à

---

[88] Ibid., Tomo I, p. 373.

[89] Ibid., Tomo II, p. 585.

[90] MARX, Karl. "Introduction générale à la critique de l'économie politique" (1857), *in Œuvres: économie*, op. cit., Tomo I, p. 265.

grande indústria, e ao corolário complexo de condições e desdobramentos que a envolvem. Pois foi ela quem

> Criou, por primeira vez, a história universal, fazendo com que toda nação civilizada e todo indivíduo, dentro dela, dependesse do mundo inteiro para a satisfação de suas necessidades, acabando com o exclusivismo natural e primitivo das nações isoladas que até então existiu".[91]

4 O *Prefácio* de 1859 e os *Grundrisse*

Se a interpretação stalinista do *Prefácio de 1859* parece imediatamente inconsistente pela ostensiva presença ali do "modo de produção asiático", quando se ilumina a famosa passagem a partir da leitura dos *Grundrisse*, escritos entre 1857 e 1858, e, portanto, num contexto teórico bastante próximo, transparece, não uma seqüência unilinear, mas uma história múltipla ou, pelo menos, dual. A vertente histórica privilegiada, por razões óbvias, sobretudo para quem estava empenhado em desenvolver um projeto de crítica da economia política, teve que ser aquela que desembocou no capitalismo e fez dele o arauto da história universal.

Porém, as lentes dos *Grundrisse* têm um alcance mais amplo, podendo inibir a leitura reducionista do conceito de "modo de produção", mesmo no contexto da metáfora construtivista da *Überbau*, que poderia sugerir uma super-posição estanque das formas da consciência a determinações mais prosaicas. Com efeito, um reducionismo estanque não parece atilado com o conceito de "produção", tal e como é desenvolvido na *Introdução de 1857*, onde a produção não pode estar dissociada do consumo, nem da distribuição (inclusive em sua forma de intercâmbio ou mercado), sem as quais ela mesma não teria sentido. Daí que Marx conclua o seguinte: "O resultado a que chegamos não é que a produção, a

---

[91] MARX, Karl. *La Ideología Alemana*, México, Cultura Popular, 1974, p. 69 ["Die deutsche Ideologie", *in Die Frühschriften*, Stuttgart, Alfred Kröner, 1953, pp. 590/ 591].

distribuição, a troca, o consumo são idênticos, mas que eles são elementos de um todo, diferenças no seio de uma unidade".[92]

Assim, o famoso "primado da produção", *tout court*, não pode ser aceito, a menos que o conceito de produção seja assumido em acepção equivalente ao de reprodução, conforme sugeriu Rosa Luxemburg em 1912[93] e pode ser encontrado em *O capital*, em passagens como a seguinte:

> O processo capitalista de produção, considerado em sua interdependência ou como processo de reprodução [Reprodktionsprozeß], pois, não só produz mercadoria, não só mais-valor, senão que produz e reproduz [produziert und reproduziert] a própria relação capitalista: por um lado o capitalista e pelo outro o assalariado.[94]

A obra posterior de Marx, portanto, também parece corroborar essa pretensão de interpretar o *Prefácio de 1859* com base nos *Grundrisse*. Só assim, por exemplo, cobraria pleno sentido a irritação de Marx quando, em 1877, em correspondência dirigida à revista russa *Otietschestwenie Sapinski* queixa-se asperamente de um comentarista que

> De qualquer maneira quer converter meu esboço histórico sobre as origens do capitalismo na Europa Ocidental em uma teoria filosófico-histórica sobre a trajetória geral à qual

---

[92] MARX, Karl. "Introduction générale..." (1857), idem, p. 253.

[93] Cf. Luxemburg, Rosa, *La Acumulación de Capital*, México, Grijalbo, 1967, p. 13. Comentários mais abundantes acerca do conceito de **reprodução** e sua relevância teórica podem ser encontrados em meu artigo intitulado "Para uma Teoria da Cultura", *in Novos Rumos nº 35*, São Paulo, Instituto Astrojildo Pereira, 2001, pp. 35-46.

[94] MARX, Karl. *El Capital*, op. cit., Livro I, vol. 2, p. 712 [*Das Kapital*, op. cit., Livro I, p. 604]. Aliás, todo o capítulo do Livro I acerca da "Reprodução Simples" [*Einfache Reproduktion*] reitera a idéia básica, sustentada desde o início de que "[...] *considerado desde o ponto de vista de uma interdependência contínua e do fluxo constante de sua renovação, todo o processo social de produção é ao mesmo tempo um processo de reprodução*" (Ibid., p. 695 [p. 591]).

se acham fatalmente submetidos todos os povos, quaisquer que sejam as circunstâncias históricas que neles incidam [...]".[95]

A passagem é, *per se*, suficientemente eloqüente e seus efeitos críticos poderiam ser estendidos, com facilidade, a Stalin e seus epígonos. Ademais, as conjecturas de Marx com relação às "sociedades asiáticas" são mantidas em *O capital* em um sentido muito próximo ao daquele presente nos *Grundrisse*, indicando o ulterior aproveitamento de certas concepções dali oriundas, diminuindo, senão eliminando, a força do argumento que descredenciaria rascunhos em benefício da obra publicada pelo autor intencionalmente.[96]

Com esta observação não se pretende, contudo, desconhecer as flagrantes divergências existentes entre uma obra e outra, perceptíveis, entre outras coisas, nas profundas modificações nos respectivos planos originais das mesmas (a primeira em quatro livros, por exemplo, a segunda em seis, etc.) e por suas importantes diferenças conceituais.[97] Mas tampouco pode se notar a preservação da unidade temática que caracterizou o projeto de Crítica da Economia Política e que consumiu o melhor do esforço intelectual de Marx, ao longo da maior parte de sua vida.

5 A forma germânica

Outra dificuldade que se apresenta ao esquema stalinista é a forma germânica, expressão que serve para designar, obliquamente, uma ruptura entre os mundos Antigo e Medieval e não a transição linear de um para o outro. Na verdade, o feudalismo não se origina dum desdobramento natural

---

[95] MARX, Karl. "Cartas sobre el Tomo I de 'El Capital'", in *El Capital*, México, Fondo de Cultura Económica, 1974, Tomo I, p. 712.

[96] Cf. Marx, Karl, *El Capital*, México, Siglo XXI, 1981, Livro I, Vol. 2, pp. 434-436 [*Das Kapital*, op. cit., pp. 378/379].

[97] Para uma comparação detalhada e criteriosa entre as duas obras vide Rosdolsky, Roman, *Génesis y Estructura de El Capital de Marx*, Siglo XXI, México, 1978, pp. 27-85.

do escravismo antigo, mas é o produto da complexa simbiose entre os elementos remanescentes da *débâcle* do Império Romano com aqueles oriundos dos bárbaros invasores. Não há paralelo entre o modo como a sociedade burguesa foi gestada nas entranhas da medieval e a forma como esta última originou-se. A agonia do Mundo Antigo foi lenta e sua ruína paulatinamente plasmou-se no amálgama das reminiscências antigas com o legado bárbaro, gerando uma sociedade inteiramente nova.

Destarte, como assinalou Marx,

> Em todas as conquistas existem três possibilidades. O povo conquistador submete o conquistado a seu próprio modo de produção (como os ingleses fizeram em nossos dias na Irlanda e, parcialmente, na Índia); ou então deixa subsistir o antigo modo de produção e contenta-se com um tributo (por exemplo, os turcos e os romanos); ou então se produz uma interação, de onde nasce uma nova forma, uma síntese (particularmente nas conquistas germânicas). [...] Os bárbaros germanos, dentre os quais a produção tradicional era a agricultura exercida pelos servos que viviam isolados no campo, puderam com maior facilidade submeter às províncias romanas a estas condições, quando a concentração da propriedade territorial, que se havia operado nelas, já tinha transformado por completo as antigas relações agrárias.[98]

A ruína do Império Romano foi também a da produção mediante o trabalho escravo, utilizado em larga escala.[99] Pouco a pouco o latifúndio escravista vai cedendo lugar a uma forma de produção camponesa, gestada sob os influxos da desagregação da economia imperial no Ocidente, com a redução do comércio, da manufatura e da própria vida urbana em geral, e de sua fusão com as formas de produção comunitária praticadas pelas hordas invasoras. A pulverização

---

[98] MARX, Karl. "Introduction générale..." (1857), idem, pp. 251-252.

[99] O fato de que o escravismo tenha despontado outra vez na Modernidade parece indicar que sua supressão nunca foi completa, porém, um vigor das relações escravistas de produção, comparável ao do latifúndio romano, só seria recobrado (e superado) na América Colonial.

e a desagregação do Estado Romano, notadamente em sua porção ocidental, vêm acompanhadas, sem embargo, de melhorias técnicas no processo produtivo. Charles Parain, por exemplo, sustenta que o Norte da Gália, já nos estertores do Império, sobressaía por exibir importantes aperfeiçoamentos técnicos.[100]

Não foi mera coincidência que isto se verificasse nos confins do Império, onde os laços escravistas não se haviam desenvolvido plenamente e, principalmente, vale a pena sublinhar que, neste contexto geográfico, manifestar-se-ia a forma feudal em sua feição mais pura. A nova organização social caracterizou-se pela profunda associação do trabalhador à terra, a ponto de que o domínio sobre a mesma passasse a eqüivaler domínio sobre o trabalhador. O trabalho manual, que nunca foi guindado inteiramente ao patamar de uma atividade nobre, perdeu, entretanto, o caráter abjeto de função apropriada a escravos. Ordens religiosas praticavam a agricultura e produziam utensílios em seus domínios, servindo-se da força de trabalho, inclusive, de monges e a eles, precisamente, são creditados importantes aperfeiçoamentos técnicos. Segundo Derry e Williams

> [...] parece provável terem sido os monges dos grandes monastérios os primeiros proprietários rurais que adotaram a melhoria fundamental da agricultura na Idade Média: a substituição da rotação bianual dos cultivos segundo o sistema romano, pela rotação trianual".[101]

---

[100] Em suas próprias palavras: "[...] *ninguém discute que a França do Norte fosse o centro de formação, logo de difusão do feudalismo. Se se admite, pois, que esta região teve, já durante o Império Romano, uma importância, ou melhor dito, se nela se deu um avanço cada vez maior com respeito ao resto da Gália e inclusive de outras regiões romanizadas, não só do ponto de vista militar, senão também economicamente, tecnologicamente, em particular, no domínio fundamental da agricultura, pode-se ver, ao mesmo tempo, como isso não se deve a circunstâncias exteriores ou acidentais, senão que foi conseqüência lógica, uma necessidade interna que produziu a passagem do modo de produção escravista ao feudal*" (Parain, Charles, "El Desarrollo de las Fuerzas Productivas em la Galia del Norte y los Comienzos del Feudalismo", *in* Parain *et alii*, *El Modo de Producción Feudal*, Madri, Akal, 1976, p. 53).

[101] DERRY, T. K. e WILLIAMS, T. I., *Historia de la Tecnología*, 3 Tomos, México, Siglo XXI, 1980, Tomo I, p. 41.

A superioridade técnica do Mundo Medieval sobre o Antigo parece evidente, particularmente no que se refere ao desenvolvimento das forças produtivas. A ampla utilização dos moinhos revolucionou a produção, aplainando o caminho para o desenvolvimento do maquinismo e, em última instância, para a Revolução Industrial, pela utilização de uma força motriz revolucionária, independentemente das limitações inerentes à tração humana ou animal.[102] Variadas formas inovadoras de arados, segadeiras, de tratos culturais, enfim, contribuíram para o aumento da produtividade agrícola e facilitaram a incorporação de novas áreas de cultivo.

No século XIII o feudalismo europeu havia produzido uma civilização unificada e desenvolvida, que representava um avanço tremendo sobre as rudimentares e confusas comunidades da Idade Obscura. Os índices deste avanço foram múltiplos. O primeiro e mais fundamental deles foi o grande salto adiante no excedente agrário produzido pelo feudalismo. As novas relações de produção permitiram, com efeito, um surpreendente incremento na produtividade agrícola. As inovações técnicas que constituíram os instrumentos materiais deste avanço foram múltiplos. O primeiro e mais fundamental deles foi o grande salto adiante no excedente agrário produzido pelo feudalismo. As novas relações de produção permitiram, com efeito, um surpreendente incremento na produtividade agrícola. As inovações técnicas que constituíram os instrumentos materiais deste avanço foram, essencialmente, a utilização do arado de ferro para o cultivo, os arreios rígidos para a tração eqüina, o moinho de água para a energia mecânica, os adubos para a melhoria do solo e o sistema de rotação trianual dos cultivos".[103]

---

[102] Como exemplificou Marx, "*O moinho a braço vos dará a sociedade com o suserano; o moinho a vapor, a sociedade com o capitalista*" (Marx, Karl, "Misère de la philosophie", in Œuvres: économie, op. cit., Tomo I, p. 79). E, mais adiante, acrescenta: "*O moinho a braço supõe outra divisão do trabalho que o moinho a vapor*" (ibid., p. 99).

[103] ANDERSON, Perry. *Transiciones de la Antigüedad al Feudalismo*, México, Siglo XXI, 1979, pp. 185-186.

Uma das principais conseqüências do incremento da produção agrícola foi o crescimento demográfico, com as profundas repercussões que costuma acarretar. Sem ser causa eficiente, o aumento da produção agrícola, no entanto é *conditio sine qua non* para o crescimento da população, para a intensificação da atividade comercial e, finalmente, para o fortalecimento da atividade urbana em geral. Assim, segundo Hilton,

> O desenvolvimento espetacular do comércio internacional, a industrialização de Flandres, Brabante, Liège, Lombardia, e Toscana, o crescimento dos grandes centros como Veneza, Gênova, Bruges, Paris, Londres vêm cronologicamente depois do desenvolvimento das forças de produção na agricultura [...]".[104]

Este processo obedeceu, sem embargo, a uma sistemática cíclica, onde o período de maior dinamismo coincidiu, *grosso modo*, com o florescimento cultural, caracterizando um "renascimento". Aliás, tal processo espasmódico, que configurou a longa gestação do capitalismo no seio da medievalidade já tinha sido, em seu momento, intuído claramente por David Hume.[105]

Não obstante, o que parece mais relevante de ser sublinhado, é que o caráter do processo histórico medieval comporta traços constitutivos que o distinguem essencial

---

[104] HILTON, Rodney. "Comentários", in Dobb, Maurice *et alii*, *La Transición del Feudalismo al Capitalismo*, Medellín, Pepe, 1973.

[105] Com sua habitual elegância, Hume expressa-se da seguinte forma: *"A mesma época que produz grandes filósofos e políticos, renomados generais e poetas geralmente prolifera em hábeis tecelões e carpinteiros de navios. Não podemos, com razão, esperar que um pedaço de tecido de lã atinja a perfeição numa nação que ignora a Astronomia ou negligencia a Ética. O espírito da época afeta a todas artes e a mente dos homens, uma vez despertas de sua letargia e postas a fermentar, voltam-se para todos os campos e produzem aperfeiçoamentos em todas as artes e ciências. A ignorância profunda é totalmente banida e os homens gozam o privilégio de criaturas racionais, tanto de pensar como de agir, de cultivar tanto os prazeres da mente como os do corpo"* (Hume, David, "Escritos sobre Economia", *in Petty, Hume e Quesnay* [compilação], Col. "Os Economistas", São Paulo, Nova Cultural, 1986, p. 194).

mente daqueles que figuravam no Mundo Antigo. Dentre eles, destaca-se, sem dúvida alguma, as profundas diferenças entre os burgos medievais e a cidade antiga. Porquanto, os primeiros, apesar de acanhados em relação às congêneres antigas e orientais, foram comunidades que procuraram a autogestão, exercitando o comércio e a manufatura, e desenvolveram uma autonomia corporativa, política e militar, em relação à nobreza e à Igreja, que lhes permitiu superar todos os limites.

A oposição entre o campo e a cidade foi uma das alavancas que pôs em movimento a sociedade feudal e, à larga, ensejou a dominação do rural pelo urbano, invertendo o signo originário do processo, e Marx expressou concisa e elegantemente esta dinâmica ao afirmar o seguinte:

> A história da Antigüidade clássica é a história da cidade, porém esta cidade tem por base a propriedade territorial e a agricultura. A história asiática é uma espécie de unidade indiferenciada da cidade e do campo (as grandes cidades propriamente ditas devem ser consideradas como simples campos principescos, redundância da organização econômica). A Idade Média (período germânico) parte do campo, centro da história, e se desenvolve depois através da oposição entre a cidade e o campo. A história moderna é a da urbanização do campo e não, como na Antigüidade, a da ruralização da cidade".[106]

6 Comentário final

A pretensão stalinista de construir uma filosofia da história, reducionista e inexorável, instituindo, como corolário, uma escatologia (a dos "cinco estágios"), leva-o, em verdade, a um "fundamentalismo" (para usar a expressão em voga) laico. Tão religioso, não obstante, quanto seus atávicos sucedâneos deístas. Sustentar que Marx estivesse comprometido com tal simplismo foi uma das maldições que se disseminaram à esteira do proselitismo manualesco, porém, evidentemente, não se sustenta na letra do autor.

---

[106] MARX, Karl. *Los Fundamentos de la Crítica...* [Grundrisse], op. cit. Tomo I, p. 349.

Só a complexa configuração histórica da tríade fetichóide (mercadoria, dinheiro e capital) poderia sugerir uma interpretação tão ampla, mas sua inexorabilidade não estaria constituída *a priori* para Marx, pois sua universalidade só instauraria quando, em virtude de conjunturas particularmente propícias a seus sucessivos desdobramentos, desembocou, sob a égide da figura capital, na Revolução Industrial. A tríade fetichóide representa a configuração da história categorial da socialidade (ou forma) burguesa, porém é incapaz de descrever todas as complexas sutilezas da multifacética história real.[107] O capitalismo, que instituiu uma história universal, subsumindo processos relativamente independentes e plurais, só se consumou quando a figura capital (apoteose da tríade fetichóide) incorporou plenamente a *ratio* iluminista, convertendo, na grande indústria, a ciência em força produtiva. Até que isto acontecesse a história do "Oriente" era uma outra história, que se mantém viva, ademais, através das profundas reminiscências de seu enorme legado.

---

[107] Um tratamento mais amplo das relações entre o lógico e o histórico na obra de Marx pode ser encontrado em meu artigo "Sobre o Projeto de Crítica da Economia Política de Marx", op. cit., nota 61, pp. 73-74.

90

LENIN, E A INTERNACIONAL COMUNISTA NA QUESTÃO DO ORIENTE*

Antonio Carlos Mazzeo
Prof. de Ciências Políticas da Universidade Estadual Paulista

O comando da IC, desde o final de 1920, havia voltado seus olhos para o Oriente, implementando a reflexão de Lenin de 1919, feita no II Congresso Panrusso, em que são explicitadas suas preocupações em articular o movimento revolucionário do proletariado europeu com as massas oprimidas dos países orientais e com os movimentos de libertação nacional daquelas regiões, procurando, ao mesmo tempo, garantir a idéia da vanguarda operária no comando da revolução mundial – teses produzidas nos debates com as tendências que priorizavam a ação revolucionária no Oriente e nos países de origem colonial – representadas por Sultan-Galev, da Turquia, que em suas

---

* Este artigo é uma versão ligeiramente modificada de parte do primeiro capítulo de meu livro, *Sinfonia Inacabada – A Política dos Comunistas no Brasil*, SP, Boitempo, 1999.

análises deixava transparecer uma profunda desconfiança para com o Ocidente.[108]

Essa guinada para o Oriente, feita decisivamente a partir de 1921 (após o II Congresso da IC, em julho de 1920, e do Congresso dos Povos do Oriente, convocado por iniciativa da IC e realizado em Baku, em setembro de 1920), expressará outra e mais completa viragem que influenciará as estratégias de ação da Internacional Comunista, isto é, será a tentativa da construção de uma alternativa para superar o isolamento da Rússia Soviética, com o refluxo dos movimentos revolucionários na Europa, por meio dos movimentos emancipacionistas dos países do Oriente, que potencialmente poderiam vir a se constituir em um elemento fundamental para romper o cerco em que a revolução no Ocidente estava mergulhada.[109]

Neste sentido, a viragem para o Oriente traz em seu bojo uma necessária rearticulação de importantes elementos constitutivos da teoria do imperialismo e o aspecto de maior relevância foi o aprofundamento do papel das lutas de libertação nacional no contexto da revolução mundial, que ampliou, assim, a discussão sobre o caráter do internacionalismo proletário e sobre a teoria da revolução socialista mundial. A preocupação de Lenin em relação aos países de extração colonial já era evidenciada no livro *O Imperialismo, etapa superior do Capitalismo*, escrito entre janeiro e julho de 1916, no qual argumentava que para as massas oprimidas não haveriam condições de combater a exploração sem, ao mesmo tempo, combater a cadeia imperialista mundial, isto é, as lutas de libertação nacional para serem vitoriosas teriam de ser, ao

---

[108] Ver René Galissot, *O Imperialismo e a Questão Colonial e Nacional dos Povos Oprimidos* in Eric J. Hobsbawm, *História do Marxismo*. Rio de Janeiro, Paz e Terra, 1987, v. 8, p. 225. Ver também Fernando Claudin, *A crise do Movimento Comunista – A crise da Internacional Comunista*. São Paulo, Global, 1985. v. I, p. 218.

[109] Annie Kriegel argumenta que no Congresso de Baku, a IC procurava analisar as possibilidades de estender-se para leste, uma vez que o Ocidente encontrava-se bloqueado, *Las Internacionales Obreras (1864-1943)*. Barcelona, Orbis, 1986, p. 102.

mesmo tempo, antiimperialistas, de caráter proletário e socialistas.[110]

No entanto, essa rediscussão sobre o papel do Oriente no processo revolucionário não se deu sem uma dura contraposição por parte dos comunistas dos países orientais, que eram definidos pela IC como países coloniais e *semicoloniais*.[111]

Além do turco Sultan-Galev, o indiano Manavendra Nath Roy contrapôs-se, com maior fundamentação teórica, a idéia consagrada pelo movimento comunista do papel de vanguarda do operariado e do proletariado urbano dos países capitalistas desenvolvidos na revolução mundial, tese essa que aparecia nas discussões da IC com fortes cores eurocêntricas. Roy acentuava, em suas intervenções no II Congresso da IC, que a revolução no Ocidente dependeria do curso da revolução no Oriente, subordinando assim o êxito da revolução mundial às revoluções realizadas nos países de formação social pré-capitalista, de capitalismo tardio ou de extração colonial, preanunciando a corrente oriental do marxismo.[112]

Lenin refutará estas teses, no que concerne ao papel central da revolução nos países orientais, acentuando que esse tipo de interpretação era um viés que não considerava os elementos constitutivos das contradições fundamentais capitalistas, entre os quais estava o aspecto da organização política das massas:

> O camarada Roy vai muito longe ao sustentar que o destino do Ocidente depende apenas do grau de desenvolvimento e das forças do movimento revolucionário nos países orientais. Embora existam na Índia 5 milhões de proletários e 37 milhões de camponeses sem terra, os comunistas hindus

---

[110] Ver V. I. Lenin, *El Imperialismo, Etapa Superior del Capitalismo. In Obras Completas*. Madri, Akal, 1976. vol. XXIII, pp. 298-426.

[111] Ver Galissot, op. cit., Claudin, op. cit., Rudolf Schlesinger, La Internacional Comunista y el Problema Colonial. Buenos Aires, PyP, 1974.

[112] Ver Schlesinger, op. cit., e Claudin, op. cit.

ainda não conseguiram criar um partido comunista em seu país, e este fato basta para demonstrar que os pontos de vista do camarada Roy, em larga medida, estão desprovidos de fundamentos.[113]

Mas se de um lado Lenin combate asperamente as teses de Roy – que via a necessidade de deslocar o eixo estratégico da revolução mundial para o campo – de outro lado, acaba verificando a necessidade de reformulação nas análises e interpretações teóricas das formações sociais orientais, que vinham norteando as interpretações sobre o problema nacional e colonial. Lenin percebe a urgência em aprofundar a compreensão do impacto da Revolução Russa nos movimentos de libertação nacional do Oriente e a necessidade de implementar uma política de ação mais centralizada, por parte da IC, priorizando três elementos fundamentais: 1) a perspectiva da ampliação do processo revolucionário por meio dos movimentos de libertação nacional; 2) a possibilidade de romper o isolamento da revolução transformando a Rússia Soviética em ponte entre o Ocidente e o Oriente; 3) a imperiosidade de combater as tendências eurocêntricas no interior da IC (que tinha como maior expressão o italiano Giacinto Serrati), que entendiam ser os movimentos coloniais meros instrumentos para o proletariado europeu. De modo que essas reformulações, nas análises teóricas sobre a Questão Nacional e Colonial, que irão influenciar diretamente a teoria do imperialismo cujo alcance analítico transcende a mera visão taticista, buscavam alargar a visão da IC sobre a estratégia de luta contra o capitalismo, na medida em que possibilitavam realizar também a discussão sobre o caráter da política de alianças entre as massas oprimidas dos países coloniais e os movimentos de libertação nacional.[114]

---

[113] V.I.Lenin, apud Claudin, op. cit., p. 219. Ver também Galissot, op. cit., pp. 236-237. ·

[114] Ver Claudin, op. cit., Galissot, op. cit., e Schlesinger, op. cit. Ver também E. Ragionieri, *La terza Internazionale e il Partito Comunista Italiano*. Turim, Einaudi, 1978.

Essa reformulação estratégica aparece claramente no *Informe sobre a situação internacional e sobre as tarefas fundamentais da Internacional Comunista*,[115] em que Lenin, partindo de suas análises sobre o imperialismo, recoloca o problema das massas oprimidas nos países coloniais, evidenciando o papel da guerra (1914-1918) na agudização das contradições capitalistas, na qual se intensificam a opressão colonial e militar e que, ao mesmo tempo, desloca para o centro dos acontecimentos milhões de seres humanos oprimidos que estavam "fora da história". Com essa nova formulação, evidencia-se a absorção de alguns elementos das teses de Roy por parte de Lenin, *mas no sentido de estar levando em conta uma realidade até então ignorada pelo movimento comunista, que se encontrava extremamente fixado nas movimentações do proletariado europeu e norte-americano*, incorporando assim, situações objetivas das massas populares dos países de formação social pré-capitalista ou de capitalismo tardio. No entanto, essa posição de Lenin não deve ser entendida como mera concessão tática aos países coloniais (principalmente aos do Oriente), e tampouco, como o abandono da teoria clássica marxiana da vanguarda revolucionária. Ao contrário, se, como entendia Lenin, as condições para uma revolução mundial estavam sendo potencializadas em todo o planeta, a partir da crise capitalista, na qual havia um crescimento efetivo da importância dos movimentos de libertação nacional, essa mesma revolução teria nas *formações sociais de capitalismo desenvolvido – o Ocidente – o centro de irradiação ideológica, cujo comando geral estaria baseado na IC*.[116] Como argumenta Lenin, em sua intervenção no II Congresso:

---

[115] Lenin, *Obras Completas*, op. cit., vol XXXIII, pp. 339 e segs.

[116] Aldo Agosti evidencia que a partir do VI Congresso "[...] o papel do Komintern se define como sendo o de uma organização matriz, destinada a formular e a programar a estratégia de todo o movimento comunista, e a indicar a cada partido-membro as tarefas necessárias para reforçar sua posição nacional e o papel mais adequado para promover o desenvolvimento e a consolidação do movimento internacional. É nesse momento – e não antes – que o modelo bolchevique de partido se impõe como um ponto de referência a ponto de ser reproposto em seus vários graus no Estatuto da IC [...]". *O Mundo da Terceira Internacional. In* E. J. Hobsbawm, História do Marxismo, op. cit., v. 6, p. 108. Ver também A. Kriegel, op. cit., pp. 88 e segs.

A união dos proletários revolucionários dos países capitalistas avançados com as massas revolucionárias dos países onde não há, ou quase não existe, o proletariado e com as massas oprimidas dos países coloniais do Oriente se converte em uma realidade no presente Congresso.[117]

Nesse sentido, abre-se a possibilidade de o movimento comunista atuar conjuntamente com os movimentos de caráter "nacional-revolucionário", isto é, aqueles que em suas plataformas tenham definido um programa antiimperialista e que não restrinjam a ação dos Partidos Comunistas. É importante ressaltar que nesse momento a perspectiva de uma *aliança não significaria a fusão* com esses movimentos porque o II Congresso da IC definia como de fundamental importância conservar a *independência* dos movimentos proletários.

A absorção da tese de Roy – a dos movimentos nacionalista-revolucionários – por parte de Lenin permitiu a superação da visão linear das "fases" obrigatórias dos processos revolucionários baseada nas experiências européias. Lenin afirmará que os movimentos revolucionários coloniais traziam *em si* um caráter democrático-burguês.[118] Essa elaboração que prevalecerá no II Congresso, além de colocar em destaque as lutas de libertação nas colônias deixará de subordinar e de condicionar mecanicamente a vitória de uma revolução colonial à vitória do proletariado das metrópoles. Nessa formulação, passa-se a reconhecer nos movimentos coloniais a existência de um potencial revolucionário, porque trazem em seu bojo a possibilidade de transformarem-se em movimentos revolucionários de caráter socialista, o que possibilitaria, também, "saltar" a "etapa" capitalista e, conseqüentemente, seu caráter democrático-burguês.

---

[117] Lenin, op. cit., p. 355.

[118] Ver a reconstrução detalhada desse debate feita por Schlesinger, op. cit. Ver também as análises de Claudin, op. cit.

Mas se, por um lado pode-se afirmar que foi profícuo o II Congresso da IC, em relação às elaborações teóricas sobre o problema nacional e colonial, de outro, devemos considerar que essas análises foram produzidas no bojo de uma conjuntura extremamente penosa e contraditória para o projeto da *Revolução Mundial* preconizado pela IC, situação que, de certa forma, acabou constituindo-se num elemento limitador das interpretações dos processos revolucionários nas formações sociais não-européias. Como sabemos, a crise em que estava mergulhada a revolução na Rússia, após a guerra civil (1918-1920), com a falência inevitável do Comunismo de Guerra – agravada, no plano externo, com a derrota do movimento comunista na Alemanha e, internamente, com a revolta camponesa de 1920 (resultado da desmobilização militar) e com o primeiro levante, após a revolução, o de Kronstad, em março de 1921 – levou os dirigentes bolcheviques a uma nova equação dos caminhos para a construção do socialismo, sem a possibilidade de ter estendido os horizontes revolucionários. Isso quer dizer que, efetivamente, estava colocado para os líderes da Revolução Russa o desafio de construir o socialismo em um só país, de capitalismo tardio – o que *per si* constituía-se em um elemento agravante – com um reduzido proletariado e com grandes reminiscências feudais. Diante da situação caótica da economia russa e do perigo de fracasso do projeto revolucionário, implanta-se uma série de medidas econômicas gradativas que, em seu conjunto, ganhou o nome de Nova Política Econômica – NEP.[119] Essa nova realidade não poderia deixar de impactar o Movimento Comunista Internacional e, conseqüentemente, seu organismo máximo, a IC. A implantação da NEP foi também a *institucionalização da Rússia Soviética como Estado*, o que levou aquele país a efetuar uma série de acordos diplomáticos com os Estados limítrofes,

---

[119] Denominação dada por Lenin em março de 1922. Vejam-se: V.I Lenin , *La Nueva Política Económica* in *Obras Completas*, op. cit. e *El Impuesto Sobre Especie, in* idem, ambos no Vol. XXXV. A esse respeito, ver E.H. Carr, *A Revolução Bolchevique – 1917-1923*. Porto, Afrontamentos, 1979, v. II, p. 298, nota 8.

evidenciando um recuo da revolução às fronteiras da Rússia. Em 1921, é assinado um tratado comercial com a Inglaterra, o que implicou a renúncia soviética à difusão de ações de propaganda revolucionária nas regiões de interesses britânicos.[120] *Esses acordos influem decisivamente na estratégia da revolução mundial*, pois apontam para a necessidade de garantir as conquistas da Revolução na Rússia e, portanto, o Estado soviético em detrimento da revolução mundial que entrava, naquele momento, em compasso de espera. A maioria absoluta do comando da IC entendia ser de crucial importância a manutenção de um Estado proletário para quando as condições favoráveis à revolução voltassem a surgir. Manter a Rússia como um bastião socialista era considerado de importância estratégica para a revolução mundial.

Nesse contexto histórico, como ressalta Galissot, a diplomacia soviética se insere "[...] no sistema das relações entre Estados, e, desse modo, irrompe a contradição entre os interesses do Estado e os da Revolução, que deveriam ser da alçada apenas da Internacional e dos partidos comunistas".[121] O maior exemplo desse novo momento e, ao mesmo tempo, das contradições que irão se estabelecer no MCI é, sem dúvida, o tratado com a Turquia. Mustafá Kemal havia, em 1920, solicitado a Lenin auxílio militar e diplomático ao Estado soviético. Dentro da ótica da luta antiimperialista o governo soviético assina em 1921 um pacto de amizade e ajuda, mas, no mesmo momento em que eram firmados acordos entre os dois Estados, o governo de Kemal reprimia brutalmente o PC turco e o movimento camponês, assassinando 17 destacados líderes comunistas (e jogando seus cadáveres ao mar), entre eles o intelectual e introdutor do marxismo na Turquia e líder do Partido Comunista, Mustafá Subji.[122] Desse modo a necessidade de manutenção

---

[120] Ver Galissot, op. cit., p. 242; Claudin, op. cit., e Carr, op. cit.

[121] Galissot, op. cit., pp. 242-243. Ver também Ragionieri, *La Terza Internazionale e il Partito Comunista Italiano*, op. cit.

[122] Ver Claudin, op. cit., p. 221 e Galissot, op. cit., p. 243.

e defesa do Estado Soviético determinará toda a estratégia da IC, cujos desdobramentos se darão em seu III Congresso.

Como afirma Claudin, entre o II e o III Congresso, serão acumuladas ricas experiências, no que se refere à luta antiimperialista. Entretanto, novos problemas que exigiam análises profundas, especialmente a questão turca: foram tratados de maneira superficial, como demonstra o informe de Zinoviev,[123] ou seja, subordinam-se as análises e as ações da IC à razão do Estado Soviético, o que ocasiona, conseqüentemente, o recuo do movimento. Mesmo assim há, no III Congresso, realizado em julho de 1921, uma inovação tática que visa reverter o imobilismo no movimento operário europeu, dos sindicatos e movimentos reformistas com a introdução – proposta por Lenin – da política de frente única (a atuação com grupos políticos reformistas, em busca da hegemonia comunista no movimento operário), sob o lema: "rumo às massas".

Se o IV Congresso, de dezembro de 1922, continuou a implementar a política da frente única, que priorizava a ação dos comunistas nos países de capitalismo desenvolvido, por entender que esta política estreitaria a ação dos comunistas com as "massas avançadas" do movimento, criando possibilidades de tirá-las das influências reformistas e de ativar uma política revolucionária, recolocou também, e com amplo espaço, o problema nacional e colonial, centrando suas atenções nos movimentos nacionais do Oriente e dando maior relevância à manutenção dos movimentos de libertação na luta democrática e antiimperialista e ao problema agrário, definindo-se *o caráter da revolução colonial como nacional e democrático-burguês*.

Refletindo a influência política soviética e a repercussão da implantação da NEP na construção da estratégia da IC, a questão nacional e colonial aparece vinculada ao

---

[123] Op. cit., pp. 221. Ver também Schlesinger, op. cit., e Galissot, op. cit., p. 244 e segs.

problema agrário-camponês, elaborado pela IC sob influência de Bukharin, que entendia serem os países coloniais e *semicoloniais o campo do mundo*, sendo portanto necessária uma aliança mundial operário-camponesa, nos moldes das que se faziam nas repúblicas soviéticas.[124] De fato, *esta diretriz reproduzia mais ou menos a mesma linha política, no âmbito dos países coloniais, da frente única*, buscando influenciar política e ideologicamente os movimentos revolucionários burgueses de libertação nacional. Assim, como acentua Agosti, o IV Congresso irá estabelecer dois pontos fundamentais para os países coloniais e *semicoloniais:*

> Criar um núcleo do Partido Comunista que represente os interesses gerais do proletariado e apoiar com todas as forças o movimento revolucionário nacional contra o imperialismo, tornar-se vanguarda desse movimento e fazer emergir o movimento social no interior do movimento nacional.[125]

Lenin, em um de seus últimos escritos, *Mais vale pouco porém bom*, de 2 de março de 1923, chama atenção para esse aspecto ressaltando a necessidade de uma ação eficaz para a elevação do nível cultural das massas trabalhadoras dos países coloniais, particularmente do Oriente, visto como manancial revolucionário.[126] Essa preocupação de Lenin não se constitui em mero reducionismo mecanicista sobre o problema dos países coloniais, como sugere Galissot ao afirmar que há um limite analítico em Lenin que, segundo sua interpretação, " [...] não vê, porém, nas diferenças de cultura à base das relações socioculturais que sustentam a consciência coletiva e a própria

---

[124] Ver Aldo Agosti, *La Terza Internazionale – Storia Documentaria*. Roma, Riuniti, 1972, t. I, v. I.

[125] Aldo Agosti, op. cit., v. I, p. 651.

[126] "A fim de que seja possível resistir até o próximo conflito armado entre o Ocidente contra-revolucionário e imperialista e o Oriente revolucionário e nacionalista, entre os Estados mais civilizados do mundo e os Estados atrasados como os do Oriente, que constituem, porém, a maioria, é necessário que essa maioria torne-se civilizada a tempo. Tampouco nós temos um grau suficiente de civilização para passarmos diretamente ao socialismo, embora entre nós existam as premissas políticas para issso". *In Obras Completas*, op. cit., v. XXXVI, p. 536.

consciência política".[127] Ao contrário, entendemos que este é o momento de maior compreensão de Lenin da necessidade de intervenção do movimento comunista, no sentido de *estar superando exatamente* os limites socioculturais e se direcionando, conseqüentemente, para a elevação do nível de consciência do proletariado e dos camponeses dos países orientais.

Mas a morte de Lenin, em 1924 acabará arrefecendo o debate sobre o caráter revolucionário das massas dos países orientais e *semicoloniais*.

Já o V Congresso da IC, realizado nos meses de junho e julho de 1924, acabará deslocando os debates para os problemas nacionais da Europa, basicamente sobre a questão balcânica, colocando o Oriente em segundo plano. Objetivamente, esse Congresso afasta-se das elaborações criativas dos períodos anteriores, pois acaba por cair em análises esquemáticas diretamente relacionadas aos problemas do Estado soviético. É nesse momento que transforma-se a necessidade em virtude, quer dizer, da necessidade de se manter o socialismo em um só país, enquanto elemento tático, num momento de refluxo revolucionário, a IC ruma para a lógica da razão de um Estado socialista *em si*, desconsiderando-o como aquele que deveria ser o núcleo irradiador da revolução mundial.

Mesmo assim, a luta antiimperialista dos países coloniais é reafirmada como fundamental. No entanto, nesse Congresso evidencia-se o início de um *reducionismo teórico*, que se acentua nos anos subseqüentes devido a dois elementos fundamentais: 1) o aprofundamento da subordinação das formulações estratégicas da IC à construção do socialismo em um só país – *que se constitui no ponto central*; 2) o grande desconhecimento das particularidades históricas (*formações sociais*) dos países orientais – mais determinante do que a *presença* de uma visão eurocentrista, *absolutizada*

---

[127] R. Galissot, op. cit., p. 248.
[128] Como fica explicitado na reconstrução da polêmica realizada por Galissot, *op. cit.*, e por Schlesinger, *op. cit.*

por Claudin[128]. De fato, a transposição das análises das realidades ocidentais que enfatizavam o elemento classista existente nos países europeus, generalizando a formulação do "bloco operário e camponês", será um obstáculo ao entendimento de realidades em que o componente rural e suas complexidades culturais constituíam-se como dominante. Esse reducionismo teórico interferirá, e de *maneira desastrosa*, nas formulações da IC desse momento em diante.

O V Congresso trata da luta interna no Partido Comunista Russo e às interpretações sobre a construção do socialismo. O elemento novo introduzido pelo V Congresso, "[...] na orientação adotada pelo anterior, consiste na *atenuação considerável* da posição crítica que o IV recomendava aos partidos comunistas coloniais em relação à colaboração com a burguesia nacional. O V Congresso enfatiza essa colaboração".[129] Nesse sentido, a teoria do nacionalismo revolucionário tem alterada seus conteúdos, na medida em que fica submetida à incorporação de frações burguesas e parte da pequena burguesia ao bloco operário e camponês. Objetivamente, o V Congresso afasta-se das elaborações criativas dos períodos anteriores, pois acaba por cair em análises esquemáticas diretamente relacionadas aos problemas do Estado soviético, ligando-os automaticamente à realização da revolução mundial. Esses reducionismos são evidenciados nas análises teóricas de expressivas figuras da IC, como Bukharin, Trotsky e Stalin.

Apesar de partirem do princípio da necessidade e da possibilidade da realização da revolução mundial, compreendiam-na sob pontos de vista diferenciados. Bukharin a entendia como um processo histórico, subordinando-a à construção do socialismo em um só país. O bloco operário e camponês, nesse contexto, é a única forma de assimilar grande parte do proletariado mundial e de articulá-lo com o desenvolvimento progressivo de socialização mundial. Trotsky considerava como prioridade a revolução mundial sob controle operário, no qual

---

[129] Claudin, *op. cit.*, p. 236.

os movimentos coloniais se apresentam, em suas análises, como etapas equivalentes das revoluções democrático-burguesas européias.[130] Stalin, por sua vez, preocupado com o tensionamento interimperialista e com uma possível agressão ao Estado soviético, volta suas atenções às perspectivas de alianças com o que chamou de "retaguarda do inimigo", isto é, com os *movimentos nacionalistas burgueses dos países coloniais envolvidos em lutas contra o imperialismo*. Além disso, o espectro de poder da IC, nos países coloniais, era extremamente débil, como demonstram os números do V Congresso,[131] fato que levou Stalin a ter uma posição cética em relação à capacidade revolucionária dos comunistas orientais.

Em suas análises, desenvolvidas no livro *Questões do leninismo*,[132] Stalin destaca as contradições internas do imperialismo, dentro do quadro mundial que se desenhava, procurando intervir nos pontos débeis dessas contradições, ou seja, as revoltas dos países coloniais e dependentes.[133] Nessa direção, Stalin também fará a ligação entre a questão camponesa e a questão nacional como partes integrantes da revolução mundial. No entanto, Stalin acabará por ligar esquemática e mecanicamente a defesa do socialismo em um só país com a possibilidade da revolução mundial. Galissot chama a atenção para esta formulação staliniana *generalizadora*:

---

[130] Sobre esse debate, ver Procacci, (org.), *La Revolución permanente y el socialismo en un solo país*. Buenos Aires: PyP, 1972.

[131] No informe, foram estes os números de membros das seções: China 800; Java 200; Pérsia 600; Egito 700; Palestina 100; Turquia 600, sendo ainda, mencionados pequenos grupos clandestinos na Coréia, Japão e Índia. Ver Agosti, *La Terza Internazionale - Storia Documentaria*, op. cit., Claudin, *op. cit.*, p. 236 e Galissot, *op. cit.*, p. 249.

[132] *Cuestiones del leninismo*, Pequim, Ed. en lenguas extranjeras, 1977, pp. 68 e segs.

[133] Stalin, levando em consideração as formulações de Lenin, claramente afirma a necessidade "[...] de que o proletariado das nações 'imperiais' apóie decidida e energicamente o movimento de libertação nacional dos povos oprimidos e dependentes". *op. cit.*, p. 71.

Não há mais necessidade de falar explicitamente de socialismo em um só país, já que a Revolução Russa se identifica com a revolução proletária. Seu objetivo constante é o fortalecimento da União Soviética, e tal empreendimento é apontado como um valor universal, algo fundido com os princípios do marxismo revolucionário: o poder é proletário, o novo Estado é proletário. *Naturalmente, outras revoluções são possíveis, mas seguindo o modelo da revolução soviética.*[134]

Com base nessa visão esquemática, Stalin procurará diferenciar as formas de revolução coloniais de caráter antiimperialista: a) países atrasados, como o Marrocos, onde a burguesia nacional teria um perfil antiimperialista, em função de haver nesse país um frágil proletariado; b) países mais desenvolvidos, como China e Egito, onde as contradições de classe seriam mais complexas, e a burguesia comercial aparece como aliada natural do imperialismo mas, ao mesmo tempo, a incipiente burguesia industrial assume um papel antiimperialista; c) países com um grau mais elevado de desenvolvimento capitalista, como a Índia, onde a revolução seria, desde o início, hegemonizada pelo proletariado.[135]

Dentro desse contexto político, temos a intervenção da IC no processo revolucionário chinês, cujas análises de maior amplitude, como as de Bukharin, que procurava entender de forma mais abrangente o papel das classes agrárias, articuladas politicamente com o proletariado, são postas de lado, prevalecendo visões esquemáticas de aplicação – sem as necessárias mediações analíticas – da linha política desenhada no V Congresso, no qual, como evidenciamos, são atenuadas as críticas às alianças mecânicas com as burguesias nacionais. De fato, ocorre na China, em 1925, uma grande movimentação operária em Xangai e Hong Kong, liderada pelos comunistas, que obteve, inicialmente, o apoio da burguesia nacional

---

[134] Galissot, *op. cit.*, p. 254.

[135] Ver M. Del Roio, *A Classe operária na revolução burguesa*. Belo Horizonte: Oficina de Livros, 1990, p. 90.

industrial chinesa. No entanto, estava claro que o apoio da burguesia industrial apresentava-se como meramente conjuntural, pois em seguida aos acontecimentos de Xangai e Hong Kong essa fração burguesa desloca-se para a direita e implementa uma política de ruptura com os comunistas. Mesmo assim, prevalece na IC a tese do apoio incondicional ao *Kuomitang* (partido nacionalista), no qual estavam participando os comunistas que, simultaneamente, também estavam organizados no Partido Comunista Chinês (fundado em 1921), visto como o instrumento da realização da "etapa" democrático-burguesa da revolução chinesa. Como enfatiza Claudin,

> Em março de 1926, o Comitê Executivo da IC admitiria o *Kuomitang* nas fileiras da Internacional como 'partido simpatizante' e nomearia Chiang Kai-Chek 'membro de honra' do *Presídium* do Comitê Executivo. Um ano depois, entre abril e julho de 1927, Chiang Kai-Chek e o *Kuomitang* se voltam contra o Partido Comunista Chinês e tratam de destruí-lo sem qualquer escrúpulo.[136]

Acontece, nesse caso, praticamente o mesmo erro de avaliação ocorrido na questão turca, na medida em que prevalece a visão *principista* das *etapas* da revolução. Mesmo considerando essa ação do *Kuomitang* como uma traição aos comunistas, e que essa postura era um indício da passagem da burguesia nacional chinesa para a contra-revolução, a IC avalia que o *Kuomitang* ainda permanecia no campo revolucionário, por meio dos setores pequeno-burgueses e dos outros segmentos sociais que, no entender da IC, constituíam o verdadeiro *Kuomitang*. A ruptura se dará tragicamente, após a violenta repressão anticomunista desencadeada pelas tropas do *Kuomitang*, e terá como conseqüência o desmantelamento do PCC, que somente conseguirá sua reorganização após 1930, consolidando sua estrutura em 1935, com a hegemonia da

---

[136] Cf. Claudin, *op. cit.*, p. 238. Ver também Kriegel, *op. cit.*, pp. 103 e segs. e Schlesinger, *op. cit.*, p.73 e segs.

tendência maoísta. Como afirma Del Roio, ao ressaltar a importância do prevalecimento da visão esquemática na IC:

> Para além de sua importância intrínseca, a revolução chinesa serviu de tema para o desenrolar da luta entre a 'maioria' de Stalin e Bukharin contra a 'oposição unificada' de Trotsky e Zinoviev no interior do PCUS, e acabou sendo o parâmetro para a concepção que a IC desenvolveu para todo o mundo colonial e semicolonial.[137]

De modo que, dentro da IC, a luta política concentra-se na questão do papel das classes sociais nas lutas de libertação nacional dos países coloniais e *semicoloniais*. O pressuposto dessa discussão era a estratégia frentista, isto é, o *bloco das quatro classes* – o bloco revolucionário dos operários e camponeses, dos intelectuais e da democracia urbana – defendido por Bukharin e Stalin e entendido como o bloco que deveria apoiar um partido popular e revolucionário. Isso evidencia que os debates sobre a questão colonial, grandemente influenciados pela visão superficial da questão chinesa, não conseguem transpor os limites das análises genéricas e esquemáticas.[138]

O VI Congresso da IC, em julho de 1928, é realizado sob o impacto da derrota dos comunistas na China. Tal derrota, no informe dado por Bukharin, acaba sendo debitada aos

---

[137] Marcos Del Roio, *op. cit.*, p. 96.

[138] Como acentua Galissot: "A questão chinesa levou ao extremo a esquematização; e também Trotsky não chega a uma melhor compreensão das sociedades dependentes, terminando, por seu turno, por aplicar às mesmas os esquemas classistas do capitalismo desenvolvido [...]". *Op. cit.*, p. 260. No entanto, contrariamente às teses de Bukharin e Stalin, Trotsky enfatiza a questão do imperialismo e a possibilidade da revolução socialista em qualquer formação social, saindo da lógica da "razão de Estado" – que, de certa forma, reforçava a tese do socialismo em um só país –, apontando o problema da incompatibilidade das forças produtivas modernas com as fronteiras nacionais. Apesar disso, as análises de Trotsky acabavam caindo na mesma generalidade das realizadas pelo Komintern, que também não contemplava os elementos específicos – *particulares* – das formações históricas de extração colonial. Ver a polêmica com Bukharin e Stalin *in* Leon Trotsky, *Rivoluzione Mondiale o Socialismo in un Solo Paese?* In: Livio, Maitan (org.) *Per Conoscere Trotskij – Un'antologia delle opere*. Milão: Mondadori, 1972, pp. 253-272. Ver também Ragionieri, *op. cit.*, capítulo IV.

"erros de condução" do PCC, que teria permanecido tempo demais aliado à burguesia nacional. Nesse sentido, a crítica não foi dirigida à linha fundamental da orientação tática da IC, mas somente aos atos políticos adotados pelo PCC.[139] Temos assim, no VI Congresso, a *institucionalização da teoria da revolução feita em etapas*. Esta formulação teórica, ainda que, de certa forma, considerasse como referência os processos históricos das formações sociais existentes, acabou baseando-se na teoria do "bloco das quatro classes" e no caráter da *etapa da revolução democrático-burguesa*, ou seja, generalizando as complexas realidades sociais num determinado modelo a ser seguido. Com isso queremos dizer que se, de um lado, havia alguma positividade em se considerar *aspectos* das particularidades históricas e de suas diversidades sociais, econômicas e culturais, de outro, a *generalização* acabou deprimindo as potencialidades analíticas e principalmente criativas dos Partidos Comunistas em suas ações objetivas.

O programa do VI Congresso da IC, em seu item 8º assim descreve as etapas da revolução mundial: "A revolução mundial do proletariado é resultado de processos de naturezas diversas, que se efetuam em períodos distintos: revoluções proletárias, propriamente ditas; revoluções de tipo democrático-burguês que se transformam em revoluções proletárias; guerras nacionais de libertação; revoluções coloniais"[140], caracterizados em *três tipos fundamentais* de revolução: a) *países de capitalismo de tipo superior*, como os Estados Unidos da América, Alemanha, Inglaterra etc., com potentes forças produtivas, com uma estrutura produtiva altamente centralizada, com um regime político democrático-burguês estabelecido. Nesses países a passagem à ditadura do

---

[139] Mao Tsé-tung criticará o Congresso por não ter dado a importância necessária aos camponeses e ao caráter mais longo do processo da revolução democrática. Ver Gallissot, *op. cit.*, p. 262. Sobre a visão de Mao Tsé-tung, leia-se, *La Lucha en las Montañas Chingkang*. In: *Obras Escogidas*. Madrid: Fundamentos, 1974, v. I, pp. 75 e segs.

[140] "Programa de la internacional comunista". In: *VI Congreso de la internacional comunista: tesis, manifiestos y resoluciones*. Buenos Aires: PyP, 1977, primeira parte, p. 286.

proletariado é direta, podendo-se proceder à imediata expropriação da grande indústria e estruturação do Estado em moldes soviéticos e, ainda, à coletivização da terra; b) *países de nível médio de desenvolvimento do capitalismo*, como Espanha, Portugal, Polônia, Hungria, países balcânicos etc., onde permanecem importantes vestígios de relações semifeudais na economia agrária, com um mínimo de elementos materiais necessários para a construção do socialismo, e onde o processo de transformação democrática ficou incompleto. Em alguns desses países é possível a transformação, mais ou menos rápida, da revolução democrático-burguesa em revolução socialista. Em outros, pode ser desencadeada uma revolução proletária com um grande contingente de objetivos de caráter democrático-burguês. Em todos esses países a ditadura do proletariado está subordinada à forma que irá tomar a revolução democrático-burguesa, na qual o proletariado deverá disputar a hegemonia na condução do processo; c) *países coloniais e semicoloniais*, como China e Índia e os *países dependentes*, como Argentina e Brasil, onde estão presentes germens de indústrias ou existe desenvolvimento industrial considerável, mas insuficiente para a edificação independente do socialismo. Nesses países predominam relações de modo de produção asiático ou relações *feudal-medievais*, na economia e na superestrutura política, nas quais a concentração dos meios produtivos encontram-se em mãos de grupos imperialistas: as empresas industriais, o comércio, os bancos mais importantes, os meios de transportes, o latifúndio etc. *Nestes países a luta fundamental é contra o feudalismo e contra as formas pré-capitalistas de produção, em que constituem objetivos conseqüentes a luta pelo desenvolvimento agrário, a luta antiimperialista e a luta pela independência nacional.* Sendo assim, a luta pelo socialismo somente será viável mediante uma série de *etapas preparatórias* e como resultado de um grande período de transformação da revolução democrático-burguesa em revolução socialista.[141]

---

[141] Idem, pp. 286-288.

Esta esquematização "etapista" terá uma importância acentuada nos PCs europeus – que aplicavam a política de frente única, de certa forma, reproduzindo mecanicamente a *realpolitik* do Estado soviético. Nos países de extração colonial, particularmente na América Latina, acabará por definir a linha de ação dos PCs, sendo responsável, não poucas vezes pela eliminação da criatividade analítica no que se refere às interpretações das realidades latino-americanas.[142]

Esse período, que engloba os anos de 1933-1935, é o momento da virada na URSS, quando o PCUS se fortalece para impulsionar o "socialismo em um só país", desencadeando uma feroz luta interna em sua fileiras, que culminará com a ditadura stalinista no partido e na sociedade soviética. Em fevereiro de 1933, é realizado o XVIII Congresso do Partido Bolchevique – "Congresso dos Vencedores", isto é, o congresso da consolidação da facção comandada por Stalin – e logo em seguida iniciam-se os Processos de Moscou; é quando também a teoria do socialismo em um só país torna-se uma "verdade absoluta", juntamente com o modelo único de construção do socialismo. Os anos 30 são considerados decisivos para a viragem que se realiza dentro do conjunto do movimento comunista, que, alterando sua linha de ação e revendo suas políticas de alianças dentro de um contexto de pré-guerra – transformando a política de frente única na de frentes populares –, passa a viver novas experiências que o colocam diante de alternativas políticas construídas com base em processos singulares e próprios, que propiciam a alguns partidos comunistas ocidentais certo distanciamento das fórmulas genéricas e dos modelos abstratos elaborados pelo *Komintern*. Como lembra Galissot, a experiência do PCC, a partir de 1931, havia demonstrado a possibilidade de um partido elaborar

---

[142] Michael Löwy chama a atenção para este momento – *o terceiro período do Komintern* (1929-1933) –, que tem seu *début* na I Conferência Comunista Latino-americana, realizada em junho de 1929, a partir do qual será sistematicamente tolhido o pensamento original latino-americano. Ver *Le Marxisme en Amérique Latine – Anthologie*, Paris: Maspero, 1980, p. 23.

autonomamente uma estratégia revolucionária. Esses processos contribuíram para a construção de identidades nacionais dos PCs, o que se constituiu num dos aspectos positivos das frentes populares.[143] O fato é que os comunistas tinham claro a possibilidade de uma agressão imperialista e, dentro das frentes populares, a ênfase era dada à manutenção das liberdades democrático-burguesas e a preocupação de ampliar a segurança coletiva da URSS, implementada pelos comunistas, diante da ameaça fascista.

O VII e último Congresso da IC realiza-se entre julho e agosto de 1935, em Moscou, onde o MCI encontra-se numa postura defensiva, e, nesse quadro, também apareciam avaliações e balanços críticos sobre o Partido Mundial da Revolução, a IC. Em seu informe apresentado ao Congresso, Dimitrov, ao enfatizar a importância das frentes unidas, em todos os países, como recurso vital para o proletariado mundial na luta contra o fascismo, aponta a necessidade de reorganização dos métodos de trabalho da IC.[144] Era a inevitável tendência descentralizadora após as experiências de relativa autonomia vividas pelos PCs. Não pode passar despercebido que nesse Congresso os principais expoentes são Dimitrov e Togliatti, sendo o PC soviético representado por Manuilski. Na realidade, era uma reação tardia ao processo de russificação da IC, implementada, ainda que timidamente, pelos PCs europeus num momento em que a IC realiza inúmeras intervenções em diversos partidos comunistas, incluindo-se aí o PCB. Pela urgência de construir a tática defensiva antifascista, esse será o Congresso com menor grau de discussões teóricas.[145]

---

[143] Cf. Galissot, *op. cit.*, pp. 115 e segs.

[144] Cf. J. Dimitrov, "A Ofensiva do Fascismo e as Tarefas da Internacional Comunista na Luta Pela Unidade da Classe Operária Contra o Fascismo". In: *Contra o Fascismo e a Guerra*. Sófia: Sófia Press, 1988, p. 36.

[145] Como afirma Claudin: "Neste Congresso da IC transpareceu que nos partidos comunistas tendências renovadoras lutavam por abrir caminho, desejando libertar-se de esquemas vazios, de tradições sectárias – mas, ao mesmo tempo, foi o menos teórico dos Congressos da IC". Op. cit., p. 85, v. I. Ver também François Fejtö, *L'héritage de Lenine*. Paris: Librairie Générele Française, 1977, pp. 215 e segs.

No que se refere ao problema colonial, o informe apresentado por Wan-Ming praticamente passa ao largo das referências que haviam sido elaboradas anteriormente, sobre os modelos de revolução colonial, refletindo não somente a tendência geral de autonomização, presente no Congresso, mas, principalmente, os acontecimentos da China, uma vez que a IC não mais controlava o PCC, sob comando de Mao Tsétung.[146] Enfatiza-se, desse modo, a necessidade de os PCs dos países coloniais levarem em conta suas próprias realidades nacionais. Fundamentalmente, ressalta-se o fato de os partidos ligados à IC formarem as frentes populares, ponto nevrálgico da nova tática do MCI.

Este Congresso marca o fim de uma era de projetos revolucionários mundiais. Daí para frente acentuam-se as marcas nacionais dos partidos comunistas e as conseqüentes políticas independentes que ocasionariam, mais adiante, fundos e insolúveis problemas ao Movimento Comunista Internacional.

---

[146] Cf. Agosti, *op. cit.*, t. III, v. 2

O MARXISMO DAS PERIFERIAS

Aldo Agosti
Prof. de História Contemporânea
da Universidade Estatal de Turim

1 Colocação do problema

O objetivo deste capítulo é investigar, em síntese, o impacto originado pelo marxismo em países que apresentam um terreno histórico radicalmente diferenciado do europeu, que constituiu o húmus originário da teoria elaborada por Marx. Nossa referência é constituída, de um lado, pelos países que conformaram a área privilegiada da expansão imperialista a partir do fim do século XIX e, de outro lado, pelo desenvolvimento dos movimentos de libertação nacional, um dos fenômenos mais importantes ocorridos na segunda metade do século XX. Advertimos o leitor que os termos "europeu" e "não europeu", serão utilizados como simplificação, numa acepção claramente inexata do ponto de vista geográfico.

A área objeto de nossa atenção é, de certa forma a que, com igual aproximação, a Internacional Comunista indicava em seus primeiros congressos, como "Oriente", e que hoje caracterizaríamos como "sul do mundo" (a expressão Terceiro Mundo tornou-se desatualizada, pois pressuponha a opção de uma terceira posição contraposta tanto ao mundo capitalista quanto ao socialista, perspectiva hoje historicamente superada). A área geográfica considerada exclui os países não europeus em sentido geográfico, como os EUA e os Domínios Britânicos, menos pelo alto grau de assimilação das tradições culturais européias que os distingue (característica também da América Latina), que pelo lugar que ocuparam e que ocupam atualmente no sistema da economia mundial e pelo papel que lhes compete na divisão internacional do trabalho.

A história do marxismo não está isenta de paradoxos; um deles é particularmente evidente para os estudiosos, mas é de tal monta que levanta questões e problemas gerais de grande importância que se intercruzam com a perspectiva da política mundial no início do século XXI. Por que o marxismo, concebido como resposta aos problemas das sociedades capitalistas mais avançadas, nascido no coração da Europa industrializada e difundindo-se como doutrina do movimento operário europeu, acabou se afirmando em países pouco evoluídos de um ponto de vista econômico, e se tornou ideologia oficial de dezenas de Estados (da China até Cuba, do Vietnã até Angola, da Coréia do Norte até a Etiópia) não europeus? Por que, depois do fim da II Guerra Mundial mesmo onde as forças políticas que faziam referência ao marxismo não estavam no poder, mesmo onde os partidos e os movimentos declaradamente marxistas eram fracos e perseguidos o influxo das idéias marxistas tem sido, nestas áreas do mundo, maior do que nos países capitalistas avançados?

Tais questões levantam, por sua vez, mais interrogações: é legítimo perguntar-se, por exemplo, se e a partir de quando, o centro de gravidade do marxismo transferiu-se ao mundo subdesenvolvido; se, e em qual medida, este deslocamento tenha contribuído para a crise profunda e irreversível do marxismo como ideologia de Estado; finalmente aceito que as perspectivas marxistas nas "ilhas" residuais em que ainda desenvolvem esta função, estejam destinadas a uma mais ou menos lenta extinção se existem as condições para uma sua renovação e para uma sua retomada nas áreas não européias que, em virtude de processos profundos e rápidos de transformação econômica e social, cessaram nas últimas duas décadas do século XX de pertencer ao "Sul do mundo".

A questão foi posta até agora pelo menos no que diz respeito aos historiadores de forma claramente unilateral, isto é, através de uma perspectiva que pode ser resumida sob a fórmula "o marxismo (europeu) e os problemas do mundo subdesenvolvido, colonial e dependente". Muitas entre as mais reconhecidas e respeitadas histórias do marxismo seguem substancialmente este *clichê*, concedendo quando muito, relevância à dignidade e à autonomia da elaboração original do maoísmo e, mais raramente, às expressões mais orgânicas do marxismo latino-americano: retomam, de regra, as raras referências de Marx à Índia e à China; atravessam os debates da II Internacional sobre o colonialismo, assinalam e aprofundam a fratura representada pelas análises de Lenin sobre o "despertar da Ásia", e mais ainda pela sua teoria orgânica do imperialismo como sistema mundial; examinam de maneira detalhada a elaboração da Internacional Comunista sobre a questão nacional e colonial e reconstroem os debates relativos ao peso da revolução no Ocidente e no Oriente, sobre as estratégias das alianças e sobre as aplicações táticas. O encontro entre o marxismo e os países não europeus, é de fato resolvido nas análises realizadas pelo marxismo europeu (através de seus pensadores mais significativos e/ou de suas instâncias internacionais reconhecidas) sobre as realidades sociais e sobre as perspectivas políticas dos países coloniais e dependentes.

O marxismo destes países, pelo contrário, é relativa-mente pouco conhecido e pouco investigado: entendemos com esta expressão não apenas as elaborações marxistas originais que nasceram na África, na Ásia e na América Latina, mas também os canais culturais e organizativos através dos quais o marxismo penetrou nos "continentes pobres", suas relações com as tradições autóctones, as forças políticas que inspirou e que ainda inspira, a medida e a direção em que norteia a evolução social e política de tais continentes.

Esta perspectiva unilateral é com certeza o reflexo de um ponto de vista "eurocêntrico", que foi por um extenso período dominante na tradição marxista. Mas não se trata apenas disto. Há, por um lado, a dificuldade objetiva de separar este marxismo "não europeu" do complexo amálgama de correntes culturais e movimentos políticos que condicionou e pelos quais ele próprio foi condicionado; por outro lado, há uma insídia representada pela delimitação, demasiado estreita, entre a *aplicação* de um marxismo importado e a *produção* de um marxismo autóctone. De fato, o movimento que norteou a difusão do marxismo nos continentes não europeus foi um movimento, por assim dizer, circular: a doutrina que da Europa centro-ocidental fluiu para com o delta do Mekong ou nos *pampas* argentinos resultou necessariamente marcada pelas sociedades onde ela penetrou, e por sua vez, a procura autônoma de vias específicas, originais, acabou sendo um dos elementos que contribuíram para a modificação do marxismo como sistema complexo, determinando sua articulação/fragmentação em diversos "marxismos".

2 A difusão do marxismo pelas periferias antes da revolução russa

Ao examinarmos a história da expansão do marxismo nos países não-europeus durante um século, individuaremos logo uma fratura, representada por 1917. Antes desta data, o impacto do marxismo sobre os países então coloniais e dependentes parece bastante limitado, tanto que o termo *difusão* é excessivo. Existem, na realidade e as vezes têm uma certa consistência áreas de influência do socialismo, seja na África do Norte, na Ásia, ou na América Latina, mas se trata de um socialismo onde a influência do marxismo é relativamente débil.

É um fenômeno que se apresenta como resultado da circulação de idéias próximas ao socialismo europeu (que abrangem um espectro bem mais amplo do representado pela ortodoxia marxista da II Internacional, de Spencer a Kropotkin), e da reflexão original de intelectuais locais que pouco devem ao marxismo e, ao invés, amarram-se a tradições de pensamento e a modelos de organização social que têm suas raízes no passado de suas proprias civilizações. Este socialismo "a-marxista", é, contudo quase exclusivamente intelectual: seus primeiros núcleos, com raras exceções que analisaremos, estavam bem longe do movimento operário, mesmo onde a consistência do proletariado (das indústrias, dos portos, das minas), já não era mais desprezível. Na Ásia e na África do Norte estes grupos e movimentos socialistas estavam integrados com os movimentos de emancipação nacional, representando suas alas esquerdas: é exatamente através da mediação dos movimentos nacionais que tal movimento deixou de ser uma utopia de intelectuais ocidentalizados.

Esta relação com as nascentes aspirações nacionais reflete, por outro lado, um fenômeno mais complexo: uma oscilação, que pode tornar-se laceração, entre os valores que unem os intelectuais à suas comunidades culturais, percebidas como base de oposição coletiva à dominação e às influências européias, e a adesão a perspectivas de modernização, inseridas numa visão progressista do caminho da humanidade, que o socialismo parecia encarnar. Para encontrar uma saída a este *impasse*, a descoberta do socialismo coincide com a redescoberta da própria identidade cultural: e isto se dá através da recuperação de sistemas ideológicos e religiosos (ou também, como no caso da África Negra de modelos de organização social) impregnados de tradições utópicas e igualitárias, ainda vivas particularmente entre os camponeses (circunstância, esta, que deixa os intelectuais esperançosos de superar seu isolamento). A força destes sistemas filosófico-religiosos e/ou sociais, foi na realidade, ambivalente: se por um lado, sobretudo no que diz respeito às tradições populares, eles continham elementos de igualitarismo e de recusa da ordem vigente (como na Ásia e na África), por outro lado forneciam uma base para justificar as instituições políticas e religiosas e a hierarquia social existente.

As tradições ideológicas orientais revelam, por conseqüência, uma receptividade para com as idéias socialistas (com diferenças profundas: a tradição muçulmana e confuciana oferecem ao socialismo uma base mais favorável do que a hinduísta ou a budista), capazes de absorvê-las e modificá-las: às vezes favorecendo seu desenvolvimento, outras vezes tornando-se fatores concorrências, isto é, depois de terem sido transformadas pelas idéias socialistas, tornam-se, potencialmente núcleos de oposição a elas. Na América Latina, as tradições do pensamento europeu são bem mais enraizadas, mas a falta de um modo de produção dominante, a enorme extensão do território, a ausência de heranças ideológicas preexistentes, favorecem a difusão e mesmo a experimentação de todo e qualquer tipo de doutrinas utópicas, do fourierismo ao socialismo cristão, ao messianismo revolucionário dos *cangaceiros* brasileiros.

Como dissemos, a influência do marxismo neste compósito universo socialista parece limitada: esta situação coloca duas questões. Em primeiro lugar, por que esta influência, em sua fase inicial, é reduzida? Em que momento ela começa a ampliar-se? Em segundo lugar, quais são os canais de penetração e de propagação do marxismo nos continentes não europeus? Podemos tentar uma resposta à primeira questão, tendo como ponto de referência a China. Nos primeiros anos do século XX e, sobretudo após a revolução de 1911, desenvolveu-se um forte movimento socialista, que contava com centenas de seções e dezenas de milhares de afiliados: no entanto analisando a "Xin qingnian", revista da *inteligentsia* progressista chinesa depois de 1915, dirigida entre outros, pelo Chen Duxiu, que se tornará um dos mais eminentes marxistas chineses, observamos a presença de citações e de discussões das obras de Adam Smith, Nietzsche, John Stuart Mill, Darwin, Spencer, Rousseau,

Montesquieu, Kropotkin e vários outros pensadores de segundo plano, mas não há menção de Marx. Segundo B. Schwarz, pioneiro dos estudos sobre o comunismo chinês, a omissão não é fruto de simples ignorância, nem resultado dos temores que o radicalismo do autor do *Capital* poderia suscitar: na sua opinião, o marxismo na sua versão pré-leninista, simplesmente não chamava a atenção de intelectuais de um país apenas atingido pelo desenvolvimento do capitalismo.

É uma explicação que podemos aceitar, se tivermos em consideração o marxismo então conhecido na China – através da mediação do socialismo japonês – isto é, uma vulgarização determinista e economicista voltada à identificação *tout court* com a teoria da ruptura do capitalismo nos seus "pontos altos". Acrescente-se a isto que, em parte pelo eco da polêmica anarquista – também filtrada através do Japão, e mais tarde pela experiência de intelectuais que regressavam da França – em parte pela tendência a associar o marxismo com a social-democracia alemã, a imagem do marxismo era estatizante e autoritária.

Pode-se dizer que esta postura de fechamento era comum a muitos círculos progressistas dos países asiáticos e norte-africanos, e, embora diferentes fatores (culturais, religiosos, sociais) entrem em jogo, não ha dúvida sobre o fato de que a responsabilidade disto está na própria razão de fundo: o estranhamento perceptível do marxismo ortodoxo da II Internacional para com a problemática de sociedades situadas à margem ou fora do mundo industrializado. O exemplo chinês demonstra, por outro lado, que tal estranhamento poderia ser um resultado condicionado pelos próprios canais que permitiam a penetração e a circulação das idéias marxistas.

O discurso torna-se agora bem mais complexo, e deveria ser aprofundado e articulado de forma adequada. Nenhuma generalização é, na realidade, possível: os itinerários e os veículos de difusão do marxismo variam de país a país, e esta diversidade pode produzir efeitos profundos sobre seus futuros desdobramentos. Mas pode acontecer também que percursos aparentemente semelhantes conduzam a resultados marcadamente diferentes. É importante evidenciar que a dimensão da circulação das idéias marxistas não pode ser separada, de forma alguma, da própria *produção* ou *reprodução* de tais idéias e, em última análise, de seus conteúdos e do teor de sua originalidade. Esclarecido este ponto, apontaremos alguns casos significativos.

Nas colônias, o marxismo penetra através de diferentes trâmites. De um lado, um dos canais é representado pelos funcionários e empregados da administração colonial (geralmente eles representam cargos modestos: aduaneiros, professores, etc.), mais raramente pelos técnicos e operários qualificados de empresas metropolitanas. Neste caso o marxismo amornava-se numa ideologia socialista imbuída de genéricos princípios humanitários, animada pela defesa das populações indígenas, mas fundamentalmente impregnada por valores europeus: nesta circunstância sua matriz originária se reduzia em uma visão substancialmente otimista do processo de industrialização, visto como fator de progresso e de modernização.

Isto foi o que aconteceu nas colônias francesas da África do Norte; mas em outros lugares, como na Indonésia, o marxismo conservava um caráter mais militante e classista, constituindo-se como base ideológica de uma organização política do proletariado, com ampla representação das forças indígenas. A Indonésia, única colônia em que existia um partido socialista de orientação marxista e com base operária antes de 1917, e onde o partido comunista nascerá recalcando o mecanismo europeu – isto é, através de uma cisão com a social-democracia – representava um caso atípico também sob outro aspecto: a transmissão e a difusão de idéias marxistas passaram quase exclusivamente através da atividade de formação e propaganda de elementos metropolitanos (é o caso, por exemplo, de H.J. Sneevliet, mais conhecido como Maring, destinado a exercer um papel importante na Internacional Comunista).

Nas colônias francesas e inglesas, entretanto, as obras destes últimos prepararam o terreno para a introdução do marxismo, conduzida de forma autônoma pela *intelligentsija* local que, não raro, aperfeiçoou sua própria formação cultural na metrópole. O marxismo desta elite culta era obviamente mais sensível às sugestões nacionalistas; por outro lado, o marxismo atraiu muitas correntes nacionalistas pela sua denúncia do imperialismo e do colonialismo, e porque associava ao projeto de independência, ideais genéricos de justiça social.

A introdução do marxismo na América Latina percorreu caminhos em parte diferentes. Apesar do fato de a receptividade das correntes européias de pensamento serem na América Latina tendencialmente maiores do que nos países do Oriente, e apesar do papel dos intelectuais veículos e organizadores de uma problemática ideológica e cultural em parte comum ao continente ser tradicionalmente importante, as idéias marxistas se propagaram menos através dos textos "clássicos" (raramente traduzidos e mais freqüentemente compendiados), do que "seguindo as vias e os canais do capital mercantil, desembarcando nos portos de Buenos Aires ou de Santos com a mão-de-obra imigrada, remontando os rios no ventre das cargas, correndo ao longo das ferrovias" (R. Paris). O marxismo apresentava-se, sobretudo como expressão ideológica e política de alguns setores das classes operárias urbanas recém-imigradas, mas não foi sua expressão exclusiva, tanto que sua expansão teve que enfrentar por um lado a persistência da influência anarco-sindicalista, alimentada pelo afluxo de espanhóis e italianos, e por outro lado, a tradição local "gremialista", isto é, das corporações artesãs, condicionadas pela rede de relações clientelistas que constituíam um dos instrumentos usados pela oligarquia para controlar politicamente os segmentos populares urbanos.

Nem sempre existe uma correlação entre áreas de irradiação do marxismo e áreas de enraizamento das diferentes comunidades nacionais, conforme o esquema apresentado por certos estereótipos políticos e historiográficos, propensos a traçar uma rígida demarcação entre socialismo marxista de procedência alemã e centro-européia, e socialismo libertário de origem latina: o marxismo "latino-americano" (se assim podemos chamar uma ideologia que é, sobretudo um produto de importação) toma forma – confusamente – como ideologia do progresso e da modernização, numa versão devedora dos modelos culturais da social-democracia alemã, mas também da vocação positivista que caracteriza o socialismo italiano de fim do século XIX (é significativo o caso de Antonio Piccarolo no Brasil). Em particular, este marxismo tornou-se um fenômeno exclusivamente urbano: não por acaso, ele resultou totalmente impermeável à experiência daquele grande submovimento camponês que concretizou a revolução mexicana, tanto que – de forma não casual – nenhuma corrente que se reclamava marxista desenvolveu nesta circunstância um papel importante.

3 O impacto da revolução russa

A difusão do marxismo fora da Europa e dos Estados Unidos comprova, ainda às vésperas da I Guerra Mundial, sua limitação e superficialidade. A situação mudou profundamente – ainda que com tempos e ritmos muito diferentes – com a revolução de outubro. Depois e através deste evento, o marxismo tornou-se realmente uma mensagem universal e não abstrata: não só porque tinha como referência uma experiência revolucionária vitoriosa, envolvendo milhões de homens, mas também porque o cenário desta experiência foi uma sociedade em que o capitalismo ainda não havia alcançado seu mais alto desenvolvimento, e porque desta experiência participaram, junto com os operários de Moscou e Petersburgo, os camponeses pobres, os pastores das estepes, o lumpen-proletariado muçulmano das colônias internas do império czarista.

As repercussões internacionais da revolução russa, junto com as da I Guerra Mundial, enfraqueceram o controle das potências imperialistas sobre as colônias e semicolônias: pelo menos até 1922, em toda a África islâmica e na Ásia – e em outros países também para além desta data – um submovimento revolucionário profundo abalou os impérios coloniais e mudanças profundas apressaram-se dentro do tecido social dos países atrasados, preparando o campo para uma recepção do marxismo em nada livresca, mas amadurecida dentro de lutas políticas e sociais de extraordinária acuidade.

O marxismo que penetrou e se difundiu neste contexto, por outro lado, não era mais o da II Internacional, profundamente impregnado pelo eurocentrismo. Disto, Lenin deu uma interpretação que representou uma renovação radical e de fácil recepção e, além do mais, em condição de gerar ela mesma os novos frutos originais do mundo que permanecia às margens do desenvolvimento capitalista. Em particular, a concepção lenineana do imperialismo como sistema mundial trouxe consigo uma inovação profunda do conteúdo do próprio internacionalismo proletário, que se expressava na transformação da palavra de ordem final do Manifesto ("Proletários de todo mundo uni-vos!"), pela correspondente à nova fase de desenvolvimento capitalista e do processo revolucionário, "Proletários de todos os países e de todos os povos opressos, uni-vos".

A idéia de que a cadeia imperialista deveria ser quebrada no seu elo mais débil abriu novas perspectivas para os povos coloniais, introduzindo a hipótese de que suas revoluções pudessem favorecer a vitória proletária nos territórios metropolitanos: a luta nacional contra o imperialismo tornou-se um elemento fundamental, integrante do movimento revolucionário do proletariado. De outra parte, Lenin admitiu, durante o II Congresso da Internacional Comunista (1920), que os países orientais poderiam evitar a etapa capitalista e passar diretamente ao socialismo, abrindo a possibilidade de conceber os processos de transformação das sociedades européias em termos fundamentalmente novos.

Estas idéias de Lenin tornaram-se visão estratégica da III Internacional. Podemos afirmar que estavam presentes nela recorrentes tentações eurocêntricas, denunciadas energicamente pelos representantes dos países coloniais, pelo menos até quando o debate interno foi suficientemente livre para consenti-lo. Mas o salto realizado em relação ao passado foi de qualquer modo, enorme: com a III Internacional o marxismo tornou-se a base teórica de um projeto de transformação revolucionário, concebido pela primeira vez em escala mundial.

Este processo de universalização do marxismo se deu claramente sob o signo de uma leitura leninista. O "leninismo" (o termo começou a recorrer em 1924, e só depois de alguns anos deixou lugar para a expressão "marxismo-leninismo") foi proclamado pela IC como uma atualização e um enriquecimento do marxismo "no período do imperialismo e na época da revolução proletária": entre suas contribuições originais houve o reconhecimento explícito da importância dos movimentos nacionais nos países coloniais e semicoloniais para a revolução proletária mundial.

Com certeza, o leninismo não conseguiu expressar toda a riqueza do pensamento de Lenin: afinal de contas, qualquer *corpus* de idéias sofre necessariamente adaptações e simplificações na medida em que se torna uma força política capaz de mobilizar as massas. Aquilo que aconteceu com o pensamento de Marx repetiu-se com o pensamento de Lenin, onde tendências marcadamente esquematizadas e enrijecedoras, ofuscaram alguns de seus aspectos mais criativos, produzindo efeitos cujas conseqüências recaíram, também, sobre as análises das sociedades não européias e na elaboração de uma estratégia revolucionária correspondente a seus problemas.

No processo – bem rápido – de formalização de uma ortodoxia leninista consumaram-se a deslegitimação e a marginalização de outras expressões do pensamento marxista engendradas no mundo extra-europeu sob o impacto da revolução de outubro: é o caso representado por Sultan- Galev, o tártaro colaborador de Stalin ao comissariado para as nacionalidades, teórico de uma visão asiocêntrica da revolução mundial, colorida de messianismo islâmico, centrada sobre uma contraposição entre "nações proletárias" do Oriente e "nações exploradoras" do Ocidente e alimentada por uma profunda desconfiança para com o proletariado europeu; ou a visão do indiano Nath Roy, que efetuou uma rígida transposição das categorias de classe próprias do capitalismo maduro às colônias e às semicolônias, acabando com a recusa de qualquer forma de aliança do movimento revolucionário dos operários e dos camponeses pobres com as forças nacionalistas. Em paralelo, porém, o leninismo tornou-se também a ideologia de uma parte das forças intelectuais e políticas do mundo não europeu que, mesmo não procedendo de uma matriz socialista, emergiram da crise do pós-guerra com objetivos de transformação política e social.

No geral, podemos falar de uma crescente difusão do marxismo, filtrada através da leitura leninista e terceiro-internacionalista, nos países que na época se chamavam de países coloniais e semicoloniais. Isto não quer dizer que o marxismo tenha realizado uma marcha triunfal e sem empecilhos: muitos aspectos da própria versão leninista permaneceram estranhos e de difícil aplicação no contexto não-europeu. A rigidez da ortodoxia tornou com freqüência ineficaz, por exemplo, uma análise das classes que ainda era deduzida a partir das sociedades capitalistas européias, com correções subsidiadas pela experiência da revolução russa.

Além do mais, a ideologia marxista-leninista foi cada vez mais forçada a desenvolver uma função de justificação teórica pelas mais variadas mudanças táticas, conseqüência, sobretudo, dos interesses do Estado soviético, mas também das repercussões das lutas internas do partido: isto representou um obstáculo para um seu desenvolvimento criativo. Apesar disto, entretanto, o papel desenvolvido pela Internacional Comunista para o processo de universalização do marxismo continuou importantíssimo: não só pela ampliação do horizonte estratégico registrado pelos seus debates, mas também pela obra concreta desenvolvida através da educação dos quadros, imprimindo e divulgando textos e materiais, pondo em circulação em vários países seus revolucionários profissionais.

A metáfora de espalhar sementes não é neste caso fora de lugar: com certeza, seus frutos demoraram em florescer (e com freqüência amadureceram somente no pós-guerra, sob o impulso da descolonização), em outros casos, nasceram secos, ou híbridos, a ponto de serem dificilmente reconhecíveis. Permanece o fato, "a possibilidade de analisar a revolução colonial segundo uma perspectiva socialista emerge só como resultado da fratura provocada pelo leninismo" (J. Aricò)

4 A primeira onda expansiva

Os tempos e os ritmos da expansão do marxismo fora da Europa na época da III Internacional foram bastante diferentes. Numa primeira fase, que abrange quase uma década, sob a influência direta da revolução bolchevique as idéias marxistas se propagaram em particular em Ásia, com uma difusão maior na China, no Japão, na Índia e na Indonésia, bem menor e mais brevemente – por outro lado – na Turquia, no Irã, na Síria e na Palestina. Além das regiões históricas e culturais que já relatamos, esta particular receptividade do continente asiático para com o marxismo pode explicar-se através de dois tipos de razões. De um lado, a polarização da sociedade em classes rivais é sem dúvida mais avançada na Ásia do que na África Negra e em vastas áreas da América Latina. A luta dos camponeses contra os latifundiários, assim como dos operários da indústria moderna contra os empresários capitalistas, constituíam uma realidade social cujas raízes já eram relativamente profundas. A difusão do marxismo alimentou-se destas lutas e representou ao mesmo tempo um elemento novo inserido na organização e na politização de tais lutas.

Novas estruturas, bem diferentes daquelas apenas embrionárias que acompanharam os primeiros passos das idéias socialistas no período que precedeu a guerra, representavam agora o novo veículo de difusão do marxismo: trata-se dos partidos comunistas, que nasceram e se desenvolveram nestes anos a partir do encontro entre a evolução da ala radical dos movimentos nacionais e a atividade da organização revolucionária dos emissários da IC. Só no caso da Indonésia (e em parte do Japão) operou-se uma imissão a partir de uma tradição marxista preexistente e de alguma forma consistente; não obstante, com a única exceção do Japão, o socialismo reformista moderado nunca representou um concorrente temível para o comunismo, que assumiu assim o papel de único depositário e intérprete do pensamento marxista.

De uma perspectiva social, o âmbito de penetração do marxismo nos países asiáticos, ampliou-se e diversificou-se: influência determinante tiveram os intelectuais (as próprias origens do Partido Comunista chinês o provam), mas também foram consideráveis, em particular na China e na Indonésia e em parte também na Índia, os segmentos de proletariado (operários de fábricas, trabalhadores dos transportes, marítimos, mão-de-obra das plantações) cuja sindicalização e politização foram estimuladas pelas idéias marxistas (e leninistas).

O segundo fator que caracterizou a Ásia como terreno fértil para o marxismo neste período, foi o impetuoso desenvolvimento dos movimentos nacionais e antiimperialistas. Na realidade, a contradição fundamental da história do marxismo asiático está na relação estabelecida com tais movimentos. Difundido sob o impulso da revolução de outubro, no meio da grande crise do sistema colonial, no momento em que o nacionalismo estava em fase de ascensão, o marxismo pôde aparecer num primeiro momento como a ideologia de uma abstrata, embora auspiciada, revolução mundial mais do que um adequado auxílio teórico da revolução nacional. O diferente grau de receptividade dos vários países asiáticos para com o marxismo dependeu da capacidade das forças inspiradas no marxismo, de conciliar e unir os próprios objetivos revolucionários aos de libertação e de unidade nacional.

O diferente grau de receptividade dos vários países asiáticos para com o marxismo dependeu da capacidade das forças que tinham como referência o marxismo, de conciliar e unir os próprios objetivos revolucionários aos de libertação e de unidade nacional. China e Indonésia foram, durante os anos 20, os países em que o despertar da consciência nacional parece não ser um obstáculo, mas ao contrário, favorecem as idéias marxistas: em ambos os casos, em 1926-27, houve uma reação de reprovação cujo aspecto mais dramático e visível – ainda que não seja o único – foi uma sangrenta repressão anticomunista.

Os diferentes episódios que esculpiram os movimentos comunistas dos dois países nas duas décadas seguintes podem ser lidos sob a perspectiva de sua capacidade ou incapacidade de dirigir o movimento nacional: os comunistas chineses, através de uma profunda revisão de sua estratégia, alcançaram este objetivo antes da guerra, depois de 1937: os indonésios nunca conseguiram libertar-se completamente de um "complexo" putschista e insurrecionalista, causando perdas muito graves e abrindo o caminho para o declínio do marxismo no arquipélago.

Em outros países, a presença de um movimento nacionalista com sólidas raízes e longas tradições de luta parece dificultar a penetração do marxismo. É o caso da Turquia e do Irã, países nos quais a chegada ao poder de grupos dirigentes "modernizadores", já legitimados pelas experiências revolucionárias de 1906-1908, diminuiu o espaço de intervenção dos partidos comunistas, logo vítimas de duras repressões; é o caso do Egito (país africano geograficamente, mais próximo, de um ponto de vista histórico e cultural, aos dois países citados acima), onde a ascensão de um combativo movimento nacionalista marginalizou em grande parte as

128

correntes marxistas, relegando-as a uma posição minoritária que só ocasionalmente foi superada; é também o caso da Índia, cujo movimento comunista, apesar de combativo e influente sobre o movimento operário urbano, não conseguiu contrastar com força a hegemonia do Congresso com relação às lutas de massa contra o imperialismo inglês; ainda que a ala radical do próprio Congresso não foi, de modo algum, insensível ao influxo do marxismo e, por um certo período, ao apelo antiimperialista da Internacional Comunista.

5 A segunda onda expansiva

Uma segunda onda de expansão do marxismo nos continentes não-europeus, remonta à década de 30. A crise de 1929 provocou um desmoronamento do sistema econômico do imperialismo "clássico" e uma desestabilização dos regimes políticos direta ou indiretamente presos a ele. Os países produtores de matérias-primas foram os mais atingidos pela queda dos preços, pelas agitações sociais que, controladas na segunda metade da década de 20, voltaram a manifestar-se de forma intensa. Ao mesmo tempo, o enorme esforço realizado pela União Soviética para alcançar a auto-suficiência econômica impressionou profundamente: o sucesso dos dois primeiros planos qüinqüenais, amplificados por uma grande campanha de propaganda, parece demonstrar aos povos coloniais e semicoloniais que as economias subdesenvolvidas poderiam tornar-se economias avançadas e que o atraso cultural poderia ser superado.

A concomitância dos dois fenômenos ("o capitalismo à ruína, o socialismo em construção", segundo a fórmula da III Internacional), ocasionou um estímulo importante para a difusão do marxismo nos continentes pobres. As diretrizes da expansão diversificaram-se. A Ásia oriental e sul-oriental permaneceram o pólo mais importante: não só registrou-se um renovado impulso do movimento comunista chinês (acompanhado desta vez, como referiremos, por uma elaboração estratégica original), mas também ingressou no circuito da difusão do marxismo a Indochina, e assistiu-se a uma renovada influência do comunismo na Índia, junto com a radicalização do partido do Congresso influenciado em parte pelo marxismo.

O marxismo penetrou com profundidade também no mundo árabe (Síria, Iraque, Argélia): foram os anos de incubação daquele "nacionalismo de tinta marxista dos infinitos matizes" (Rodinson) que chegou ao seu pleno desenvolvimento só depois do segundo pós-guerra. A influência das idéias marxistas continuou bastante reduzida na África Negra, assim como, de resto, os movimentos nacionais que começavam então a dar seus primeiros passos: entretanto, o Partido comunista sul-africano conseguiu ganhar uma certa influência, também entre a população negra; e através da constituição da Liga antiimperialista (promovida pela IC em 1927), alguns líderes africanos, como Lamine Senghor, temporariamente foram atraídos na órbita do comunismo internacional. O pan-africanismo de esquerda de Padmore e Kuyaté também, ainda que polêmico para com a III Internacional foi profundamente influenciado pelo marxismo. A agressão italiana contra a Etiópia foi mais um impulso importante que contribuiu para a aproximação dos intelectuais africanos à esquerda marxista.

Singular é o caso da América Latina. Ainda que caracterizada por um vivo sentimento democrático, antiimperialista e inspirado vagamente no socialismo, a América Latina foi influenciada só marginalmente, durante a primeira metade dos anos 20, pela Revolução de Outubro: partidos comunistas de alguma consistência nasceram na Argentina, no Chile e no Brasil (onde permaneceu mais forte o peso da corrente anarco-sindicalista), isto é, nos países mais "europeizados" do continente, nos quais já se percebia a presença do marxismo da II Internacional. No entanto, até 1926-27, seus contatos com a IC foram muito frágeis, e a América Latina não ocupou nenhum lugar importante na estratégia da revolução mundial da III Internacional.

Paradoxalmente, um eco quase maior, ou, de qualquer maneira, efeitos políticos mais dinâmicos, foram produzidos pela revolução chinesa que, em ausência de um modelo estratégico específico, constituiu uma referência ideal importante para os intelectuais da vanguarda dos países menos atingidos pelo processo de industrialização. As primeiras tentativas de uma reinterpretação original da teoria marxista e leninista fundada na especificidade latino-americana data da segunda metade da década de 20: o principal protagonista foi o grupo de intelectuais peruanos unidos em torno da revista "Amauta", liderado por José Carlos Mariategui. Trata-se, porém, de uma experiência isolada e excepcional que se produziu às margens do movimento comunista e da III Internacional, num país excêntrico em relação às tradicionais áreas de difusão do socialismo no continente, e que foi resultado de um movimento intelectual alimentado por influências compósitas, unidas por uma crítica radical da tradição "positivista" do marxismo latino-americano.

Na realidade, a atenção da Internacional Comunista aponta de forma estável para a América Latina só depois de seu VI Congresso (1928), mas este renovado empenho coincidiu com um fechamento sectário e obreirista que sufocou os impulsos de elaboração original então nascentes. Só após 1935, através de uma política mais sutil, os comunistas começaram a sair de seu isolamento, ampliando o raio de ação e de influência, num contexto social profundamente marcado pelos efeitos da crise econômica mundial. Com todas as contradições e os vícios de taticismo que caracterizaram a versão latino-americana, o período das frentes populares abriu ao marxismo – ainda que ao marxismo esclerosado e dogmático da era estaliniana – novos canais de penetração ao sul do Rio Grande.

A presença de Trotski no México e o nascimento de combativas correntes nele inspiradas contribuíram objetivamente, e não obstante o ostracismo decretado pelo comunismo oficial, para desprovincianizar o horizonte político e cultural latino-americano, da mesma forma que mais tarde, durante a II Guerra Mundial, o afluxo de um grande número de exilados políticos comunistas e socialistas e as condições de relativa liberdade de alguns dos maiores países da América Latina fizeram do subcontinente um centro, em nada secundário, de irradiação de publicistas genericamente marxistas: o número de textos de Marx e Engels, de Lenin e Stalin, mas também de Kautsky e Plechanov publicados na primeira metade da década de 40 no México, em Havana e Buenos Aires é surpreendentemente alto.

A segunda onda de expansão do marxismo entre as duas guerras, a dos anos 30, não foi simplesmente caracterizada pelo crescimento e pela diversificação geográfica de sua influência. Começou a delinear-se um fenômeno novo que se configurará finalmente depois do segundo conflito mundial, quando a crise da ordem colonial se aprofundará de forma irreversível: o das traduções "nacionais", "criativas" do marxismo em alguns países não-europeus. Na década de 20, ainda que a difusão das idéias marxistas nos continentes pobres tivesse sido considerável, quase nunca deu lugar a reelaborações verdadeiramente originais. O que aconteceu foi um impacto de uma ideologia, originariamente moldada sobre as condições das sociedades capitalistas avançadas e em seguida adaptada às da Rússia pré-revolucionária, com realidades e experiências totalmente novas. Não surpreende que antes de amadurecerem variações autóctones do marxismo, houvesse verdadeiras e próprias crises de rejeição (como o caso da China e da Indonésia que acabamos de lembrar).

A situação mudou no fim dos anos 20: não se assiste mais à simples aplicação de conclusões elaboradas pelo marxismo na análise da sociedade e da história européia para as sociedades não-européias: tomam forma os primeiros esforços de recorrer ao método marxista para a análise autônoma e específica das realidades sociais coloniais e semicoloniais. Já lembramos a reflexão de Mariategui, embora este autor não consiga influir de forma direta sobre os fatos do movimento revolucionário latino-americano. É necessário fazer uma referência, ainda que sumária, à expressão mais original e mais rica de desenvolvimentos do marxismo não-europeu no período entre as duas guerras mundiais: a elaboração de Mao Tsé-tung.

O itinerário do pensamento de Mao (se, e a partir de quando é possível falar em maoísmo é questão controversa) é, em si mesmo indicativo das etapas através das quais se completou a progressiva nucleação de um marxismo autônomo nos países não-europeus. Seus primeiros escritos, que refletem o rasto deixado sobre sua personalidade pelo movimento antiimperialista de 4 de maio de 1919 e pelo eco da revolução de outubro, mostravam ainda a incapacidade de aplicar de forma independente e criativa os instrumentos teóricos da ideologia que ele abraçou: eles expressavam um marxismo que é, sobretudo um conjunto de conceitos muito gerais, quase que sobrepostos à realidade chinesa.

Os escritos de 1926-27 redefiniram radicalmente o papel das classes sociais envolvidas no processo revolucionário, através de uma análise concreta das relações de classe dentro do país, assim como foram produzidas através de um desenvolvimento histórico diferente do europeu. Após a derrota de 1927, Mao chegou às necessárias deduções políticas a partir de uma análise marxista das condições chinesas que, aparentemente, levavam a conclusões contrastantes com as premissas teóricas do marxismo e do leninismo: sem pôr formalmente em discussão nenhuma das formulações "marxista-leninistas" ortodoxas, ele formulou na realidade, uma estratégia revolucionária que supunha uma reviravolta na visão clássica da relação entre cidade e campo na revolução moderna.

Sintetizando a experiência de uma nova forma de luta (a guerrilha rural como instrumento de transformação das relações sociais no campo e de crescimento de um poder militar contraposto ao do adversário de classe), ele chegou a uma elaboração ideológica que, como escreveu Enrica Collotti Pischel, "despojou o marxismo de todos os conteúdos particulares e conjunturais ligados ao desenvolvimento para responder a um diferente contexto histórico, e o reduziu a puro elemento funcional, metódico e estrutural, capaz de enriquecer-se de um conteúdo particular e concreto novo, tornando-se uma arma instrumental à ação". O "maoísmo" tornou-se assim um *corpus* de idéias historicamente dinâmico, estímulo para a ação revolucionária, capaz de transcender e remoldar as condições de onde ele surgiu, criando novas e sempre mutáveis "realidades objetivas".

Mas neste estágio (isto é, em torno de 1937, quando já estava em curso a assim chamada "fase Yenan") o esforço de elaboração ideológica de Mao, mudou de qualidade, pois não se limitava apenas a enfrentar de forma empírica os problemas ligados diretamente às exigências da luta militar e política, mas pelo contrário, concentrava-se sobre os fundamentos teóricos e metodológicos do marxismo: desta forma, através de uma operação de generalização e de abstração das lições e das experiências maturadas durante uma década, Mao desdobrou sua reflexão para com temas como a distinção entre percepção e pensamento nos processos de conhecimento, ou a concepção da dialética como característica fundamental do real.

Em particular, começou a usar dois conceitos, novos, se considerarmos o instrumental teórico do marxismo soviético que era sua principal fonte de inspiração: o dos aspectos principais de uma contradição e o das contradições primárias e secundárias. A primeira destas concepções constituiu o principal instrumento ideológico para desenvolver e justificar as mudanças de sua linha política. A forma – com freqüência elementar e escolástica –, que esta elaboração exprime é bem menos importante do fato de que ela tentava explicitar os elementos de universalidade que o marxismo poderia deduzir da revolução chinesa. Pela primeira vez uma sociedade não-européia deixava de ser simples objeto de análise marxista, ou termo de recepção passiva do pensamento marxista, e passava a expressar alguns elementos – não se trata ainda de uma revisão global – de reinterpretação do marxismo e, em última análise, de um marxismo próprio, ainda que embrionário.

O caso chinês constituiu, contudo, uma exceção que se aproxima – pela capacidade de fundir em formas de reelaboração autônoma a revolução nacional e social – só com a experiência da Indochina francesa, com seu grande líder Ho Chi Minh. Na grande maioria dos países coloniais e dependentes, a onda de expansão que caracterizou o marxismo durante os anos 30 foi condicionada, de forma bastante direta, pelas oscilações e pelas contradições da linha política da Internacional Comunista.

Em termos gerais, a mudança de linha depois de 1935, substituída pela nova tática das frentes populares, tem efeitos contraditórios, como já antecipamos em relação à América Latina: de uma parte favoreceu a ruptura do isolamento dos partidos comunistas, dando nova força a suas iniciativas políticas, abrindo maiores espaços de difusão para sua propaganda e consentindo um mais amplo enraizamento das idéias marxistas, agora não limitado apenas aos restritos circuitos intelectuais, mas estendendo-se também às camadas populares; de outra parte vinculou a liberdade de movimento destes partidos para com as exigências da política externa soviética, abrindo uma contradição entre sua identificação com o movimento de libertação nacional e a exigência de limitar suas reivindicações para evitar ulteriores problemas para as duas maiores potências coloniais, França e Inglaterra, que desenvolviam um papel fundamental na construção de uma política de segurança soviética no contexto europeu.

6 Antifascismo e antiimperialismo

Se na Europa o antifascismo desenvolveu uma função decisiva na legitimação nacional dos partidos comunistas e – por este trâmite – na difusão do marxismo em meios que lhe eram relativamente impermeáveis, no resto do mundo o quadro era mais complexo. Os movimentos que almejavam a libertação da opressão colonial ou do imperialismo econômico, nem sempre abraçavam a causa antifascista. No fundo, os fascismos alemão e japonês representavam uma grave ameaça para os mais fortes impérios coloniais e, em algumas circunstâncias eles se apresentavam como exemplos de povos oprimidos. A eclosão da II Guerra Mundial e a inicial posição de eqüidistância da União Soviética entre as duas frentes tornaram a situação ainda mais incerta: em particular na área do mundo em que a França foi derrotada e as graves dificuldades enfrentadas pela Grã Bretanha abriram o caminho para a ofensiva do militarismo japonês.

Em países como a Birmânia ou a Indonésia os partidos comunistas foram atraídos pelos movimentos nacionalistas apostando na possibilidade de usar os novos dominadores para livrar-se dos velhos. Na Índia também o movimento de Chandra Bose, que sob vários aspectos ocupava uma posição mais "à esquerda" em relação ao partido do Congresso de Nehru, percorrera este caminho; e os próprios comunistas tiveram que enfrentar não poucas dificuldades para reconverter a tradicional linha antiinglesa quando a agressão alemã contra a União Soviética transformara de repente a Grã-Bretanha no mais precioso aliado da pátria socialista.

Todavia, além de importantes casos particulares, os movimentos antiimperialistas e de libertação convergiram no fim da guerra no bloco antifascista. A esquerda ocidental, em particular a de matriz marxista, forneceu o instrumental teórico e político antiimperialista, além de constituir o principal suporte aos movimentos de libertação: e esta esquerda era antifascista. "O antifascismo dos países ocidentais desenvolvidos e o antiimperialismo de suas colônias – escreveu Eric Hobsbawm – convergiam na consideração de um futuro pós-belico de transformação social. O comunismo soviético e dos partidos comunistas locais contribuíram para construção de uma ponte sobre o fosso, porque no mundo colonial isto significava antiimperialismo, enquanto no mundo europeu e ocidental significava empenho total para a vitória".

Certo, o antifascismo não podia ter nos países nãoeuropeus o mesmo valor e significado que teve em toda a Europa: todavia isto veiculava uma mensagem ideológica capaz de penetrar também nas elites intelectualizadas que dirigiam os movimentos de libertação nos países coloniais ou dependentes: uma mensagem cujas raízes afundam no racionalismo iluminista, nos valores da revolução francesa e da revolução americana, que exalta o progresso alcançado através da razão e da ciência, da difusão da instrução, da afirmação da igualdade dos direitos para todos os homens, sem distinção de raça e de sexo: numa palavra, uma sociedade orientada para o futuro em vez que para o passado. Trata-se de temáticas que sensibilizaram as elites dirigentes dos movimentos de libertação de um mundo colonial profundamente abalado pelo declínio dos impérios europeus, pois a educação política delas ainda se realizava, em grande parte, dentro daquele horizonte cultural.

Ao terminar o conflito, a expansão do marxismo tornou-se relevante tanto fora do velho continente quanto dentro de suas fronteiras. Nos continentes não-europeus, a vitória da revolução chinesa atraiu dentro de sua órbita o país mais povoado do planeta, e com sua mensagem de libertação nacional e de emancipação social, difundiu sua influência em muitos países da Ásia sul-oriental. Os partidos de inspiração marxista, mais ou menos diretamente ligados à União Soviética, desenvolveram um papel de primeiro plano sobre os movimentos de libertação nacional da região.

Ressaltar esta momentânea difusão da influência comunista, não nos impede de evidenciar, mais uma vez, que a recepção do marxismo fora da Europa apresenta níveis fortemente desiguais, e também traços muito diferenciados. Não raramente, depois do forte crescimento do marxismo vivenciado no período do pós-guerra, tal influência encontrou obstáculos impenetráveis, ou quase, em muitas sociedades.

Na Índia, a independência significou uma grande vitória política do Partido do Congresso. Durante a presidência de Nehru, alguns ecos de sua freqüência ao socialismo e ao marxismo, deixaram uma marca significativa sobre as matrizes da política indiana, da mesma forma em que, a *intelligentsia* deste país, através da mediação cultural da esquerda inglesa, continuou aberta às influências do marxismo, mostrando capacidade para elaborar releituras e interpretações originais; mas, no plano político, a importância dos partidos marxistas, em primeiro lugar do partido comunista, paralisada também pelo sistema eleitoral bipartidário que penaliza as forças políticas mais radicais, não conseguiu ir além do âmbito de particulares realidades regionais, sofrendo um grave golpe quando se deu a ruptura entre China e URSS.

Na Ásia sul-oriental, bem antes da revolução chinesa, com o início da guerra fria, muitos partidos comunistas foram isolados pelas correntes dominantes do movimento que lutava pela independência e sucumbiram à tentação de insurreições sem perspectivas: isto aconteceu entre 1948 e 1949 na Malásia, na Birmânia e nas Filipinas, provocando um lento declínio. Somente no Vietnã o sucesso da guerrilha permitiu uma sólida soldagem do marxismo pragmático dos comunistas com a problemática nacionalista.

No mundo árabe, a ascensão dos movimentos nacionalistas modernizadores deixou em segundo plano os partidos comunistas, os quais, quando não foram duramente reprimidos, reduziram-se a dóceis e ininfluentes aliados: por sua vez estes partidos preocuparam-se, sobretudo, com o papel que seus países desenvolviam no confronto internacional entre Este e Oeste, subordinando cada movimento aos interesses da política soviética. Nenhuma contribuição relevante foi formulada em relação à análise da estrutura de classe das respectivas formações sociais e dos poderes políticos representados. O axioma do desenvolvimento não capitalista tomado pelas burguesias nacionais e seu caráter por definição progressista não foi mais posto em discussão.

Em geral, em diversos países asiáticos e africanos que conquistaram a independência nas décadas de 50 e 60, os partidos que dirigiam o processo de libertação acrescentaram à sua denominação o adjetivo "socialista": mas isto não quer dizer que existisse uma coerente plataforma marxista. No horizonte de tal "socialismo" a luta de classe não tinha direito de cidadania, aniquilada em nome de um indistinto e superior interesse "nacional": os elementos do "marxismo-leninismo" que mais chamavam a atenção foram a centralidade do papel do Estado no processo de modernização e de industrialização e a receita do planejamento como incentivo para o desenvolvimento.

Na América Latina as aberturas para o mundo do trabalho dos governos populistas nasceram menos para uma efetiva influência das forças socialistas e comunistas do que para uma imitação das políticas sociais dos regimes fascistas. Mais influenciados pelas culturas e pelas políticas européias do que os países asiáticos e africanos, muitos países latino-americanos viveram de reflexo as esperanças amadurecidas no breve período da grande aliança antifascista, encontrando no fenômeno do browderismo uma expressão deformada e finalmente derrotada.

O início da guerra fria teve porém profundas repercussões: enquanto Moscou e a IC abjuravam Browder, o substancial alinhamento dos governos da região à política externa estadunidense deixou os partidos e os grupos marxistas de várias orientações no isolamento; freqüentemente na ilegalidade, eles foram muitas vezes tentados em apoiar as freqüentes avançadas do populismo, na vã esperança de controlá-lo e dirigi-lo, assim como, por outro lado, de empreender o caminho da luta armada.

Neste panorama é difícil avaliar se à difusão do pensamento marxista no mundo não-europeu associava-se também, em geral, um enriquecimento criativo. De um lado ressaltamos a tendência a uma forte simplificação e vulgarização de alguns aspectos da teoria marxista, em particular da teoria econômica, a qual foi ajustada às exigências das elites modernizadoras dos países coloniais e dependentes. Por outro lado, à medida em que o marxismo se configura cada vez mais como um fenômeno mundial, ele resulta também profundamente marcado pelas sociedades em que é implantado: enfrenta temáticas novas, confrontando-se com um mundo constituído ainda por ilhas de modernidade industrial num oceano camponês, com formas de exploração pré-capitalista, com as culturas e as grandes religiões não-européias, com as relações entre países dominantes e países em via de desenvolvimento, com características específicas e com os problemas que a transição para o socialismo comporta e poderia comportar em futuro.

7 Pólos de reelaboração do marxismo: China e América Latina

Dois pólos agregam esta profunda reelaboração do marxismo. O primeiro é sem dúvida representado pela China pós-revolucionária, o segundo pela América Latina. É impossível dar conta, de forma adequada, numa breve síntese como esta, da parábola do marxismo na República Popular Chinesa: nem ajuda a idealização desta experiência realizada durante a segunda metade da década de 60 por uma parte da cultura da esquerda européia e americana. De fato, parece que a China de Mao percorreu uma nova via para a construção do marxismo, diferente da URSS, baseada num enfoque mais flexível para com a realidade social que tem sua fonte de inspiração na teoria das contradições.

Em particular, depois de 1956 e do duro golpe que o mito de Stalin sofreu, o marxismo chinês conseguiu propor-se com um certo sucesso – em alternativa ao soviético – como fonte de inspiração teórica para o movimento comunista internacional, seduzindo em igual medida muitos revolucionários dos países ocidentais e as elites modernizadoras do Terceiro Mundo. Aos primeiros propõe temas como a continuação da revolução sob o socialismo, o igualitarismo, a abolição da divisão do trabalho, a luta contra as tendências ao "mandonismo" e à burocratização, a crítica da autoridade, inclusive a do partido de vanguarda, a experiência de uma passagem direta a relações de produção de tipo comunista; às segundas, fornece o exemplo de um gigantesco e em aparência alcançado esforço para resolver os problemas do atraso econômico e da miséria. Na realidade, exatamente na experiência da construção de uma sociedade nova, a China repercorre em formas apenas menos agudas, muitas das passagens mais duras do estalinismo, até a dramática ruptura da revolução cultural: para superá-la a mesma herança do pensamento de Mao, sem ser formalmente demolida, será profundamente posta em discussão.

No que diz respeito à América Latina, não há dúvida que a partir da década de 1960 começa uma nova etapa na história do seu marxismo. O ponto de fratura é marcado obviamente pela vitória da revolução cubana e pela proclamação por parte de Fidel Castro, em abril de 1961, do caráter "socialista" do novo regime. Abriu-se então um ciclo dramático que durará vinte anos, de grandes lutas e de intenso debate teórico, em que o marxismo latino-americano, apesar de e talvez por causa das trágicas derrotas sofridas, parece alcançar sua maioridade.

Praticamente, não há país do continente que, na primeira ou na segunda fase da aceleração revolucionária desencadeada pela revolução cubana, não conheça renovadas formas de militância e de reflexão teórica. Ao centro da investigação teórica e política dos anos 60 foi posta a idéia de uma "revolução continental", que encontra nas duas Declarações de Havana (1960 e 1962) e na indicação prioritária da luta armada como método de luta política, sua expressão teórica mais articulada, e em Ernesto Che Guevara seu apóstolo mais resoluto – até o sacrifício da vida. Não só os impulsos da revolução cubana marcaram este período: a crise cada vez mais aguda do movimento comunista internacional produziu efeitos importantes, em particular depois da ruptura entre Pequim e Moscou e a aceleração impulsionada pela "revolução cultural maoísta"; a emergência de lutas operárias de novo tipo solidificou-se com a radicalização dos segmentos médios urbanos, principalmente jovens e estudantes, e com os ecos de 1968 europeu; a profunda crise ideológica da Igreja católica a partir do Concílio Vaticano II, através da "teologia da libertação", impulsionou novas forças para a idéia da revolução e do socialismo; finalmente, a difusão do pensamento gramsciano desdobrará alguns efeitos importantes em alguns países, em particular a Argentina, o Brasil e o México. No começo da década de 70, de outra parte, e no meio de uma segunda onda de ascensão da guerrilha, no Chile se deu o triunfo eleitoral de Unidad Popular, fruto tardio da linha das frentes populares do VII Congresso da IC, que os partidos comunistas ortodoxos nunca abandonaram.

Com a violenta derrubada de Salvador Allende em 1973, e apesar do *revival* que a guerrilha, sobretudo nas formas urbanas, vivenciou na década seguinte, as expectativas revolucionárias alimentadas no começo dos anos 60 declinaram: a própria Cuba, depois da morte de Guevara, fechou-se em si mesma e em seus problemas internos, arquivando o projeto da revolução continental. Todavia o marxismo latino-americano continuou conhecendo um período de apaixonados debates. Com todos os limites de esquematismo, os teóricos da "dependência", a partir da metade dos anos 60, puseram à luz muitas incongruências da "ideologia do desenvolvimento" e da teoria da "revolução democrático-burguesa", relançando o papel do marxismo na investigação histórica, sociológica e econômica.

É, sobretudo, através do impacto do marxismo latino-americano – e obviamente da experiência pouco teórica, mas de grande porte emotivo do Vietnã – que o que então se definia Terceiro Mundo veio a ser o pilar da fé e da esperança dos que ainda acreditavam na revolução social. O marxismo, que veio da Europa quase um século antes para a periferia do mundo capitalista, parece agora encontrar nela o território mais fértil para verificar a atualidade de sua mensagem de libertação. A Europa e os Estados Unidos olham agora para a periferia do mundo capitalista para dar nova atualidade à idéia de revolução social.

Esta radical reviravolta de perspectiva levanta na realidade uma série de questões cruciais mais gerais. Até que ponto um movimento político pode distanciar-se das premissas da tradição teórica em que se identifica conscientemente e, todavia manter com esta uma ligação significativa? E ainda, onde termina o processo de desenvolvimento do marxismo como sistema de pensamento unitário, e onde começa sua fragmentação e articulação em muitos marxismos? Podemos responder de maneira diferente a tais questões. Com certeza parece hoje anacrônica a pretensão de qualquer força política de monopolizar uma interpretação "autêntica" do marxismo. Mas não é anacrônico lembrar um lema programático de Marx: "os filósofos só interpretaram o mundo; trata-se, porém, de transformá-lo". Qualquer que seja o juízo sobre o distanciamento de seus pressupostos originários, o marxismo agiu na Ásia, na África e na América Latina como um fator de profunda e irreversível transformação social (*tradução do original italiano de Silvia De Bernardinis*).

144

A CHINA E O MARXISMO: LI DAZHAO, MAO E DENG

Armen Mamigonian
*Prof. de Geografia Econômica
da Universidade de São Paulo*

1 Introdução ao enigma chinês

Os contatos entre Ocidente e Oriente datam da Antigüidade. Heródoto, pai da geografia e da história, viajou por grande parte do Oriente próximo e decifrou o Egito como "dádiva do Nilo". Aristóteles logo depois, também comparando povos e instituições, talvez tenha sido o primeiro a fazer referências ao "despotismo oriental", minimizando o fato de Sócrates ter sido condenado à morte pela democracia ateniense.

O Império Romano foi incorporado às relações com a China pela Rota da Seda, mas durante a Idade Média a decadência do Ocidente provocou a interrupção de suas relações com o Oriente, restabelecidas lentamente, primeiro com o Oriente próximo e mais tarde com a China, pelas viagens de Marco Polo.[147] O deslumbramento da Europa atrasada diante dos avanços das civilizações árabe, bizantina e chinesa provocou

---

[147] REID, S. *As rotas da seda e das especiarias*. Lisboa, Ed. Estampa-Unesco, 1993. p. 5.

forte interesse de seu capital comercial. Com as grandes navegações a Europa assumiu posições agressivas e de supremacia em relação ao restante do mundo. As idéias do despotismo oriental foram retomadas (Montesquieu e outros) pelo seu lado mais depreciativo, visando referendar a superioridade européia e norte-americana e suas políticas colonialistas, que se intensificaram no século XIX, quando a China foi transformada em semicolônia pelo condomínio imperialista composto pela Inglaterra, França, Alemanha, EUA, Japão, Rússia e outros.

Durante o século XIX a China foi esquartejada, saqueada e inferiorizada pelos seus exploradores externos, associados aos seus aliados internos. Mas, curiosamente, foi o marxismo, nascido no Ocidente das idéias alemãs (filosofia clássica), inglesas (economia política) e francesas (socialismo), que permitiu a regeneração da China, a vitória da revolução nacional popular liderada por Mao Tsétung e o esforço atual para se tornar uma superpotência capaz de barrar os desmandos do fascismo norte-americano, tão destruído quanto foi anteriormente a Alemanha nazista, e assim ajudar a regeneração do próprio Ocidente.

Nascido na Europa, o marxismo perdeu força no seu lugar de origem, mas por isto mesmo cabe a pergunta: o que levou a conquistar os corações e as mentes de milhões de chineses e asiáticos e dar um novo impulso à luta pelo socialismo, após a vitória da revolução e depois sua trágica queda na URSS?

Os fundadores do marxismo (Marx e Engels), influenciados pelas revoluções de 1789 e 1848, superestimaram as lutas de classe que se travavam na Europa, paralelamente à subestimação das questões nacionais (unificações, etc.), que ocorriam na Itália, na Alemanha, no Japão e em outros lugares.[148] Ao mesmo tempo, apesar da genialidade, elaboraram uma visão eurocêntrica do mundo, como era comum na época.

---

[148] ANDERSON, P. *Considerações sobre o marxismo ocidental*. São Paulo, Boitempo, 2004, posfácio.

Entretanto, a eles se deve creditar a idéia do modo de produção asiático, que descartava a noção de evolução unilinear da humanidade (comunismo primitivo, escravidão, feudalismo, capitalismo e socialismo). A observação de Heródoto referente ao Egito, acima mencionada, serviria para as civilizações da Mesopotâmia, da Índia, da China e dos impérios pré-colombianos da América?[149,150]

A propósito da China caberia indagar da enorme duração de sua história imperial e de sua civilização, comparativamente aos outros casos. Aliás, Marx acompanhou, em meados do século XIX, os extertores da história milenar do império chinês, que se apresentavam como questão camponesa e como questão nacional, ambas de dimensões gigantescas.[151]

Assim como o budismo, as dinastias mongol (1260-1368) e manchu (1644-1912), o marxismo introduzido tardiamente na China (1920), logo adquiriu especificidades chinesas, tanto com Mao como com Deng. Por isto mesmo é útil tentar entender, mesmo de maneira introdutória, a longevidade da civilização chinesa e do império chinês.

2 A longevidade da civilização e do império chinês

Algumas civilizações da Antigüidade tiveram duração menor (Egito e Mesopotâmia) e outras maior (Índia e China), assim como os impérios correspondentes. A China é o caso de civilização de maior duração e isto se deve a vários fatores, que foram se conjugando ao longo do tempo.

A posição geográfica da China, no extremo-Oriente, foi um fator de proteção diante das invasões, comparativamente às áreas de trânsito mais fácil. As conquistas de Alexandre

---

[149] WITTFOGEL, K. *Oriental despotism: a Comparative study of total power.* New Haven, 1957.

[150] SOFRI, G. *O modo de produção asiático.* Rio de Janeiro, Paz e Terra, 1977.

[151] MARX, K. *Revolução na China e na Europa, in Marx e Engels: Sobre o colonialismo*, vol 1, Lisboa, Ed. Estampa, 1978, pp. 21-30.

alcançaram o Egito, Mesopotâmia, a Pérsia, a Índia, mas não a China, que estava longe demais. A China, sujeita às invasões tártaras (mongóis, manchus, etc.), se viu forçada a construir a Grande Muralha, iniciada no século IV a.c., o que desviou estas invasões para a Índia, a Rússia e a Europa ocidental e com sua civilização consolidada conseguiu absorver mais tarde mongóis e manchus. Além da posição geográfica vantajosa, outros fatores se combinaram para permitir uma vida rica e duradoura à civilização chinesa: 1) a gênese e expansão da agricultura intensiva de arroz; 2) o nascimento de filosofias civilizatórias e tolerantes, como o taoísmo e o confucionismo (século VI a.c.) e 3) o surgimento e a consolidação da administração pública que precocemente deu origem a um estado nacional (século III a.C.).

A "civilização do arroz"[152] teve importância essencial na vida material da China e da Índia e por extensão nas áreas abrangidas pelas chamadas chuvas de monção. As duas civilizações nasceram em extensas planícies fluviais, de grande fertilidade agrícola, capazes de comportar altas densidades populacionais. Além de importância na vida material, a civilização do arroz, nascida na exuberância natural da Ásia das Monções (chuvas abundantes e rios caudalosos com grandes planícies férteis) teve papel importante na vida espiritual dos seus habitantes, dando origem às religiões e filosofias fortemente pacifistas e tolerantes, comparativamente às do Mediterrâneo oriental, onde as condições naturais inóspitas ajudaram a emersão de um conflito maior entre homem e natureza e das idéias religiosas de que ela deveria ser dominada e mesmo destruída.[153] Como se sabe, para os hindus não existia abismo entre os homens e os animais, pois todos tinham alma, assim como o taoísmo e o confucionismo ensinavam que o homem e a natureza deveriam conviver harmoniosamente. Além do mais,

---

[152] GOUROU, P. *La terre et l'homme em Extrême-Oriente*. Paris, A. Colin, 1947.

[153] DEFFONTAINES, P. *El Mediterraneo: estudio de geografia humana*. Barcelona, Ed. Juventud, 1948.

como a agricultura do arroz exigia trabalho intensivo, ela deu origem à necessidade de dedicação, organização e disciplina, pois se tratava no dizer dos geógrafos de um cultivo de jardinagem.

A civilização chinesa, que já conta com cinco mil anos, nasceu da crescente sedentarização, acelerada depois de 8000 a.C., das populações das margens dos rios Amarelo e Azul. Anteriormente, como nas outras regiões do mundo, houve uma prolongada fase de comunismo tribal e de matriarcado, ainda com resquícios na China atual.[154] É importante assinalar que a agricultura do arroz obrigava todos os camponeses à responsabilidade pela irrigação das terras de cada aldeia (trabalho coletivo), mas os cultivos eram familiares, estimulando a pequena produção camponesa. Assim, muito cedo entre os chineses coexistiam claramente responsabilidades coletivas e responsabilidades familiares distintas, além de que o campesinato chinês não viveu sob regime de servidão, diferentemente do russo.

Antes de 2000 a.C. surgiram, em vários pontos distintos, elites governantes com o papel principal de construir pequenas obras regionais de engenharia de irrigação, ao mesmo tempo em que nasceram cidades amuralhadas, trocas comerciais e especializações artesanais (objetos de bronze e jade), após o desenvolvimento dos artesanatos camponeses de objetos de pedra (machados, pás, facas) e objetos cerâmicos (vasos, etc.). As aldeias camponesas eram fontes de mão-de-obra compulsória para os trabalhos de engenharia mais amplos, além de fontes de impostos que sustentavam as administrações nascentes. Pouco a pouco foi nascendo e se consolidando o modo de produção asiático: 1) encabeçado pela organização administrativa que estabelecia laços feudais com as aldeias camponesas, subordinadas por relações de vassalagem e 2) embasado nas numerosas comunidades aldeãs, com fortes estruturas igualitárias, origem de antigo e forte sentimento

---

[154] XINRAN. *As boas mulheres da China*. São Paulo, Cia. das Letras, 2003. Cap. 15.

democrático e de rebeldia diante das administrações incompetentes, como ocorreu ao longo de milênios.

Por volta de 2100 a.C. as organizações pré-dinásticas (de 5000 a 1700 a.C.) começaram a ceder lugar às chamadas dinastias antigas, Xia, Shang, Zhou e ao período das Primaveras e Outonos e ao período dos Reinos Combatentes, ainda durante os quais o rei do Estado de Qin partiu para encarniçadas lutas de conquista de numerosos estados rivais e concluiu a unificação da China, conferindo-lhe um sentido de nacionalidade (dinastia Qin: 207 a 221 a.C.). Portanto, deve-se insistir na idéia de que houve um longo período histórico de milênios para que culturas nascidas lentamente ao longo dos rios Amarelo e Azul, em Shaanxi e outros pontos desde 5000 a.C., dessem origem à civilização que permitiu o nascimento da nação chinesa, muito antes das nações européias nas suas transições feudalismo-capitalismo, a partir de uma visão histórica não-eurocêntrica.[155]

Nos seus primeiros tempos a civilização chinesa teve uma fase expansiva (2100 a 771 a.C.), seguida de um período descendente prolongado (770 a 221 a.C.), que antecedeu a unificação nacional acima referida. Na fase descendente, a metalurgia do bronze preexistente se difundiu rapidamente, sendo seguida, por volta de 1000 a.C., do nascimento da metalurgia do ferro, pioneira no mundo, e que ao ser adotada foi elevando a produtividade dos camponeses e aumentando o poderio militar. As monarquias se consolidaram, suas capitais administrativas fortificadas chegavam a alcançar 25 km², seus maiores palácios 10 mil m², as forças militares se tornaram permanentes, surgiu um sistema de leis e a escrita se consolidou.[156]

---

[155] AMIN, S. *Classe et Nation.* Paris, Ed. Minuit,1979.

[156] BARRETO, C. e FERREIRA Fº, J. M. Org. *Cinco mil anos de civilização chinesa.* São Paulo, Brasil Connets, 2003, p. 65.

150

O período descendente após 770 a.c. correspondeu à longa decadência da dinastia Zhou, aos seus erros, ao empobrecimento popular e à fragmentação de seu território por rivalidades militares internas, mas foi também um período de sofisticação do pensamento chinês, com o aparecimento do taoísmo e do confucionismo. Um século depois, de modo semelhante, os gregos, que não eram mais os gregos homéricos, despertavam as preocupações de Sócrates, Platão, Heródoto e seus teatrólogos.

As primeiras indagações do pensamento filosófico chinês referiram-se à totalidade que reunia a natureza e os homens, além das questões ligadas ao funcionamento do sistema social, seus acertos e seus defeitos. Por volta de 1100 a.C. foi escrito o famoso *Livro das Mutações*, difundido mais tarde por Confúcio, que o tinha em alta conta. Pela primeira vez foram sistematizados os princípios *yang* e *yin*, base de sutil dialética, tanto da natureza quanto do homem, com componentes ocultistas explorados por Jung na sua psicologia analítica. Anteriormente muitos pensadores se dedicaram à história dos reis e das dinastias, analisando suas experiências, o que permitiu mais tarde a um administrador público escrever em 845 a.C.: *"Um imperador sabe governar quando os poetas têm liberdade de fazer versos; os atores, de representar; os historiadores, de dizer a verdade; os pobres, de rosnar contra os impostos; os estudantes, de aprender suas lições em voz alta; os artesãos, de louvar a habilidade própria e procurar trabalho; o povo, de falar de tudo; e os velhos, de pôr defeitos em todas as coisas".*[157] Com tais refinados precedentes intelectuais, foi natural que os desafios colocados pela fase depressiva e de crise moral após 770 a.C. dessem origem a gênios do pensamento como Lao Tsé (604 a 521 a.C.) e Confúcio (551 a 479 a.C.).

Nascidos quase que simultaneamente, o taoísmo e o confucionismo tiveram origens comuns nos ensinamentos do

---

[157] DURANT, W. *História da civilização: nossa herança oriental*. São Paulo, Ed. Record, 1983, p. 215.

Livro das Mutações (yang e yin), mas passaram a disputar a alma chinesa desde os seus inícios até hoje. Os chineses devem ao taoísmo sua elevação de espírito, o sentido de relatividade e o desligamento das coisas, que falta freqüentemente aos ocidentais. Daí decorre o amor à liberdade e ao pensamento, a paciência, a persistência nos trabalhos braçais e espirituais, a serenidade no infortúnio. Nos anos 50 do século XX o regime comunista recém-vitorioso combatia vigorosamente o confucionismo, ao mesmo tempo em que tinha simpatias pelo taoísmo.[158] Entretanto, no período aberto com as reformas de Deng Xiaoping as simpatias passaram por certa inversão. Tendo sido contemporâneos, Confúcio conheceu Lao Tsé idoso e famoso e ambos refletiram sobre os graves problemas enfrentados pelos chineses, resultando em visões distintas, mas não excludentes. Num certo sentido é possível dizer o mesmo de Mao e Deng, que pensando a China e o mundo, inspirados no marxismo, assumiram visões diferentes, mas complementares.

A prolongada decadência da dinastia Zhou se refletiu de várias maneiras na sociedade. A desordem administrativa, política e moral provocou conflitos militares entre reinos e no interior deles e as comunidades rurais sofreram com os aumentos de impostos e as convocações de soldados e o conseqüente empobrecimento. Naquela época Lao Tsé havia sido curador da biblioteca real de Zhou, o que lhe permitiu testemunhar a decadência dos políticos da época, levando-o ao afastamento das funções públicas e ao auto-exílio no interior. Sob a influência do *Livro das Mutações* escreveu sobre o Tao, o caminho da natureza, como também o caminho da virtude, isto é da conduta humana. Lao Tsé viu a natureza como um conjunto indissociável, onde a água macia e fraca acaba vencendo a pedra, aparentemente forte, assim como a fêmea vence o macho, usando sua passividade, sua aparente fraqueza.

Tomado de simpatias pelos camponeses, Lao Tsé estabeleceu nítida distinção entre natureza e civilização, pregando

---

[158] BRÉMOND, R. *La sagesse chinoise selon le Tao*. Paris, Lib. Plon, 1955, p. 10.

uma volta à simplicidade e ao igualitarismo que existiu na Idade de Ouro, que precedeu as primeiras dinastias (comunismo primitivo). Valorizando o trabalho manual e criticando os intelectuais, como desligados da simplicidade e predispostos a impor uma geometria à sociedade, Lao Tsé era contrário aos avanços técnicos, mas sobretudo aos governos, suas legislações e seus aparatos burocráticos. Assim, o taoísmo valorizava a bondade e o desapego material, coincidindo com a ideologia camponesa espontânea (*"na vida basta um punhado de arroz e um chapéu"*), o que abriu caminho séculos depois, à penetração e difusão do budismo na China. Também ajudou a manter entre os chineses um latente espírito de liberdade e rebeldia, mas não se pode esquecer que o espírito taoísta pode soprar para onde se queira, inclusive para lados imprevistos, como ocorreu durante a "Revolução Cultural".

Diante da desordem, do caos e das guerras civis da época, Lao Tsé pregou o afastamento, a negação e a rebeldia, enquanto Confúcio pregou o restabelecimento da ordem. Além de professor que formou muitos discípulos, trabalhou com sucesso em várias funções administrativas em sua província natal, como magistrado de distrito, superintendente de obras públicas e ministro de assuntos criminais. Desgostoso com seu superior acabou se afastando, dedicando seus últimos anos à produção intelectual. Confúcio escreveu ou organizou os *Cinco Ching*, ou livros canônicos, inclusive comentários e apêndices do *I Ching* (*Livro das Mutações*), assim como o *Shu Ching* (*Livro de História*). Posteriormente seus discípulos, inclusive Mêncio escreveram ou organizaram outros quatro livros, totalizando os chamados "nove clássicos".[159]

Apesar das raízes comuns com o taoísmo, mais que no *Livro das Mutações* e na idéia dos fluxos da natureza, o confucionismo se inspirou na história chinesa, nos exemplos dos reis sábios pré-dinásticos, Yao (2350 a.C.) e Shun (2250

---

[159] GRANET, M. *O pensamento chinês*. Rio de Janeiro, Contraponto, 1997, Cap. XIII.

a.C.), que criaram regulamentações e doutrinas e foram considerados dirigentes modelos.

Confúcio não via uma bondade humana inata e discordando do taoísmo não acreditava que a maldade deveria ser retribuída com bondade. A bondade deveria ser recompensada com a bondade, conforme a regra da reciprocidade, mas a maldade deveria ser corrigida com a justiça. Confúcio valorizava a educação pelo exemplo dado pelos superiores e assim haveria um *"bom governo quando o príncipe é príncipe e o ministro é ministro, quando o pai é pai e o filho é filho"*. Mas não se tratava de simples obediência, pois acima dela existia o princípio moral que autorizava a resistência à ordem injusta (uma das raízes da doutrina de Mêncio sobre o divino direito de revolução). A propósito da perda de legitimidade da dinastia Shang (1600 a 1100 a.C.), Confúcio se expressou sobre as condições de um bom governo: seus requisitos seriam a abundância de alimentos, poder militar suficiente e confiança do povo.

Caso a adversidade exigisse sacrifícios, a primeira condição a cair deveria ser o poder militar e a segunda *"os alimentos, pois a morte está no destino do homem, mas se o povo perde a fé em seus chefes, não haverá salvação"*. Avesso à metafísica e nitidamente agnóstico, Confúcio julgava desnecessário entender as forças do céu e o reino dos espíritos, mas era necessário conhecer os problemas deste mundo, sem deixar de render as devidas homenagens a memória dos ancestrais falecidos, idéia e prática tão forte entre os chineses antigos quanto entre os chineses atuais.[160]

Resumindo, é possível dizer que tanto Lao Tsé quanto Confúcio analisaram a crise social da época a partir de uma base dialética comum (*Livro das Mutações*) e da história chinesa, como na admissão de uma Idade de Ouro. Ambos desenvolveram fortes visões éticas, apesar das diferenças.

---

[160] GRANET, M. *O pensamento chinês*. Rio de Janeiro, Contraponto, 1997, cap. XI.

Enquanto Lao Tsé mostrou-se decepcionado com a época e propunha um retorno à natureza, valorizando o camponês e granjeando simpatias entre os intelectuais rebeldes, Confúcio queria regenerar toda a sociedade e sua proposta abrangente ia da família camponesa à corte imperial. Assim, ao longo do tempo, foi a filosofia mais influente entre os chineses. Com propostas éticas tão fortes como as de Sócrates, Lao Tsé e Confúcio continuam vivos no horizonte espiritual chinês, certamente mais do que Sócrates na civilização ocidental.

Mesmo com o grande avanço do pensamento chinês acima referido, as lutas intermináveis do período iniciado em 770 a.c. continuaram, assim como as divergências intelectuais. O confucionismo foi adquirindo grande força na luta ideológica. Assim sendo, Mêncio (372 a 289 a.C.), que teve experiência administrativa como o mestre, contrariando alguns dizia que *"o governo deveria permanecer nas mãos dos homens educados"* e que o rei que se tornasse nocivo ao bem-estar do povo perderia o "mandato do céu" e deveria ser deposto, apoiado em exemplos históricos. Entretanto, outras correntes se multiplicavam: 1) Mo Ti (479 a 381 a.C.), da mesma província de Confúcio, teve seus adeptos ao propor a idéia de amor e pacifismo, naturalmente criticado por Mêncio, 2) Chuang Tsé (369 a 286 a.c.), como seu mestre Lao Tsé, valorizava a vida rural e propunha distância das funções administrativas, 3) Hsu Hsing defendia a ditadura popular, que deveria impor o trabalho manual aos magistrados, 4) Yang Chu (390 a.C.) exaltava a vida epicurista e a idéia de cada um por si, justificando a maldade, 5) Chu Ping (350 a.C.), após ocupar altos cargos foi demitido injustamente, retirou-se para o campo e preferiu o suicídio ao carreirismo, deixando um exemplo reverenciado até hoje e 6) Li Ssu, entre os legalistas, propôs um vigoroso poder central, com leis rígidas substituindo a administração baseada nas pessoas e nos costumes.

Além das reflexões filosóficas acima apontadas é desta época a obra-prima da estratégia e tática militares,[161] que se

---

[161] SUN, Tzu. *A Arte da guerra*. Porto Alegre, L&PM, 2000.

apoiou em larga experiência de lutas, mas também nos princípios do Tao, do *yin-yang* e do confucionismo (Mêncio). O autor lembrou que os generais antigos eram antes de militares, homens sábios: *"entre eles a leitura e o estudo precediam a guerra e os preparavam para ela"* (Cap. VIII). Sua leitura foi útil para as lutas de unificação nacional, que ocorreram logo depois (230 a 221 a.C.), como também para os outros chefes militares posteriores, como Mao Tsé-tung, entre outros.

No período dos Reinos Combatentes (473 a 221 a.C.) os conflitos militares entre os numerosos estados, dos quais oito eram considerados grandes, se agravaram e se tornaram constantes e destrutivos, o que explica a indignação pacifista de Mo Ti, mas também a urgência de se encontrar um caminho de superação do caos e da desordem reinantes. A saída foi uma encarniçada incorporação militar de todos os territórios, vale dizer a unificação e o nascimento da China como nação, sob a liderança de Shi Huangti, primeiro imperador, fundador da dinastia Qin (221 a 207 a.C.). A unificação dos treze estados, grandes e pequenos, que se hostilizavam e se esgotavam inutilmente, teve um papel revolucionário na história chinesa, mesmo que o território do império nascente, abrangendo tãosomente o baixo e o médio cursos do Amarelo e Azul fosse pequeno em relação ao que seria mais tarde, na dinastia Han (206 a.C. a 220 d.C.) e seguintes.[162]

No plano imediato, a unificação do poder significou a retomada das obras da Grande Muralha com mais de 2.400 km construídos durante dez anos, mobilizando trabalho compulsório de centenas de milhões de homens. *"Essa muralha foi a ruína de uma geração e a salvação de muitas"* dizem os chineses, pois reduziram os ataques dos pastores nômades da Mongólia, assolados por secas prolongadas, e desviados para o Ocidente, tendo mais tarde contribuído para a queda do Império Romano. O imperador mandou os legalistas elaborar

---

[162] HERRMANN, A. *Historical and Commercial Atlas of China*. Cambridge (Mass.), 1935.

nova legislação alcançando a nação toda, assim como o confucionismo sofreu grandes perseguições. A hierarquia administrativa nobre foi substituída por funcionários nomeados. As províncias passaram a ser administradas por três altos funcionários imperiais: um administrador civil, um governador militar e um superintendente de controle.[163] Grandes estradas unificaram o território, foi criada a moeda única, assim como a propriedade camponesa foi reforçada. Os conflitos que envolveram a unificação foram tão grandes que a dinastia Qin durou pouco, como aconteceu freqüentemente na história da humanidade (Cromwell e Napoleão no Ocidente, por exemplo). Shi Huangti preparou para si um mausoléu grandioso, recentemente descoberto em Xian. Pela audácia e grandiosidade de sua obra, foi a figura histórica chinesa mais admirada por Mao Tsé-tung.[164]

Com a unificação nacional, a escala das iniciativas se ampliou enormemente. Deve ser assinalado que no período dos Reinos Combatentes pequenos estados chineses construíram fortificações entre suas fronteiras, uns em relação aos outros, como mostram os mapas organizados por A. Herrmann sobre a China em 350 a.C.[165] O império uniu pela primeira vez toda a etnia han, até então dividida, equivalente mesmo hoje a mais de 90% da população chinesa, abrindo então a possibilidade da sua expansão geográfica para várias direções, sobretudo para o sul do Yang Tsé (o mesmo aconteceu com a etnia quechua no império Inca). A expansão dos han limitou naturalmente o território de minorias étnicas, como os zhuang, os hakka e outras. Por volta de 289 a.C. os chineses eram 14 milhões e em 200 d.C. já alcançavam 28 milhões, em parte graças à expansão geográfica acima referida, com a vantagem da homogeneidade étnica, que aumentou a coesão nacional, o que não aconteceu na Índia.

---

[163] GRANET, M. *La civilisation chinoise*. Paris, La Renaissance du Livre, 1929.

[164] LI, Zhisui. *A vida privada do camarada Mao*. Rio de Janeiro, Civilização Brasileira, 1997.

[165] HERRMANN, A. *Historical and Commercial Atlas of China*. Cambridge (Mass.), 1935.

A dinastia Han (206 a.C. a 220 d.C.), de longa duração, completou a obra de unificação e fortalecimento do Império recém-fundado, cuja base foi um sólido modo de produção asiático, que só entrou em crise terminal após a sucessão de várias dinastias, com a política de destruição dirigida pela Inglaterra industrial no século XIX, de fora para dentro.

Assim, a China viveu fase de grande prosperidade no período Han. A reforma agrária imposta por Shi Huangti, anteriormente referida, estimulou a produção camponesa, que contou com a crescente difusão do arado de ferro e do carro de boi, além de aperfeiçoadas técnicas de irrigação. A dinastia Han, adotando normas confucianas, implantou os exames públicos obrigatórios, visando constituir um corpo administrativo nacional, o que o Ocidente adotou há poucos séculos atrás, e flexibilizou a estrutura do poder imperial centralizado que havia herdado. Ampliou através de alianças, a zona de influência da China, tornando possível e segura a Rota da Seda de caravanas através da Ásia Central, passando por Bagdá e alcançando Alexandria, então parte do Império Romano. A capital do Império chinês chegou a ter 240 mil habitantes, três vezes mais do que Roma.[166] Aliás, duas grandes invenções chinesas datam deste período: o papel e a porcelana. A dinastia Han, nos seus 400 anos de duração, consolidou o Império. As invasões que ocorreram nesta época, posteriormente foram absorvidas, diferentemente do que aconteceu com outros impérios, inclusive o romano.

Entretanto, a fase final da dinastia Han, como aconteceu antes e depois com outras dinastias prolongadas, foi marcada pela perda de vitalidade e dinamismo, quando passaram a ocorrer guerras civis, invasões estrangeiras e fragmentações territoriais. É possível dizer que as dinastias chinesas, em geral, apresentaram fase inicial dinâmica e depois fase final decadente, seguida de colapso, como um movimento natural do modo de produção asiático. Na dinastia Han e nas seguintes (Tang, Song, etc.) a

---

[166] REID, S. *As rotas da seda e das especiarias*. Lisboa, Ed. Estampa-Unesco, 1993. p. 8-9.

fase inicial de riqueza popular permitiu divisão social do trabalho na base da sociedade, pois a crescente renda dos camponeses garantiu a expansão de uma sólida pequena produção mercantil, o aparecimento de artesãos e comerciantes de cereais e de artesanatos, etc. Foi da massa de camponeses abastados que nasceram os artesãos e comerciantes que acabaram implantando manufaturas urbanas, empregando filhos de camponeses pobres. A riqueza camponesa aumentava o fluxo de impostos carreado pelo Estado, beneficiando os altos funcionários no consumo de produtos artesanais de luxo, etc.

Com o tempo o poder imperial adquiria caráter parasitário, aumentando os impostos sem aplicá-los em obras públicas, dando início ao período de empobrecimento popular (mais impostos e abandono das infra-estruturas coletivas), que obrigava muitos camponeses a vender suas terras e às vezes seus filhos (origem da escravidão conjuntural e doméstica), reduzindo-se à condição de arrendatários. Assim, parte das terras camponesas era adquirida pelos altos funcionários públicos, pelos comerciantes e mesmo pelos camponeses ricos, localizando-se, em geral, nos arredores das cidades.[167] A desgraça que se abatia sobre os camponeses acabava se estendendo à natureza, com a aceleração dos desmatamentos, em decorrência do empobrecimento que os atingia e do conseqüente superpovoamento. Nestas fases finais das dinastias, os conflitos sociais se multiplicavam no campo, não tanto como rebeliões dos arrendatários frente a seus senhores, mas na maior parte dos casos em conseqüência dos impostos escorchantes, que colocavam em posições opostas camponeses e a administração pública, conforme a interpretação de Qin Hui,[168] que também lembrou o pioneirismo dos trotskistas chineses no referido tema, no início da década de 1930, com a obra *História das rebeliões camponesas na China.*

[167] MOORE Jr., B. *As origens sociais da ditadura e da democracia.* Lisboa, Ed Cosmos, 1983, p. 213.

[168] QIN, Hui. *A divisão do patrimônio da grande família, in* E. Sader: *Contragolpes.* São Paulo, Boitempo, 2006, p. 85.

Assim sendo, vale destacar que se desenvolveu na China imperial uma política de intervenção do Estado no domínio econômico nos inícios de cada longa dinastia, visando corrigir as distorções da fase final das dinastias decadentes, com: 1) intensificação dos laços imperiais unindo as diferentes províncias; 2) reestruturação do sistema de abastecimento de cereais, com os depósitos públicos, o fornecimento de sementes, etc.; 3) reforçamento dos monopólios estatais (sal, mineração, etc.) e sobretudo 4) distribuição mais igualitária das terras cultiváveis, o que garantia estabilidade econômica prolongada. Com tais características foi possível falar de políticas econômicas com fortes traços de socialismo de Estado, acompanhadas de estímulo às atividades econômicas privadas.[169]

Os pólos componentes do modo de produção asiático, isto é, a administração pública e as comunidades camponesas, se opunham e se completavam. Na dialética das relações de produção e forças produtivas, quando a administração estrangulava a agricultura nas fases finais das dinastias, ocorria sob pressão de baixo para cima uma ruptura, pois a dinastia cadente havia perdido o "mandato do céu", conforme as lições de Mêncio, dando lugar a uma dinastia regenerada.

Pelo que foi exposto, fica afastada a idéia de raiz eurocêntrica, referente à imutabilidade ou à inércia do modo de produção asiático, base estrutural do Império chinês. As forças produtivas, como já foi assinalado, se expandiram fortemente em vários períodos muito mais do que no Ocidente até o Renascimento pelo menos, não tendo sido impedidas pelas relações de produção asiáticas. Assim sendo, somente com a primeira revolução industrial, a Europa passou a ter densidades demográficas semelhantes às da Ásia de base agrícola, pois de longa data a rizicultura chinesa passou a colher de duas a três safras anuais.

---

[169] CIOLI, L. *Histoire économique, depuis l'antiquité jusqu'a nos jours.* Paris, Payot, 1938, p. 138.

Por outro lado, a idéia de Max Weber sobre o papel da ética protestante na gênese do capitalismo, inspirada em Marx, que não recebeu os devidos créditos, também tem uma dose de eurocentrismo, já que a ética do trabalho é antes de tudo intrínseca à pequena produção mercantil, seja germânica, latina, árabe, hindu, chinesa, etc. Como nas diversas civilizações, a divisão social do trabalho na China foi impulsionada pela pequena produção em expansão, que deu origem aos comércios e artesanatos urbanos, por sua vez desdobrados em incontáveis manufaturas, de diferentes produtos, *"reunindo, 10, 15, 20 e até 40 empregados, cujos donos assumiam ares importantes"*.[170] As manufaturas chinesas organizavam-se em corporações, que regulavam a produção, limitavam a concorrência, ditavam salários, horas de serviço e preços dos produtos. Tais práticas tinham como conseqüência retardar a introdução de invenções, como aconteceu com a manufatura capitalista, que foi um sistema de pouquíssimas inovações técnicas durante dois séculos (XVI e XVII), como assinalou P. Sweezy.[171] Aliás, uma das grandes surpresas da civilização chinesa foi sua grande fertilidade inventiva tanto nas práticas agrícolas dos camponeses como nos grandes inventos, mesmo com lentidão nas aplicações (bússola, imprensa, pólvora, etc.) e o papel secundário da ciência no seu mundo intelectual.[172]

Apesar das taxações, o comércio interprovincial se expandiu, bem como o comércio à grande distância (seda, chá, especiarias), por trajetos continentais e marítimos, e assim foi se gestando e crescendo uma classe importante de comerciantes, malvistos pelo povo, conforme o provérbio *"ladrões por atacado abriram um banco"*.[173] Os ricos comerciantes

---

[170] POLO, Marco. *Travels*. N. York, Ed. Manuel Komroff, 1926, p. 236.

[171] SWEEZY, P. K. *Marx e a revolução industrial*, in P. Sweezy: *Capitalismo moderno*. Rio de Janeiro, Graal, 1977.

[172] NEEDHAM, J. *Science and civilization in China*, vol. 1, Cambridge, 1945.

[173] DURANT, W. *História da civilização: nossa herança oriental*. São Paulo, Ed. Record, 1983, p. 317.

podiam adquirir terras camponesas na periferia das cidades, encaminhar seus filhos aos exames para a administração pública e ampliar seus negócios. Com os avanços do colonialismo estrangeiro sobre o Império Chinês no século XIX, milhares deles migraram para as cidades da Ásia do Sudeste, Hanói, Saigon, Cingapura, Manila, Jacarta, etc. onde passavam a assumir destacada posição comercial.

Entretanto, na sociedade chinesa tradicional os comerciantes ocupavam *status* inferior, pois conforme se dizia, eles não produziam, apenas trocavam, com lucro para si, o produto do trabalho dos outros homens. Na China imperial os sábios, os professores e os funcionários eram os mais prestigiados e os camponeses vinham em segundo lugar, uma consideração compatível com a lógica do modo de produção asiático. Os artistas e artesãos ocupavam o terceiro escalão e os comerciantes, o quarto.

Tornou-se clássica a observação de Marx sobre o papel da política na estruturação do escravismo greco-romano, assim como da religião católica como fator estruturante do feudalismo medieval e que apenas no capitalismo o elo de ligação interno do modo de produção passara a ser a economia. Pois no caso chinês é possível dizer que sua especificidade esteve e está na importância decisiva da filosofia, como o grande fator estruturante e civilizatório e isto desde milênios. Apesar das numerosas correntes filosóficas, as duas maiores escolas de pensamento, o taoísmo e o confucionismo datam do VI e V séculos a.C. e mantiveram vitalidade até os dias de hoje, numa continuidade inimaginável no Ocidente. Desde a dinastia Han o confucionismo se tornou hegemônico no trato das coisas públicas, responsável pela "política filosófica" praticada na China, como M. Vieira de Mello propunha para o Ocidente atual.[174] Mesmo eclipsado de tempos em tempos, o confucionismo se revigorava nos períodos de prosperidade como

---

[174] VIEIRA de Mello, M. *O cidadão, ensaio de política filosófica*. Rio de Janeiro, Topbooks, 1994, pp. 13-76.

nas dinastias Tang (618 a 907 d.C.), época de ouro das artes e literatura, e Song (906 a 1279 d.C.), quando se refinou o ideal do homem universal, que combinava qualidades de estudioso, poeta, artista e estadista.[175]

É importante lembrar que na China as filosofias taoísta e confuciana absorveram as religiões animistas primitivas e educaram os dirigentes e o povo a uma convivência interpessoal, social e com as populações vizinhas (os "bárbaros"), que fosse tolerante e evitasse atritos inúteis. Assim, a civilização chinesa se expandiu para a Coréia, o Japão, o Vietnã e outros territórios vizinhos não por meios militares, mas por relações comerciais e de alianças políticas frouxas (protetorados), sendo que as dinastias não-chinesas (mongol e manchu) foram as mais beligerantes, como nos casos do Tibet e do Sinkiang.

Os chineses, ao longo dos séculos, foram incorporando e não rejeitando suas idéias primitivas, como no caso dos doze animais que compõem seu zodíaco (rato, boi, tigre, lebre, dragão, etc.) ou na idéia básica de ligação do Céu e da Terra como duas metades da grande unidade cósmica, como homem e mulher, senhor e vassalo, yin e yang ou o importante culto aos antepassados, muito valorizado pelo confucionismo. Pela força do taoísmo, igualmente incorporaram o budismo, durante o período convulsivo que se seguiu à dinastia Han, mas sem aceitar a idéia de reencarnação de Buda, por ser excessivamente religiosa. As idéias filosóficas e religiosas nunca se repeliram umas às outras e em regra geral o chinês tornou-se ao mesmo tempo animista, taoísta, budista e confucionista.

É possível dizer que das grandes civilizações da humanidade, a chinesa é certamente a de menor vinculação com idéias religiosas, provavelmente a menos belicosa e talvez aquela que tenha bases filosóficas mais sólidas. Estas características

---

[175] BARRETO, C. e FERREIRA Fº, J. M. Org. *Cinco mil anos de civilização chinesa.* São Paulo, Brasil Connets, 2003, p. 153.

despertaram a atenção e a admiração de importantes pensadores do Iluminismo europeu, sobretudo filósofos, desde Leibniz, que promoveu a fundação de sociedades de estudos chineses em Berlim e Moscou, até Tolstoi, passando por Voltaire, Rousseau e Goethe, que se encantaram com a filosofia chinesa, o taoísmo ou o confucionismo, com ênfase na problemática ética e moral.[176,177] Ao mesmo tempo, provavelmente de maneira eurocêntrica, Montesquieu lamentava a falta de democracia na China.

3 O imperialismo, as humilhações e os "negócios da China"

Entretanto, na mesma época em que a China era admirada por inúmeros filósofos europeus, ela era crescentemente assediada pelo comércio e pelas missões religiosas européias. Tanto a China como o Japão, tomando o exemplo das ações européias na Índia, decretaram medidas proibindo a presença de europeus, até que a revolução industrial inglesa tornou inócuas as proibições, a partir do uso da força militar na China (1839-42) e no Japão (1853-54), visando "normalizar" o comércio. É verdade que naquele momento a dinastia manchu na China, assim como o xogunato Tokugawa no Japão, estavam em decadência, mas a precedência da invasão estrangeira na China alertou o Japão, onde a facção nacionalista dos senhores feudais conseguiu interromper o processo de colonização, com a vitória da Inovação Meiji (1868), que implantou um Estado capitalista, ponto de partida de relações econômico-sociais capitalistas, até então inexistentes.[178] Na China, para sua desgraça, o domínio estrangeiro durou um século e só foi encerrado com a vitória da revolução liderada por Mao Tsé-tung em 1949.

---

[176] GRANET, M. *La civilisation chinoise*. Paris, La Renaissance du Livre, 1929.

[177] GRANET, M. *O pensamento chinês*. Rio de Janeiro, Contraponto, 1997, cap. XI.

[178] OKABE, H. Algumas reflexões sobre a formação do capitalismo japonês, *Argumento* nº 3, Rio de Janeiro, Paz e Terra, 1974, pp. 51-63.

Neste século de domínio estrangeiro, o destino da China escapou de seu próprio controle e foi passando para as mãos dos ingleses no início e depois o esquartejamento territorial se ampliou para outras potências, com crescentes humilhações para os chineses. Ao longo do período, a ação estrangeira se manifestou de várias maneiras, mas sobretudo pela exploração econômica e pelo uso da força militar sempre que necessário. Logo no início, além da concessão de Hong Kong, outros portos foram abertos ao comércio exterior e os estrangeiros adquiriram o direito de extraterritorialidade, tornando a China cada vez mais uma semicolônia. A abertura comercial criou uma classe de comerciantes chineses de import-export, a chamada "burguesia compradora", até então inexistente, subordinada e aliada à indústria ocidental. Por intermédio deles, por exemplo, a Standard Oil (Grupo Rockefeller), introduziu na China rural e urbana milhões de lampiões, para escoar sua produção de querosene de iluminação, substituindo o artesanato e o combustível chineses. É verdade que a Fundação Rockefeller não se esqueceu de tomar iniciativas "beneméritas", como a abertura de escolas de medicina, hospitais, etc.[179]

Após as guerras do ópio (1839-42), além das concessões econômicas, a Inglaterra impôs pesadas indenizações, abrindo caminho, em seguida, à penetração norte-americana e francesa. Os conflitos e as indenizações mal haviam começado. A renda imperial chinesa no final do século XIX alcançava US$ 75 milhões por ano, somada às rendas de US$ 175 milhões para propósitos locais, ambas necessárias ao gasto público normal, enquanto a vitória militar do Japão (1895) custou à China US$ 150 milhões e a perda de Taiwan, assim como o consórcio de aliados imperialistas cobrou US$ 300 milhões, após o esmagamento da rebelião Boxer em 1901. Tudo isto dava uma idéia do colapso financeiro que foi sendo imposto à China.[180] Assim sendo, por mais que os reformistas confucianos da alta

---

[179] SPENCE, J. *Em busca da China moderna.* São Paulo, Cia. das Letras, 1996, p. 371.

[180] DURANT, W. *História da civilização: nossa herança oriental.* São Paulo, Ed. Record, 1983, cap. 27.

administração manchu se preocupassem com o chamado "autofortalecimento" da China, elaborando a idéia de que a sabedoria chinesa deveria continuar sendo a essência, mas o conhecimento ocidental deveria ser usado para o desenvolvimento prático (na fórmula abreviada *ti-yong*, isto é "essência" e "uso prático"), resultando em iniciativas econômicas (mineração, siderurgia, estradas-de-ferro) e modernização militar, os empréstimos estrangeiros necessários se chocavam com a inviabilidade financeira acima referida e o futuro da China dependia de rupturas mais radicais, propostas inicialmente por Sun Yat-sen e depois pelo PCCh, sobretudo por Mao Tsé-tung.

As rebeliões contrárias à dinastia manchu, do Lótus Branco nos fins do século XVIII e início do século XIX, dos taiping (1850-1864), dos nians (1851-1868) e dos boxers (1898-1901), foram adquirindo gradativamente uma postura nacionalista, mas tiveram participação camponesa dominante. Entretanto, e curiosamente, o maior líder nacionalista da China moderna, Sun Yat-sen, fundador da República, e o PCCh, nos seus inícios, não deram maior importância aos camponeses, com exceção de Mao Tsé-tung, que por isto mesmo acabou liderando a Revolução Chinesa e fundando a República Popular da China. Sun Yat-sen surgiu como político na época da II Internacional, enquanto o PCCh e Mao Tsé-tung surgiram, em grande parte, como frutos da III Internacional, proposta por Lenin e pela nascente URSS. A II Internacional não apostava nos países coloniais e sim na revolução nos países europeus, seguindo preguiçosamente a tradição de Marx e Engels, que, aliás, vislumbravam precocemente o potencial revolucionário da China. Lenin foi o primeiro a perceber a mudança do eixo da revolução para o lado das colônias e semicolônias e que teria duas faces, uma antiimperialista e outra antifeudal.[181]

---

[181] LENIN, W. *O imperialismo: fase superior do capitalismo.* Rio de Janeiro, Ed. Vitória, 1947.

Sun Yat-sen (1866-1925) fez parte da grande leva de filhos de camponeses do extremo-sul da China, que na segunda metade do século XIX emigraram, como seus parentes que participavam da corrida do ouro na Califórnia e seu irmão mais velho que se estabeleceu no Havaí, para onde o atraiu adolescente. Lá foi educado em escola anglicana e se converteu ao cristianismo, às idéias democráticas e republicanas ocidentais. Em Hong Kong formou-se no British Medical College, mas teve seu exercício profissional em medicina limitado pelos ingleses, na tradicional prática de inferiorizações. Após a humilhante derrota chinesa frente ao Japão (1894-95), passou a se dedicar à sua incansável campanha política de derrubada da dinastia manchu e de democracia ocidental, e assim foi ganhando prestígio. Entretanto, à maneira chinesa, procurou organizar sociedades secretas e levantar dinheiro junto à burguesia pequena ou grande, no continente e no além-mar, como Charlie Soong, convertido ao cristianismo como ele e de quem se tornou genro.[182]

O movimento de Sun Yat-sen, nitidamente nacionalista e progressista, nas condições vigentes na China nos inícios do século XX se transformou na grande esperança da pequena e da grande burguesia chinesas, que constituíam suas alas esquerda e direita, respectivamente. Mas a realidade chinesa era mais complicada e por isto após a queda da dinastia manchu, Sun não teve forças suficientes para assumir o poder, que ficou nas mãos dos chefes militares ligados à antiga dinastia, num processo de fragmentação regional que se repetiu mais uma vez na história da China.

Assim sendo, a situação na China tornou-se ainda mais grave, pois ao lado da questão camponesa, que não parava de se agravar, o domínio imperialista aumentava mais e mais e os dois problemas se intensificavam pela ruína crescente da administração pública, agora exercida pelos chefes militares regionais. Repetiram-se, em proporções muito maiores, os períodos críticos e de desagregação que a China havia vivido

---

[182] SPENCE, J. *Em busca da China moderna*. São Paulo, Cia. das Letras, 1996, p. 232.

ao longo da sua história milenar: dos Reinos Combatentes (471-221 a.C.), da Desunião (220 a.C.-589 d.C), das Cinco Dinastias (907-960 d.C.), etc. que haviam sido superados por sangrentas lutas unificadoras e regeneradoras, como nas dinastias Qin (221-207 a.C.), acima referida, Sui (581-617 d.C.) e outras.[183]

A decadência da dinastia manchu, como havia acontecido com a dinastia Zhou dois mil anos antes, abriu um período altamente perigoso para toda a sociedade chinesa, mas altamente estimulante para sua intelectualidade. Traduções e debates de obras científicas, filosóficas e literárias ocidentais se multiplicaram, assim como visitas de intelectuais como Bertrand Russel, Albert Einstein, R. Tagore e muitos outros. A eclosão da primeira guerra mundial acelerou o processo de transformações intelectuais e políticas, que já estava em curso na China e desembocou no primeiro impulso da revolução chinesa, que se manifestou na aliança Kuomintang-PCCh (1923-27), sob os auspícios da Internacional Comunista. Mais tarde a invasão japonesa à China provocou novo impulso revolucionário e levou à segunda aliança Kuomintang-PCCh (1937-45), desta vez sob decisão política de Mao Tsé-tung. Em resumo, a I Guerra Mundial e a invasão japonesa à China foram dois divisores de água e dois acontecimentos fundamentais ao recrudescimento do processo revolucionário chinês. Entre os dois acontecimentos o marxismo foi introduzido na China, o PCCh teve sua gênese, logo depois se tornou maduro e independente, e assim passou a dirigir os destinos da nação.[184]

4 O marxismo ajuda a China a reencontrar o seu caminho

A conjuntura da I Guerra Mundial foi importantíssima na história chinesa, com 1) o avanço da sua industrialização e

---

[183] BARRETO, C. e FERREIRA Fº, J. M. Org. *Cinco mil anos de civilização chinesa.* São Paulo, Brasil Connets, 2003.

[184] MAO Tsé-tung. *Obras escolhidas*, vol. 3, São Paulo, Ed. Expressão Popular, 1979, pp. 315-429.

depois sua perda de velocidade; 2) a contribuição chinesa à guerra na Europa, fornecendo 100 mil coolies aos campos de batalha na França; 3) a traição do Tratado de Versalhes, entregando território chinês ao Japão, em conluio com autoridades chinesas corrompidas e 4) a vitória da revolução soviética na Rússia e sua enorme repercussão mundial, sobretudo na Ásia.

Como na Índia e em outros países da periferia capitalista, a indústria moderna nasceu na China nas últimas décadas do século XIX, sob estímulos do período depressivo do ciclo longo da acumulação européia, tendo tido um grande impulso durante a I Guerra Mundial, aumentando o número de estabelecimentos, de operários e da produção. Semelhante à Rússia de fins do século XIX, desde o início os financiamentos eram em maioria estrangeiros, sob forma de empréstimos ou de investimentos diretos, criando-se uma aliança entre os capitais financeiros europeus, norte-americanos e japoneses (europeus no caso da Rússia) e as empresas chinesas, governamentais ou privadas.

Uma das iniciativas da política de autofortalecimento chinês dirigida pela dinastia manchu, no final do século XIX, a siderurgia Wuhan, incluindo mineração de ferro e carvão, empregava 23 mil trabalhadores no final da I Guerra Mundial. No conjunto da China, a extração de 5,7 milhões de toneladas de carvão em 1913 saltou para 12,8 milhões em 1919, assim como a extração de 460 mil toneladas de minério de ferro em 1913 passou para 1,35 milhão em 1919. A participação estrangeira em minas de carvão que havia sido de 90% em 1914, caiu em 1922, mas ainda era de 78%. Quanto às linhas ferroviárias, entre 1912 e 1920 mais 1.600 km construídos elevaram o total para 11 mil km, acréscimo de quase 20%, controladas ou financiadas ou capitais estrangeiros. Por outro lado, nas grandes cidades expandiu-se a indústria leve e no caso de Xangai os estabelecimentos têxteis de algodão empregavam 100 mil operários, em maioria mão-de-obra feminina, 60% em empresas chinesas e 40% em empresas japonesas e inglesas. Enquanto em 1913 havia cerca de 700 fábricas de chineses usando energia mecânica, empregando cerca de 270 mil operários, em 1920 já havia mais de 500 mil trabalhadores empregados em 1.700 fábricas.[185]

Entretanto, o dinamismo industrial manifestado pela China não teve seqüência nos anos 20, como discutiremos depois, mas enquanto durou teve grande efeito na mobilização dos trabalhadores urbanos. Quando se revelaram os termos da traição que a China sofreu na conferência de Versalhes em 1919, com a perda da província de Shandong para o Japão, os estudantes de Pequim saíram em manifestações, no chamado Movimento Quatro de Maio, com repercussões em todo o país. Em Xangai, por exemplo, 60 mil trabalhadores paralisaram o trabalho. O movimento sindical chinês teve forte impulso e as greves se multiplicaram. Assim, a ala esquerda do Kuomintang, antes que o PCCh se fortalecesse, liderou no início de 1922 quase 30 mil marinheiros e estivadores em Cantão e Hong Kong, que receberam a adesão de outros trabalhadores, totalizando 120 mil grevistas.[186]

A revolução soviética foi o principal catalisador das mudanças políticas acima apontadas, tanto para o nascimento do PCCh, como para a impulsão do Kuomintang, que funcionava, até então, em ritmo lento. Sun Yat-sen, que havia sido obrigado a se exilar no Japão (1913-1916), voltara à China e o jornal de seu partido em Xangai havia sido o primeiro a saudar a vitória bolchevique, em janeiro de 1918. Ele próprio, logo depois, enviou a Lenin mensagem de congratulações, passando a assumir novo ânimo político. Pensando em criar uma força militar para recuperar o poder que lhe havia sido usurpado pelos militares e diante da recusa de apoio da

---

[185] SPENCE, J. *Em busca da China moderna*. São Paulo, Cia. das Letras, 1996, pp. 293 e 318.

[186] SPENCE, J. *Em busca da China moderna*. São Paulo, Cia. das Letras, 1996, p. 325.

Alemanha, se voltou para a Rússia revolucionária, que passou a agir em dois sentidos: estimular o nascimento do PCCh e apoiar as pretensões do Kuomintang.

Mas, na verdade, a Rússia soviética pela via diplomática e por intermédio da IC, consciente ou inconscientemente, favoreceu muito mais o Kuomintang do que o nascente PCCh, tendo sido responsável por grande parte do desastre de Xangai de 1927, quando Chiang Kai-shek assumiu de maneira sanguinária a liderança da contra-revolução, dando início ao "terror branco" ininterrupto nas cidades chinesas, com milhares de vítimas durante muitos anos. Diante da enorme destruição sofrida, como explicar a ressurreição do Partido comunista, ainda pouco experiente, e sua transformação no "Moderno príncipe", de que nos falou A. Gramsci?[187]

Uma das razões da subestimação do nascente PCCh pela IC soviética decorreu das dimensões muito modestas nos seus primeiros anos. Mas também do desconhecimento da realidade chinesa e certamente de sua arrogância política, impondo caminhos sem conhecê-los, decorrente da vitória revolucionária na Rússia, incluindo a defesa de seus interesses (fronteira no Oriente), acima da tarefa de fomentar a revolução mundial. Aliás, para a IC, o destino da Alemanha e da Europa naqueles anos era mais importante do que o destino da China e da Ásia.

As idéias européias chegaram com muito atraso à China e além disto o marxismo foi antecedido pelo darwinismo social de J. Spencer, que lhe é posterior. Diante da derrota frente ao Japão (1895), que provocou forte impacto entre os chineses, as idéias do darwinismo social introduzidas no ano seguinte, foram adaptadas na China a uma visão nacionalista, de crítica aos manchus e as potências estrangeiras: "uma nação com espírito sobreviverá, mas sem espírito desaparecerá". Sun Yatsen, que não simpatizava com a idéia de "sobrevivência do mais apto", reconheceu com tristeza, após o fracasso das

---

[187] GRAMSCI, A. *Maquiavel, a política e o Estado moderno.* Rio de Janeiro, Civilização Brasileira, 1989, cap. I.

tentativas de democracia (1913), a existência de um mundo dominado pelas lutas de sobrevivência, envolvendo governos, empresas, etc. Yan Fu (1854-1921), intelectual chinês que havia estudado na Inglaterra e introduzido o debate sobre darwinismo social foi enfático na sua decepção com a Europa da I Guerra Mundial: "300 anos de progresso evolucionista acabaram em nada mais que quatro palavras: egoísmo, carnificina, cinismo e corrupção".[188] Estas palavras refletiam o raciocínio de muitos intelectuais chineses e assim sendo a revolução soviética abriu caminho para o rápido avanço das idéias marxistas e de revolução socialista.

A idéia de que "uma nação com espírito sobreviverá, mas sem espírito desaparecerá" desafiou os intelectuais chineses desde pelo menos os reformadores confucianos do final do século XIX, que propunham a fórmula ti-yong (essência e uso prático); passando por Sun Yat-sen e seus "Três princípios do povo" (nacionalismo, democracia e socialismo), colocados de maneira utópica, e em seguida as propostas do nascente PCCh, após a vitória da revolução soviética. Em pouco tempo, o marxismo na China acabou sendo o herdeiro legítimo do pensamento clássico chinês (taoísmo e confucionismo) e da tradição camponesa de antigas e vigorosas rebeliões, que, aliás, se manifestaram tão visivelmente no século XIX e que no século XX levaram o PCCh ao poder.

Analisando o enorme sucesso do marxismo na China e na Ásia sob sua influência cultural, e comparando com outros lugares do mundo, é possível dizer que diferentes culturas, independentes das classes sociais, estiveram mais abertas ou menos abertas às idéias marxistas. O marxismo nascido na Europa ocidental protestante, cultura de raízes éticas, teve aí um ápice, mas logo depois declinou em vista da "morte de Deus" e da ascensão do "deus dinheiro".[189] Já nos fins do século XIX foi a

---

[188] PUSEY, J. *China and Charles Darwin*, Cambridge, Harvard Univ. Press, 1983.

[189] VIEIRA de Mello, M. *Nietzsche, o Sócrates dos nossos tempos*. São Paulo, Edusp, 1993.

cultura russa que demonstrou grande receptividade às idéias de Nietzsche e principalmente às idéias marxistas, em ambos os casos graças às raízes platônicas, fortemente éticas, de sua cultura, enquanto a Europa ocidental absorveu as idéias aristotélicas, instrumentais e voltadas ao pensamento científico.[190] De maneira simplificada é possível dizer que as grandes religiões do século XX com viés fundamentalista, como a protestante e a muçulmana, ficaram distantes do marxismo, com desconfiança ou mesmo hostilidade, menos visível no catolicismo, como demonstrou a teologia da libertação.

Além da franca aproximação entre cultura russa e marxismo, este ganhou os corações e as cabeças de milhões de chineses, coreanos, vietnamitas certamente por razões políticas conhecidas, mas também porque o pensamento clássico chinês é antes de mais nada a negação da metafísica ou da teologia, fortes nas culturas judaico-cristãs. A sabedoria chinesa é totalmente humana, não deve nada à idéia de Deus e não acredita que o espírito se distinga da matéria. Sua visão do mundo e do homem tem características materialistas e dialéticas, além de profunda preocupação ética. A idéia de ordem exclui a idéia de lei ou de dogma. O espírito associativo e o individualismo são qualidades camponesas e sua lógica não é uma lógica rígida de subordinação, mas uma lógica flexível de hierarquia, quando todo chefe deve ser um santo (taoísmo) ou um sábio (confucionismo), como enfatizou M. Granet.[191] Aliás, mesmo Marx havia observado que, se as leis da economia e o progresso material estavam do lado do Ocidente, a moral e a civilização estariam sobretudo do lado dos chineses.[192]

Os intelectuais chineses da ala esquerda do Kuomintang e os do nascente PCCh perceberam que o imperialismo representava um dos problemas centrais, mas foi o marxismo

---

[190] BERDIAEFF, N. *Esprit e realité*. Paris, Ed. Aubier-Montaigne, 1992.
[191] GRANET, M. *O pensamento chinês*. Rio de Janeiro, Contraponto, 1997, cap. XI.
[192] SOFRI, G. *O problema da revolução socialista nos países atrasados*, in E. Hobsbawm: *História do marxismo*, vol. 8, R. Janeiro, Paz e Terra, 1987, p. 331.

imbuído do pensamento chinês (taoísmo e confucionismo), que enfatizou a questão camponesa como principal, como defendeu Mao Tsé-tung em oposição ao marxismo importado da Rússia. A sociedade chinesa nos inícios do século XX ainda era fortemente estruturada pelo modo de produção asiático e assim somente em 1905 foram abolidos os exames para carreira pública, de raiz confuciana e que tiveram dois mil anos de duração. O principal é que a estrutura agrária dominante era de pequena propriedade camponesa e ainda antes da vitória da revolução maoísta, P. Gourou assinalou que a superfície total cultivada atingia 8 milhões de hectares e o número de explorações rurais estava avaliado em mais de 50 milhões e assim a superfície média de uma exploração era de 1,5 hectare. Na China do norte 12% das terras cultivadas eram arrendadas, enquanto elas atingiam 40% na China do centro e do sul, situação agravada pela existência de muitos camponeses endividados.[193] Cifras semelhantes foram emitidas por pesquisadores norte-americanos, conforme B. Moore Jr.[194] Isto quer dizer que uma maioria expressiva da população rural chinesa era composta de pequenos proprietários rurais, que constituíam o cerne das comunidades aldeãs e estavam sujeitos ao pagamento de impostos cobrados pela administração pública e não aos arrendamentos escorchantes cobrados pelos senhores rurais.

Foi a enorme sobrevida e vitalidade do pequeno e médio proprietário camponês que permitiu ao PCCh assumir a direção da luta camponesa e mobilizar milhões deles com ou sem terras. O marxismo absorveu, a duras penas, a lição muito conhecida de que no milenar modo de produção asiático foram os camponeses que freqüentemente derrubaram as dinastias decadentes e as substituíram por novas e dinâmicas. Entretanto,

---

[193] GOUROU, P. *La terre et l'homme em Extrême-Oriente*. Paris, A. Colin, 1947, p. 112.

[194] MOORE Jr., B. *As origens sociais da ditadura e da democracia*. Lisboa, Ed Cosmos, 1983, p. 172.

até o século XVIII a China estava isolada do mundo, enquanto a partir do século XIX ela passou a estar inserida, mas de maneira subalterna. A vitalidade camponesa poderia mais uma vez dar uma contribuição crucial para superar esta realidade mais complexa. Assim, nos anos 20 do século XX, quando o PCCh iniciou a formação de seus quadros dirigentes, ficou evidente que muitos deles eram filhos de camponeses médios e ricos que haviam tido chance de estudar, como Li Dazhao, Mao Tsé-tung, Liu Shaoqi, Chu Tê, Lin Piao, entre outros. Também eram numerosos os filhos de administradores públicos ou profissionais liberais, como Chen Duxiu, Chu Enlai e Deng Xiaoping, e poucos eram operários, como Chen Yun, tipógrafo em Xangai, apesar da prioridade de recrutamento da IC. Dentro desta estrutura tipicamente asiática, é curioso constatar que um dos grandes dirigentes, o general Xu Shiyou (1906-1985), foi monge budista treinado em artes marciais.[195,196]

Os dois principais fundadores do PCCh, Chen Duxiu e Li Dazhao, foram respeitados intelectuais da Universidade de Pequim, com grande destaque na liderança do Movimento Quatro de Maio (1919), que eletrizou professores, estudantes, operários e populares em toda China, durante três meses contínuos de manifestações. Como Yang Changji, que teve grande influência sobre Mao Tsétung nas aulas de filosofia na Escola Normal de Changsha, antes de se transferir para Pequim, eles estudaram vários anos no exterior. Faziam parte de um grupo de intelectuais radicalizados nos anos da I Guerra Mundial e cujo núcleo principal se organizou ao redor da revista Juventude Nova, de grande prestígio, fundada em 1915 por Chen Duxiu em Xangai.

Chen Duxiu (1879-1942) estudou vários anos no Japão, lecionou na Universidade de Pequim de 1917-1919, retornando a Xangai depois de cumprir três meses de prisão,

---

[195] SPENCE, J. *Em busca da China moderna*. São Paulo, Cia. das Letras, 1996, glossário.

[196] LI, Zhisui. *A vida privada do camarada Mao*. Rio de Janeiro, Civilização Brasileira, 1997, perfis biográficos.

continuando a editar Juventude Nova. Apontava como principal defeito do confucionismo o cerceamento da independência individual, que estaria no centro da vida moderna, mas ao mesmo tempo exigia um caráter individual ético no exercício da política. Ainda em 1920, quando foi contatado pela IC, suas idéias oscilavam entre vários socialismos utópicos japoneses, cristão-coreanos, chineses e ocidentais, mas graças ao seu prestígio no movimento 4 de maio foi indicado secretário do comitê central provisório do PCCh. Enquanto Chen Duxiu era filho de rica família de funcionários provinciais, Li Dazhao (1889-1927) dez anos mais moço, era filho de camponeses e vendeu sua propriedade para poder estudar. De 1913 a 1916 estudou economia política no Japão, ingressando em 1917 na Universidade de Pequim como bibliotecário, desenvolvendo precocemente idéias marxistas "nativas", em oposição às idéias marxistas "estrangeiras" defendidas posteriormente por Chen Duxiu, conforme fórmula chinesa corrente.[197] O acesso de Chen Duxiu ao marxismo e ao bolchevismo se deu em 1920, quando tinha quarenta anos, tendo antes valorizado as idéias de liberdade e ciência importadas do Ocidente, mas sem nunca ter se iludido com Sun Yat-sen. Mais brilhante intelectualmente foi Li Dazhao, que realizou as primeiras e ricas interpretações marxistas sobre a China e a conjuntura mundial.

Em meados de 1918 Li Dazhao saudou a revolução soviética como promessa de uma nova civilização, fazendo a mediação entre Oriente e Ocidente, influenciada pela posição geográfica e tradição cultural. Ele achava que os chineses deveriam "saudar a nova Rússia e adaptar-se à nova onda do mundo". Além disto, em ciclos de ascensão e decadência, Inglaterra e França estavam perdendo fôlego e a Alemanha já havia alcançado seu auge, mas a Rússia, exatamente por causa de sua comparativa lentidão da evolução civilizatória, ainda

---

[197] BERNAL, N. *Mao e revolução chinesa*, in E. Hobsbawm: *História do marxismo*, vol. 8, Rio de Janeiro, Paz e Terra, 1987, p. 382.

tinha energia extra para o desenvolvimento". A China não poderia dar salto semelhante? Ainda naquele ano, Li Dazhao começou a organizar discussões informais na Sociedade de estudos marxistas, que debatia *O Capital* de K. Marx e reunia no início uma dezena de alunos e professores, incluindo Mao Tsé-tung, auxiliar de bibliotecário, Qu Qiubai e Zhang Guatao, que tinham em torno de vinte anos de idade e depois se tornaram importantes líderes do PCCh. É curioso lembrar que, à maneira eurocêntrica, M. Bernal subestimando os chineses, apontou Voitinsky, enviado da IC em 1920, como co-fundador da referida sociedade, que já existia desde 1918.[198]

Em maio de 1919, a revista Juventude Nova publicou número especial sobre o marxismo, organizado por Li Dazhao com vários intelectuais chineses discutindo conceitos e alguns criticando a metodologia de Marx. "Minhas concepções marxistas", dele próprio, discutiu o problema da exploração capitalista e a análise do conceito de luta de classes. Sobre o problema do papel que Marx atribuía ao proletariado e ao PC como uma vanguarda, vistos sob o ângulo da realidade chinesa, Li Dazhao desenvolveu o conceito de "nação proletária", sendo a China explorada pelo imperialismo mais intensamente do que a opressão capitalista dos trabalhadores dos países centrais: "o país inteiro foi gradualmente transformado numa parcela do proletariado mundial". Nacionalista apaixonado, seu conceito de "nações proletárias" conseguiu colocar a luta de classes interna em segundo plano, em favor da luta nacional contra os imperialistas, como assinalou M. Bernal.[199]

Li Dazhao uniu sua rica visão internacional e da China como "nação proletária", à visão da China camponesa, denunciando a opressão dos senhores rurais e das novas forças comerciais sobre o campo. "Nossa China é uma nação rural e a maioria da classe trabalhadora é composta de camponeses. Se

---

[198] SPENCE, J. *Em busca da China moderna*. São Paulo, Cia. das Letras, 1996, glossário.

[199] BERNAL, N. *Mao e revolução chinesa*, in E. Hobsbawm: *História do marxismo*, vol.8, Rio de Janeiro, Paz e Terra, 1987, p. 382.

eles não forem libertados, toda a nossa nação também não será libertada." Por isto incentivava os estudantes a irem às zonas rurais e examinar as condições de vida, e insistia na necessidade dos intelectuais se tornarem mais dignos através do trabalho ao lado dos camponeses, escapando dos poderes corruptores da vida urbana e examinando as formas em que os interesses distantes dominavam e exploravam as aldeias. Entretanto, não se tratava apenas de aplicação à China da experiência dos populistas russos do final do século XIX e começo do século XX, como assinalaram vários analistas (M. Meismer, M. Bernal e J. Spence), mas de assimilação das idéias taoístas sobre as virtudes camponesas e a importância do uso da vontade. No início de 1920 os estudantes da Universidade de Pequim, que haviam criado um "corpo de educação de massas", estagiaram em aldeias próximas e logo depois a prática se estendeu a Xangai, Cantão e outras cidades. Assim, Mao Tsé-tung e outros jovens tiraram grandes vantagens dessas experiências, que serviram para formar muitos quadros do PCCh.[200]

Os traços psicológicos chineses ligados ao conhecimento, ao sentimento e a vontade ajudariam a incorporar o marxismo, segundo Li Dazhao, como crítica verdadeira à ordem existente, como emoção que buscava uma nova ordem e vontade mobilizadora dos esforços necessários à transformação. Incutiu nos jovens estudantes o exemplo da seriedade intelectual, adotando uma postura criativa em relação ao marxismo, não aceitando uma subordinação mecânica da superestrutura social à base econômica e procurando aplicá-lo sem dogmas à realidade chinesa, como assinalamos anteriormente.[201]

Entretanto, a Internacional Comunista não soube explorar plenamente o potencial indiscutível de liderança política de Chen Duxiu e da brilhante liderança intelectual de

---

[200] MEISMER, M. *Li Tachao and the origins of chinese marxism.* Cambridge, Harvard Univ. Press, 1967, p. 80.

[201] MEISMER, M. *Li Tachao and the origins of chinese marxism.* Cambridge, Harvard Univ. Press, 1967, p. 152.

Li Dazhao e provavelmente explorou negativamente a separação destes dois tipos de liderança em indivíduos distintos, além da inexperiência político-partidária dos chineses diante da superioridade da experiência russa. Mas a gravidade da situação da China, as trágicas derrotas da revolução em 1927 e a grande experiência acumulada pelo jovem PCCh contribuíram para a junção em um único líder, Mao Tsé-tung, num processo que durou vários anos (1927-1935), das qualidades de liderança política de Chen Duxiu, obliterados pela IC, e das qualidades teóricas de Li Dazhao, igualmente desperdiçadas.

O PCCh foi dirigido pela IC com rédeas curtas desde 1921 até 1930 e mais frouxas de 1930 a 1935. Somente a partir de 1935 o PCCh alcançou sua autonomia, mantida assim mesmo com muita vigilância. Os primeiros enviados da IC, G. Voitinsky (1920) e o holandês Maring-Sneevliet (1921-23) transmitiram diretrizes organizativas do tipo bolchevique, o que se revelou correto, não só no início, como ao longo do tempo, pois grande parte da vida política e social chinesa se fazia em sociedades secretas, tendo em vista o policiamento severo. Logo depois, mesmo o Kuomintang aceitou estas instruções organizativas, passadas por Borodin (1923-1928), o principal enviado da IC. No Congresso de fundação do PCCh (1921), reunindo 13 representantes de 53 filiados, com a presença de Mao Tsé-tung, mas sem as presenças de Chen Duxiu e Li Dazhao, Maring-Sneevliet despertou naturais antipatias entre os chineses. Propôs medidas urgentes de organização dos operários, enquanto os camponeses ficariam para mais tarde, e a aliança com o Kuomintang já altamente experiente na política chinesa, visando uma revolução democrático-burguesa, como a de 1905 na Rússia. Paralelamente, na França bolsistas trabalho-escola organizaram um núcleo do PCCh sob a liderança de Chu Enlai, Li Lisan e Deng Xiaoping, e na mesma época a IC levava grupos de estudantes chineses como Qu Qiubai e Liu Shaoqi, para estudos e treinamento político em Moscou, onde estava em gestação a Universidade Sun Yat-sen, incluindo também estudantes da Mongólia, Coréia, Japão, Indonésia e Índia, que ouviram preleções de G. Zinoniev.[202]

Na política de alianças, a IC patrocinou o estágio militar a Chiang Kai-shek na Rússia e ele passou a dirigir a recém-montada academia militar de Whampoa, nas proximidades de Cantão, base política de Sun Yat-sen, onde o general soviético V. Blyukher foi eficiente instrutor e Chu Enlai foi comissário político. Esta academia, salvo alguns cadetes que se tornaram membros do PCCh, como Lin Piao, foi o berço do poder anticomunista no Kuomintang, até porque se exigia diploma de curso secundário para admissão, inacessível aos estudantes pobres. Paralelamente, Sun Yat-sen não queria perder aliados poderosos e assim não aceitou propostas de Borodin, que tinha experiência em missões da IC na Europa, México e EUA, de apoiar um programa claro de salário mínimo maior e jornada de oito horas de trabalho para os operários e de confisco de terras dos senhores rurais que apoiavam chefes militares inimigos no sul da China, que o Kuomintang procurava controlar naquela época. Assim, o tom principal da aliança foi dado pela moderação dos nacionalistas, como Sun Yat-sen explicitou a Borodin. Mas a situação política se agravou nos anos 1925-27 com a expedição militar de Cantão para o norte (Wuhan e Xangai), liderada por Chiang Kai-shek e com as mobilizações operárias e camponesas lideradas pelo PCCh. As tensões entre os aliados foram aumentando e de um lado o Kuomintang tinha força militar e não tinha força popular e de outro o PCCh tinha força popular, mas não tinha armas. Paralelamente, com a morte de Sun Yat-sen a ala direita do partido, que detinha o poder militar, tratou de garantir o controle político, intimidando os líderes de esquerda, antigos amigos do líder morto, como Liao Zhangkai, que foi assassinado e o Weng Jingwei, neutralizado em Wuhan com o golpe contra-revolucionário de Chiang Kai-shek em Xangai, além da retirada

---

[202] SPENCE, J. *Em busca da China moderna*. São Paulo, Cia. das Letras, 1996, p. 318.

do apoio político e financeiro pelos poderosos locais. A nova aliança entre o Kuomintang e os chefes militares regionais substituiu a aliança com o PCCh, com milhares de vítimas, inclusive Li Dazhao em Pequim.

A política de aliança com o Kuomintang foi colocada desde o início pela IC ao nascente PCCh. Como a maioria dos seus membros, Li Dazhao viu com simpatia uma aliança condicional e informal, considerando o pequeno tamanho do partido, enquanto Cheng Duxiu tinha mais reservas, por dificultar a identidade e a ação dos comunistas. Entretanto, a IC foi impondo a aliança incondicional e a adesão individual dos comunistas ao Kuomintang, "o dono da casa", como Mao Tsé-tung caracterizou após a derrota de 1927, aceitando sua disciplina e suas decisões. Mas as ações repressivas de Chiang Kai-shek aos movimentos populares ainda em Cantão, antes mesmo da expedição militar ao norte, sinalizavam os perigos que o PCCh corria. Assim, Cheng Duxiu, prevendo conflito aberto entre os aliados encaminhou em várias ocasiões pedidos de afastamento do PCCh, rejeitados seguidamente como perigosas heresias ultra-esquerdistas por N. Bukharin, que junto com Stálin admitiu em 1926 o Kuomintang como partido associado e Chiang Kai-shek como membro honorário da IC.[203] É curioso lembrar que a mesma postura medrosa da IC na China se repetiu mais tarde nos acordos URSS-Alemanha (1939), com concessões desnecessárias e de resultados trágicos no início da II Guerra Mundial.[204]

Entretanto, para poder entender melhor a China dos anos 20 é preciso estabelecer a relação entre conjunturas políticas e conjunturas econômicas. É evidente a coincidência entre fase econômica expansiva nos anos da I Guerra Mundial e a ascensão das lutas políticas, mas normalmente não se

---

[203] DEUTSCHER, I. *Trotski, o profeta desarmado*. Rio de Janeiro, Civilização Brasileira, 1968a., p. 336-355.

[204] VOLKOGONOV, D. *Stalin, triunfo e tragédia*. Rio de Janeiro, Nova Fronteira, 2004, caps. 34 e 35.

considera que a ascensão política que continuou até 1927 correspondeu também com o período econômico depressivo de 1920 para frente, quando começou a fase de baixa do ciclo longo mundial, com sérios prejuízos às colônias e semicolônias. Mesmo um observador cuidadoso como J. Spence[205] não percebeu esta mudança importante. Ora, a nova conjuntura econômica pós-1920 teve enorme papel na vida chinesa, somada à derrota política de 1927 e à intensificação da dominação imperialista.

Assim, no setor metalúrgico, por exemplo, o complexo siderúrgico de Wuhan, já referido anteriormente, que havia crescido durante a guerra mundial, fechou suas portas em 1922 em decorrência do aumento das importações de produtos metalúrgicos após a guerra. A produção de minério de ferro, que havia alcançado 1,35 milhão de toneladas em 1919, decresceu para 1,181 milhão em 1927 e a de ferro-gusa, que alcançou 237 mil toneladas, atingiu apenas 258 mil nas mesmas datas. Apenas a extração de carvão teve grande impulso, substituindo o consumo de lenha, em declínio pelo crescente desmatamento. A principal causa foi o comércio exterior chinês, que era deficitário antes da guerra, se equilibrou de 1915 a 1919 pela queda das importações, e voltou a ser altamente deficitário após 1920, com a China importando em primeiro lugar tecidos de algodão, além de outras mercadorias que poderia produzir internamente, como açúcar, arroz e trigo, querosene, etc. Não era somente a industrialização que destruía os artesanatos rurais e as corporações de ofício, mas também e principalmente as importações, que cresceram mais de 150% de 1912 a 1928, muito mais rapidamente do que a produção interna em estagnação. E o eixo da dominação estrangeira se deslocava, pois no século XIX a Inglaterra comandava o comércio exterior chinês, mas em fins dos anos 20 fornecia apenas 14% das importações, contra 17% dos EUA,

---

[205] SPENCE, J. *Em busca da China moderna*. São Paulo, Cia. das Letras, 1996, p. 318-326.

enquanto o Japão alcançava 27% e sua quota não parava de crescer.[206,207] Em rápida comparação entre China e Brasil na mesma época, é possível dizer que no caso brasileiro o processo de importações maciças dos anos 20 foi interrompido não só pela crise mundial de 1929-30, mas principalmente pela Revolução de 1930, para a qual contribuíram as pressões sociais de baixo para cima, como a gloriosa Coluna Prestes, permitindo acelerada recuperação da produção interna e criação de empregos urbanos, atenuando a crise agrária. Na China a situação continuou a se agravar, exigindo o prolongamento da revolução camponesa, incluindo a Longa Marcha de 1934-35.

Na China dos anos 20 a depressão econômica multiplicou a derrota política, pois ao invés das centenas de milhares de trabalhadores urbanos sindicalizados, sob influência do PCCh até 1927, Chu Enlai computou 32 mil em 1928 e apenas 10% dos militantes comunistas eram operários, em queda para 3% em 1929. Chen Duxiu, que havia caído em desgraça, apontou nos anos 30, após anos de prisão sob o Kuomintang, a nova realidade esmagadora: os japoneses haviam desorganizado a indústria chinesa e assim a revolução nas cidades estava fora de questão e só tinha viabilidade com os camponeses, ao contrário do que ele achava anteriormente.[208]

Estava evidente que a derrota em Xangai, que teve Cheng Duxiu como bode expiatório e a derrota da tentativa ultra-esquerdista em Cantão, quando o bode expiatório foi Qu Qiubai, encerraram a primeira onda revolucionária. Em conseqüência a IC começou a levar mais a sério uma política camponesa para a China. Ainda assim, tanto Stálin como Trotski, cada um a sua maneira, continuaram a interpretar a revolução chinesa como urbana e proletária e não camponesa, imitando a experiência russa e os cânones marxistas e leninistas,

---

[206] SPENCE, J. *Em busca da China moderna*. São Paulo, Cia. das Letras, 1996.

[207] GOWEN, H. e HALL, J. *Outline history of China*. N. York, 1927, p. 65.

[208] DEUTSCHER, I. *Trotski, o profeta banido*. Rio de Janeiro, Civilização Brasileira, 1968b, p. 436.

pretendendo saber sobre a China mais do que os chineses. A IC insistiu na prioridade de insurreições operárias, nomeando secretário-geral Li Lisan, que com Chu Enlai havia sido organizador dos levantes populares em Xangai, depois desarmados por ordem da IC, após a chegada das tropas de Chiang Kai-shek. Entretanto, esta não era a opinião de Mao Tsé-tung, mais próximo da visão de Li Dazhao do que da visão de Cheng Duxiu, e que ainda em 1927 mobilizou dois mil camponeses, desempregados e soldados na sua província natal e seguiu para as montanhas, dando origem a uma nova etapa da revolução chinesa.[209]

Mao Tsé-tung começou a ser conhecido no Ocidente com a publicação em 1938 do livro-reportagem Red Star over China, do jornalista norte-americano Edgar Snow, que mais de trinta anos depois ajudou a preparar a histórica visita de Nixon à China. Mas em 1956 Trygve Lie, da social-democracia européia, que havia se tornado serviçal dos EUA como secretário-geral da ONU, apontava os cinco grandes homens da primeira metade do século XX que ele havia conhecido: Roosevelt, Lenin, Trotski, Stálin e Churchill.[210] Na segunda metade do século se destacaram certamente Mao Tsé-tung e Deng Xiaoping, além de Ho Chi Minh, Che Guevara entre outros.

Mao e a China despertaram crescente interesse dos intelectuais ocidentais e vários tentaram decifrá-lo e alguns a endeusá-lo, como J. P. Sartre. I. Deutscher, grande analista das revoluções comunistas viu Mao como uma combinação de Lenin e Stálin, comparando-o também a Pugachev, o líder camponês russo do século XVIII.[211] O marxista italiano

---

[209] SPENCE, J. Mao Zendong. Rio de Janeiro, Objetiva, 2000, pp. 101-105.

[210] DEUTSCHER, I. Marxismo, guerras e revoluções. São Paulo, Ed. Ática, 1991, p. 224.

[211] DEUTSCHER, I. Marxismo, guerras e revoluções. São Paulo, Ed. Ática, 1991, p. 236.

G. Sofri[212] foi feliz em apontar o contraste entre os textos didáticos de Mao destinados às escolas de militantes, com forte rigidez ortodoxa na época do stalinismo, com a grande liberdade e inventividade dos seus diálogos privados com dirigentes do PCCh no início dos anos 60, enquanto o acadêmico inglês J. Spence, mais conservador nos anos 90, se perguntou como o jovem rebelde Mao se submeteu tão docilmente à disciplina partidária nos primeiros anos e comparou-o além disto aos reis medievais europeus, que patrocinavam breves inversões de papéis hierárquico-sociais nos doze dias de natal, dirigidas pelos "senhores da desordem", pois na verdade Mao parecia se sentir mais à vontade no mundo da desordem do que no mundo da ordem.[213]

Todas essas comparações são muito ricas, mas é preciso entendê-las no contexto da formação histórico-social e cultural da China. I. Deutscher lembrou que os chineses importaram o leninismo antes que o stalinismo ganhasse força, mas é importante acrescentar que antes mesmo os chineses foram à fonte, Marx naturalmente, como nas idéias criativas de Li Dazhao, que inspiraram a visão de Mao sobre a China. Com bastante razão Deutscher caracterizou Mao como uma combinação de Lenin e Stalin, mas ao invés de reduzi-lo a um Pugachev chinês, não seria mais verdadeiro compará-lo aos chefes das rebeliões camponesas que conseguiram derrubar dinastias decadentes e mais ainda a Shi Huang-ti, unificador e criador da nação chinesa (230-222 a.C.) e seu primeiro imperador, por quem ele tinha admiração e afinidade?

Quando J. Spence acertadamente enfatizou a rebeldia de Mao, poderia ter acrescentado que ele sempre foi astucioso, por exemplo nas desculpas que deu para não comparecer a algumas reuniões do PCCh nos anos 20, como ele mesmo assinalou, ou nas suas relações ambíguas com a IC e com Stalin,

---

[212] SOFRI, G. O problema da revolução socialista nos países atrasados, in E. Hobsbawm: História do marxismo, vol. 8, R. Janeiro, Paz e Terra, 1987, pp. 369-370.

[213] SPENCE, J. Mao Zendong. Rio de Janeiro, Objetiva, 2000, prefácio.

como mostrou I. Deutscher. Por outro lado, a formação cultural de Mao uniu o espírito da disciplina confuciana com um forte espírito de rebeldia e liberdade taoísta, com ventos que podiam soprar por direções incertas,[214] bem mais do que breves dias da "desordem" nas cortes medievais européias. O contraste entre os textos didáticos ortodoxos e o pensamento inventivo das conversas privadas, apontado por G. Sofri, vão nesta mesma direção, pois o pensamento chinês, seja confucionista como taoísta, não simpatiza com idéias prontas e muito menos dogmas, preferindo a valorização de temas favoráveis à meditação livre, que despertem o uso da inteligência e permitam alcançar o ideal de uma completa sabedoria.[215]

A rebeldia de Mao Tsé-tung (1893-1976) teve início na infância e juventude, no interior de sua família camponesa, na rica província de Hunan, de tradição nacionalista e autonomista. Sua família sintetizava as duas faces do campesinato, apontadas por Lenin: o lado igualitarista, personificado na sua mãe e o esforço de acumulação, personificado no pai. Seus pais tiveram sete filhos, dos quais três meninos sobreviveram, e Mao, o mais velho, liderava a "frente única" que se opunha ao autoritarismo do pai, com o apoio conciliador da mãe, que o convencia, quando necessário, a se ajoelhar perante o pai ofendido, o que ele fazia com um único joelho, usando de astúcia, conforme sua autobiografia.[216] Aos seis anos de idade começou a ajudar na lavoura paterna e aos oito passou a freqüentar a escola primária da aldeia durante cinco anos, sem interromper o trabalho, incluindo a contabilidade do pai, que havia passado a adquirir arroz de camponeses vizinhos e remetê-lo a pequena cidade próxima e assim conseguiu acrescentar ao seu lote de um hectare mais meio, empregando um assalariado. O pai de Mao forçou-o a se casar aos catorze anos, mas a esposa

---

[214] BRÉMOND, R. *La sagesse chinoise selon le Tao.* Paris, Lib. Plon, 1955.

[215] GRANET, M. *O pensamento chinês.* Rio de Janeiro, Contraponto, 1997, pp. 349-354.

[216] MAO Tsé-tung. *Mi vida.* Buenos Aires, Ed. Futuro, 1979.

morreu muito cedo, assim como propôs, sem êxito, que ele trabalhasse junto ao atacadista de arroz.[217]

Entretanto, Mao havia se fascinado pelas leituras históricas das antigas dinastias e pelos relatos sobre os perigos contemporâneos que envolviam a nação chinesa e assim resolveu sair de casa aos dezesseis anos, em 1910, e voltar aos estudos nas cidades próximas e depois em Changsha, capital da província, cursando a Escola Normal de 1913 a 1918, onde conviveu intensamente com o professor Yang Changji (1870-1920), que havia estudado no Japão, na Grã-Bretanha e na Alemanha e que foi fundamental à sua formação intelectual e moral. Com a transferência de seu mestre à Universidade de Pequim, Mao conseguiu trabalho na biblioteca daquela instituição.

Antes disto, de 1910 a 1911, nos primeiros anos fora de casa, Mao assistiu dois acontecimentos marcantes, que ajudaram a aguçar sua rebeldia astuciosa. Em 1910 ocorreram em toda província de Hunan rebeliões rurais, decorrentes das más safras agrícolas e da exploração social, desde sua aldeia natal até Changsha, quando camponeses esfomeados reuniram-se sob o lema "Coma arroz de graça" e assaltaram depósitos e carregamentos de arroz, inclusive uma remessa pertencente ao pai de Mao, assim como as artimanhas usadas pelo poder para a repressão sangrenta. Em 1911 assistiu a rebelião militar vitoriosa em Changsha, visando a queda da dinastia manchu, como aconteceu em toda a China, mas logo depois o assassinato dos dois jovens organizadores, pelos seus próprios chefes, em decorrência de suas idéias "perigosas".[218] Na mesma época, ao reiniciar seus estudos fora de sua aldeia, nas cidades pequenas, em Changsha e em Pequim sentiu na pele os preconceitos em relação aos simples filhos de camponeses e sua visão crítica foi aumentando. Em Changsha, aos dezoito anos adotou ótica diferente da exposta nos famosos *Registros Históricos* do século II a.C, a propósito de importante ministro da dinastia Qin, visto

---

[217] SPENCE, J. *Mao Zendong*. Rio de Janeiro, Objetiva, 2000, pp. 21-25.

[218] SPENCE, J. *Mao Zendong*. Rio de Janeiro, Objetiva, 2000, p. 34.

como "cruel, inescrupuloso e impiedoso", vendo o seu lado competente no processo de unificação da China e de reorganização da sociedade. Logo depois, na Escola Normal, Yang Changji estimulou seus alunos a discutirem, entre outros livros, o *Sistema de Ética*, do alemão F. Palmer, hendonista e utilitarista, segundo o qual "todos os seres humanos, sem exceção, tendem a enfatizar o interesse próprio sobre o interesse dos outros", com o que Mao discordou, contrapondo seu conhecimento acumulado da sociedade chinesa, como lembraria no elogio fúnebre a sua mãe em 1919, que tinha um "amor imparcial que se estendia a todos, próximos ou distantes, parentes ou não".[219] Mao continuava a ler avidamente romances históricos e em 1917, após a leitura de *A margem da água*, sugeriu aos colegas que todos imitassem o exemplo dos camponeses rebelados que subiram as montanhas, como ele fez dez anos depois.[220]

Pouco antes de subir às montanhas, Mao foi chamado, após o massacre contra-revolucionário de Xangai, à reunião urgente sobre política agrária com Borodin, Chen Duxiu e Wang Jingwei, do governo de Wuhan, mas tudo inutilmente, pois a contra-revolução continuou na ofensiva. No ano anterior os comunistas chineses, bloqueados pela IC, haviam perdido a chance de liderar as rebeliões camponesas em andamento, através das "Associações de camponeses pobres" dos arredores de Cantão, que haviam começado a ocupar terras. Mao que havia se tornado diretor da Escola de quadros camponeses do Kuomintang em Cantão, estudava com afinco o mundo rural de Hunan e trabalhava na organização de centenas de milhares de seus membros. Quando à efervescência política, observava naquele momento, que numa escala de dez pontos, os "habitantes urbanos e militares mereciam três pontos, enquanto os sete pontos restantes deveriam ir para os camponeses em sua revolução social".[221]

---

[219] SPENCE, J. *Mao Zendong*. Rio de Janeiro, Objetiva, 2000, p. 24.

[220] SCHRAN, S. *The political thought of Mao Tsé-tung*. N. York, 1972, pp. 157-160.

[221] SPENCE, J. *Em busca da China moderna*. São Paulo, Cia. das Letras, 1996, p. 346.

No final dos anos 20 existiam nas montanhas do sul da China vários pequenos "sovietes" camponeses atuantes, um deles liderado por Deng Xiaoping, mas o de Mao era o mais ativo. Foi logo reforçado pela chegada das tropas de Chu Tê (1886-1976), militar de profissão, comunista desde 1922 e com vida aventurosa que incluiu o consumo de drogas, estágio na Alemanha (Universidade de Göttingen) e estudos militares na URSS. Assim, nas montanhas começava a nascer o Exército vermelho, fundado por Chu Tê, sob supervisão política de Mao, que recebeu dele as primeiras lições militares, incluindo as leituras dos clássicos chineses, como *A Arte da guerra* de Sun Tzu, que ele usou no seu famoso *Sobre a contradição*, de 1937, onde também explorou idéias de Marx, Engels e sobretudo de Lenin, além das outras leituras chinesas, como o citado romance *A margem da água*.[222] Àquela altura Mao Tsé-tung se tornava um marxista muito criativo, como seu mestre Li Dazhao, apesar da opinião de E. Hobsbawm, na sua fase "light", para quem o marxismo de Mao não ia muito além da leitura do texto teórico de Stalin, da *Breve história do PC da União Soviética*,[223] mas é bom não esquecer que o historiador inglês, na sua fase ortodoxa, fez elogios exagerados à experiência soviética.[224] É importante relembrar que o caminho assumido por Mao, Chu Tê e outros em 1927 só se consolidou definitivamente em 1935, após a conclusão da heróica Grande Marcha, quando O. Braun, enviado da IC e que havia participado da insurreição comunista na Baviera junto com Olga Benário, foi derrotado no PCCh, tendo Mao assumido a liderança principal. Nos idos revolucionários de 1925-1927 as idéias de Mao foram malvistas por Chen Duxiu e eram simpáticas a Qu Qinbai (1899-1935), seu colega nos seminários de Li Dazhao na Universidade de Pequim, e continuaram malvistas

---

[222] TSÉ-TUNG, Mao. *Sobre a prática e sobre a contradição.* São Paulo, Ed. Expressão Popular, 1999, pp. 37-95.

[223] HOBSBAWM, E. *A era dos extremos: o breve séc. XX.* São Paulo, Cia. das Letras, 2005, p. 452.

[224] HOBSBAWM, E. *Do feudalismo para o capitalismo, in* P. Sweezy: *A transição do feudalismo para o capitalismo.* Rio de Janeiro, Paz e Terra, 2004, p. 208.

por Li Lisan (1900-1967), que começou a ser desobedecido por Mao e Chu Tê pelas ordens suicidas emanadas da IC. Stalin e Trotski continuavam a comparar o 1925-27 chinês ao 1904-05 russo e trabalhavam para que ocorresse na China um 1917 russo. Stalin, mais poderoso, despachou para a China em 1930 os "vinte e oito bolcheviques e meio", como os chineses ironizavam, um dos quais acabou retornando à URSS em 1956, desconsolado e raivoso. Nem às vésperas da vitória de 1949 acreditava que ela ocorreria, como disse aos comunistas iugoslavos.[225] Tanto Mao como Ho Chi Minh nasceram antes de mais nada, nacionalistas e antiimperialistas convictos e por isso mesmo se tornaram marxistas militantes.

Diferentemente do marxismo soviético, herdeiro do marxismo da Europa ocidental, adaptado brilhantemente por Lenin às condições da sociedade russa e à nascente etapa imperialista mundial, o marxismo de Mao, adotando o leninismo, caracterizou-se por uma obsessiva e profunda preocupação pelos destinos da China, que precisava se livrar de qualquer domínio estrangeiro, inclusive da IC, recuperar sua antiga grandeza e para isto retomar o papel crucial dos camponeses na vida chinesa, como Li Dazhao ensinou aos seus discípulos. A preocupação com o destino da China permitiu 1) retirar a IC do comando da revolução chinesa (1935), 2) aliança com o Kuomintang para combater a invasão japonesa (1937-45), tornando o PCCh o principal depositário dos interesses nacionais, 3) a ofensiva militar na guerra civil de 1946-49 contra o Kuomintang, apoiado pelos EUA, 4) a participação decisiva na Guerra da Coréia (1950-53), a primeira derrota militar dos norte-americanos (depois novamente derrotados no Vietnã, comandado por Ho Chi Minh e Giap), 5) a ruptura da China em relação aos soviéticos (1960) e, 6) a aproximação dos EUA (1972), que garantiu a reinserção da China na economia mundial, empreendida sob a liderança de Deng Xiaoping, nos anos 80.

---

[225] DJILAS, M. *Conversações com Stalin*. Porto Alegre, Ed. Globo, 1964.

Diante da ofensiva ideológica do imperialismo, há ultimamente entre muitos intelectuais de esquerda uma forte tendência a julgar Mao Tsé-tung de maneira depreciativa e mesmo superficial como na observação de E. Hobsbawm sobre o seu marxismo ou no juízo eurocêntrico de J. Spence (*Mao Zendong*). Mais correto seria tentar entendê-lo, como fez Deng Xiaoping, usando a própria idéia de Mao, segundo o qual grande estadista é aquele que acerta em 70% de suas decisões. Aliás, deve-se dizer que Mao tinha grande respeito por Deng, como ficou registrado na apresentação dos dirigentes chineses aos dirigentes soviéticos em Moscou, por ocasião das comemorações do 40º aniversário da Revolução bolchevique[226] e às vésperas de sua morte preparou Deng para sua sucessão, como discutiremos depois.

Deng Xiaoping (1904-1997), filho de advogado, chegou ao marxismo por caminhos próprios, como Chu Tê e Chu Enlai e os três tornaram-se juntos membros do comitê permanente do Politburo, a alta direção do PCCh, em 1956. Esteve na França de 1921 a 1926 em estágio escola-trabalho, exercendo a função de operário mecânico e tomando conhecimento da defasagem tecnológica da China. Militou no movimento estudantil sob a liderança de Chu Enlai e iniciou-se nos "rudimentos" do marxismo, como disse, a partir das leituras do Manifesto Comunista e do ABC do comunismo, filiando-se ao PCCh em 1924. Em 1926-27 estudou na Universidade Sun Yat-sen em Moscou e em 1928-29 organizou sovietes camponeses no Sul da China, mas acabou se rebelando contra as ordens ultra-esquerdistas do IC e de Li Lisan, e foi se aproximando da linha de Mao Tsé-tung de lutas de guerrilhas prolongadas.[227,228]

---

[226] KHRUSCHEV, N. *Memórias de Khruschev*. S. Paulo, Siciliano, 1991.

[227] DENG Xiaoping. *Selected Works*. 3 vol., Beijing, Foreign Language Press, 1992.

[228] SPENCE, J. *Em busca da China moderna*. São Paulo, Cia. das Letras, 1996, pp. 315-365.

Os sucessores indicados por Mao, Liu Shaoqi (1898-1969) e Lin Piao (1907-1971), acabaram perdendo sua confiança. O primeiro se destacou em 1942, apoiando Mao na luta contra Wang Ming, chefe da facção dos "vinte oito bolcheviques e meio", enviados por Moscou em 1930 e proclamando a necessidade do estudo do "pensamento de Mao Tsé-tung". Tornou-se então o segundo homem do PCCh, mas após o XX Congresso do PCUS, com as críticas a Stalin, passou a divergir de Mao. Enquanto este, acompanhando a tendência soviética da época, propunha ênfase na indústria leve e na agricultura, Liu Shaoqi defendia a continuação da prioridade da indústria pesada e propunha a retirada da obrigatoriedade do estudo do "pensamento de Mao" dos estatutos do Partido, por conta do combate ao "culto da personalidade". Liu foi nomeado presidente da República em 1959, passando a exercer poder paralelo ao de Mao e no mesmo ano, de maneira estranha, o trem e as residências provinciais usadas por Mao passaram a ser "grampeados".[229]

Em 1962 Lin Piao iniciou os elogios públicos a Mao e em 1964 editou o *Livro Vermelho*. Depois de indicado sucessor propôs contra a vontade de Mao o restabelecimento do cargo de presidente da República, que havia sido extinto. Lin Piao em 1950 havia opinado contrariamente à entrada da China na Guerra da Coréia, assim como era secretamente contrário a aproximação com o EUA. Ora, para Mao os interesses da China estavam acima de qualquer consideração ideológica e aquelas duas decisões estratégicas eram para ele inquestionáveis.

Próximo da morte, descartada a sucessão via Chu Enlai (1898-1976), Mao iniciou em 1973 a reintegração de Deng na direção do PCCh, providenciando a reabilitação e a reinstalação dos seus seguidores no comitê central. Já em 1967 após os distúrbios estudantis fugirem ao controle, ordenou o restabelecimento da ordem nas fábricas e universidades de

---

[229] LI, Zhisui. A *vida privada do camarada Mao*. Rio de Janeiro, Civilização Brasileira, 1997, p. 471.

Pequim, impondo o limites à chamada Revolução cultural, que por ele havia estimulado. Segundo sua avaliação a "direita" iria voltar ao poder, mas no futuro haveria uma reação de esquerda.[230] Entretanto, a história da China parecia impor sua lógica, pela qual após prolongada decadência da dinastia manchu ocorreu curto período de rupturas sangrentas e revolucionárias, sob a liderança de Mao Tsé-tung, abrindo um período de prolongada prosperidade, que começou sob o comando de Deng Xiaoping.

Antes que a prosperidade começasse a chegar à China, com as reformas econômicas lideradas por Deng, o país que ele herdou em 1978 já era independente e altivo, frente à URSS e aos EUA. Desde o nascimento da República popular, a China havia começado sua recuperação econômica, apesar de ser ainda muito pobre. Os pontos de partida haviam sido a reforma agrária de 1950-51 e o primeiro plano qüinqüenal, de inspiração soviética. A reforma agrária aplicada com o julgamento de centenas de milhares de senhores de terra, muitos deles assassinos de camponeses ou colaboracionistas dos japoneses, melhorou rapidamente o nível de vida de milhões de camponeses. Junto com o primeiro plano qüinqüenal (1953-57), que recolocou em funcionamento as indústrias e a rede ferroviária e as ampliou, foram duas penosas e vitoriosas batalhas econômico-sociais. Assim, a China foi se recompondo economicamente, a expectativa de vida de 35 anos em 1949, subiu para 68 anos em 1982 e a taxa de matrículas na escola primária que era inferior a 50% em 1952 alcançou 96% em 1976, avanços maiores do que os conseguidos na Índia ou na Indonésia, que se tornaram independentes na mesma época.[231]

As duas grandes batalhas acima referidas ocorreram paralelamente a uma terceira, a Guerra da Coréia (1950-53), uma carga muito pesada para o povo chinês e leve para a URSS,

---

[230] LI, Zhisui. *A vida privada do camarada Mao*. Rio de Janeiro, Civilização Brasileira, 1997, p. 582.

[231] HOBSBAWM, E. *A era dos extremos: o breve séc. XX*. São Paulo, Cia. das Letras, 2005, p. 455.

pois além dos mortos e feridos, a China arcou com quase 90% do seu custo em armamentos e munições, fazendo um empréstimo de US$ 1,3 bilhão junto aos soviéticos. Às vésperas de sua morte, Chu Enlai não podia esquecer de incluir na proposta das "Quatro modernizações", iniciadas logo depois por Deng Xiaoping, a modernização militar. Mas a primeira modernização das forças armadas chinesas começou durante a Guerra da Coréia, com o treinamento de oficiais na URSS e adoção de armas mais modernas. O efetivo militar chinês diminuiu de 5,0 milhões em 1950 para 3,5 milhões em 1953, tendo havido desmobilização de 3,0 milhões e recrutamento de 1,5 milhão de novos soldados e continuou a diminuir nos anos seguintes, paralelamente à crescente profissionalização. Ainda em 1955 a China iniciou a fabricação dos caças Mig-17, sob licença soviética, e iniciou o seu programa de foguetes e mísseis balísticos, em decorrência do retorno do cientista sino-americano H. S. Tien, retido por vários anos pelo governo norte-americano.[232,233]

Enquanto os russos, durante todo período soviético, não conseguiram se livrar do complexo de inferioridade diante do Ocidente e acabaram se tornando vítimas de aprendizes de feiticeiros (Gorbachev) e de picaretas (Yeltsin), intimidados pela "Guerra nas estrelas" de Reagan, os chineses, como herdeiros de uma rica civilização recobraram seu orgulho e dignidade, conduzidos por Mao e Deng. Isto incluiu a transformação da China em potência militar pela rápida incorporação de tecnologias de ponta, que levou há pouco tempo ao humilhante pouso forçado de avião de espionagem norte-americano. Assim como *A Arte da guerra*, de mais de dois mil anos atrás ajudou a Mao e Chu Tê a organizarem o Exército vermelho em 1927-28, o livro continua hoje em dia ajudando a China na batalha de sua ascensão pacífica no século XXI, como dizem seus atuais dirigentes, competentes sucessores de Deng Xiaoping. Deve-se

---

[232] SPENCE, J. *Em busca da China moderna*. São Paulo, Cia. das Letras, 1996, pp. 527-530.

[233] SHENKAR, O. *O século da China*. Porto Alegre, Bookman, 2005, p. 57.

dizer que houve um processo contínuo de modernização das forças armadas desde 1950 até hoje, mas um novo tipo de gerenciamento do programa científico-militar foi introduzido por Deng, aumentando o papel dos cientistas em relação aos militares como assinalou A. Porto de Oliveira.[234]

De Mao a Deng Xiaoping também houve em grande parte uma continuidade na linha política e ideológica, como no enunciado dos "Quatro pontos cardeais" do futuro da China, formulado por Deng em 1979: 1) o caminho socialista, 2) a ditadura democrático-popular, 3) a liderança do PCCh e 4) o marxismo-leninismo e o pensamento de Mao Tsé-tung, valorizando o legado de seu antecessor. As diretrizes expostas já apareciam em vários textos de Mao, mas a adoção da estatização precoce, de inspiração soviética, levou a China a descartar a burguesia nacional, que ele havia incluído no campo democrático-popular, nos anos de 1948-49, nos textos *Sobre a ditadura democrático-popular* e *Sobre a questão da burguesia nacional e dos nobres esclarecidos, Obras completas– 4.*[235]

Ora, muito oportunamente, Mao havia adotado um enfoque político na análise das classes sociais chinesas desde seus primeiros estudos sobre os camponeses de Hunan: as classes e camadas favoráveis e as contrárias à revolução em cada nova conjuntura, enfatizando a unidade dos contrários, fundamental na dialética chinesa clássica, distinguindo contradição principal e seus pólos e contradições secundárias[236] e procurando se basear na "linha de massas" do marxismo chinês de Li Dazhao, verificando permanentemente a realidade dos camponeses.[237] Mas os desafios e as pressões externas e internas após o XX

---

[234] OLIVEIRA, A. Porto. *Estado, revolução e desenvolvimento.* São Paulo, Princípios nº 75, 2004.

[235] TSÉ-TUNG, Mao. *Obras escolhidas,* 4 vol., São Paulo, Ed. Expressão Popular, 1979, vol. 4.

[236] TSÉ-TUNG, Mao. *Sobre a prática e sobre a contradição.* São Paulo, Ed. Expressão Popular, 1999, pp. 70-80.

[237] TSÉ-TUNG, Mao. *Sobre a prática e sobre a contradição.* São Paulo, Ed. Expressão Popular, 1999, pp. 11-36.

Congresso do PCUS atingiram Mao, que havia apontado a idéia de Khruchev sobre o "culto a personalidade" de Stalin como a superfície do fenômeno stalinista, cuja profundidade residia no chauvinismo de grande potência e no caráter grão-russo do líder antes endeusado e depois denegrido.[238] *A experiência histórica da ditadura do proletariado*). Desafiado, Mao pretendeu acelerar o crescimento chinês pela via de um voluntarismo esquerdista desligado da realidade, e se aproximou das idéias voluntaristas de Trotski. Mao soprou a ventania taoísta contra o burocratismo do PCCh, mas quase perdeu o controle da situação.

Entretanto, na história do socialismo da URSS passou-se do comunismo de guerra à NEP e depois à estatização da indústria e agricultura. O comunismo de guerra dos primeiros anos foi um igualitarismo imposto pelas circunstâncias, que depois levou à flexibilização com a NEP, que anos depois foi abortada pela aproximação da II Guerra Mundial. A China inexperiente, começou com um excesso de estatização na indústria e em seguida de coletivização na agricultura, imitando a URSS, e após o XX Congresso do PCUS, quando quis cortar caminho frente ao modelo soviético, aprofundou ainda mais a estatização, o voluntarismo que supervalorizava a política e subvalorizava a economia, e o igualitarismo sobre bases materiais muito pobres, desembocando em fracasso econômico-político em duas etapas, o Grande Salto e a Revolução Cultural. Mesmo advertido na primeira etapa por Peng Dehuai (1898-1974), herói da Grande Marcha e da Guerra da Coréia, Mao só foi tomar consciência tardiamente, depois da fome e morte de milhões de camponeses, alegando que os dirigentes nem sempre deveriam se basear na "linha de massas".

Mas, foi ouvindo os camponeses em visita a uma das províncias nos anos 70, que Deng descobriu que eles burlavam

---

[238] TSÉ-TUNG, Mao. *A experiência histórica da ditadura do proletariado, in* Denis et alli: *O que é stalinismo*. Ed. Vitória, tradução do editorial do Jeminjipao 5/4/56, 1957, pp. 9-22.

astutamente as diretrizes governamentais, com a mesma rebeldia astuciosa de Mao, e praticavam agricultura familiar sob o manto oficial da coletivização. A verdade contida na prática dos camponeses deu origem aos "contratos de responsabilidade familiar", a primeira reforma que deu nascimento à gigantesca NEP chinesa. Tendo em conta que o campesinato é a maior base social do PCCh, é interessante lembrar que Mao representou mais os camponeses pobres, para os quais o igualitarismo é mais importante, e filosoficamente sempre teve maiores simpatias pelo taoísmo, enquanto Deng representou mais os camponeses médios e grandes, para os quais a acumulação é mais importante e suas simpatias filosóficas tenderam mais para o confucionismo.

Mao e Ho Chi Minh, como legítimos herdeiros de civilização milenar aproveitavam seus poucos momentos de folga para escrever poesias, sendo que o heróico vietnamita fez belos versos nas prisões chinesas do Kuomintang, em 1942-43, para que o dia da liberdade viesse mais depressa, como dizia.[239] Quais dos presidentes da maior potência do mundo, decantados pela mídia de aluguel como Kennedy ou Clinton, que eles tiveram que enfrentar e derrotar, seriam capazes da mais leve produção artística? Como Ignacio Rangel, que no seu domicílio coacto em S. Luiz do Maranhão durante o Estado-Novo repensou o Brasil, Deng Xiaoping aproveitou sua prisão domiciliar nos anos da Revolução Cultural para repensar os destinos da China pós-Mao Tsé-tung, e uma de suas primeiras reflexões, em 24 maio de 1977 destinadas aos chineses ainda infeccionados pelo esquerdismo infantil, intitulou-se "*Respeitem o conhecimento, respeitem o pessoal treinado*",[240] quando disse que a chave para atingir a modernização era o desenvolvimento da ciência e tecnologia e que os EUA tinham 1,2 milhão de pessoas na pesquisa científica, a URSS 900 mil e a China apenas 200

---

[239] CHI MINH, Ho. *Diário de Prisão de Ho Chi Minh*. Rio de Janeiro, Difel, 1971, p. 31.
[240] DENG, Xiaoping. *Selected Works*. 3 vol., Beijing, Foreign Language Press, 1992, vol. 2.

mil, mas com uma defasagem de uns vinte anos atrás dos países desenvolvidos. Deng indicou o Japão como o modelo a ser seguido e que a Restauração Meiji havia sido uma campanha de modernização, empreendida pela emergente burguesia japonesa e que os chineses, como proletários, deveriam e poderiam fazer mais.

Alguns pesquisadores brasileiros que visitaram a China deram ricos depoimentos sobre os resultados da experiência iniciada por Deng Xiaoping e os desafios que ainda devem ser enfrentados. A. Porto de Oliveira[241] e E. Jabbour[242] assinalaram os progressos econômico-sociais e políticos que foram alcançados, também apontados pelo marxista italiano D. Losurdo, caracterizando muito corretamente a experiência como uma "NEP gigantesca e inédita".[243] É interessante lembrar, para dar um exemplo, que a produção de aço da China em 1955 era de apenas de 2,8 milhões de toneladas, insignificante diante dos grandes produtores, mas já havia alcançado 31,7 milhões em 1978 e atingia 220,1 milhões em 2003, de longe a maior produção do mundo, realizada por empresas estatais. Na estratégia de Deng as reformas tiveram uma seqüência lógica, começando pela reforma da agricultura e continuando com a experiência das quatro zonas econômicas especiais, logo depois ampliadas por todo o território chinês e depois alcançando as capitais provinciais e recentemente todo o vale do Yang Tsé.

No início, convidado pessoalmente por Deng, Akio Morita, da Sony, não acreditou na experiência, como também as multinacionais japonesas num primeiro momento, diferentemente dos capitalistas chineses de Hong Kong e

---

[241] OLIVEIRA, A. Porto. *Tentando compreender a China*. São Paulo, Política Externa, vol. 15, nº 1, 2006.

[242] JABBOUR, E. *China: infra-estruturas e crescimento econômico*. São Paulo, Ed. Anita Garibaldi, 2006.

[243] LOSURDO, D. *Fuga da história? A revolução russa e a revolução chinesa vistas de hoje*. Rio de Janeiro, Ed. Revan, 2004, p. 66.

Cingapura, que logo instalaram fábricas nas quatro primeiras ZEE. Dentre as estrangeiras, as européias chegaram cedo (Volks, Citroën, etc.), mas com o tempo a corrida para a China se acelerou. Só que os chineses tinham objetivos claros de absorver as tecnologias mais modernas, como os Tigres haviam feito inicialmente, copiando o modelo japonês, a começar pelos capitalistas chineses que haviam fugido de Xangai e se instalado em Hong Kong. As tecnologias de ponta estão sendo absorvidas de todos os lugares do mundo, como da antiga URSS, que forneceu tecnologias de foguetes, satélites, gasodutos, além de milhares de cientistas contratados pela China. No caso da estrada de ferro que acaba de alcançar Lhasa, no Tibet, com 960 km acima de quatro mil metros do nível do mar e com muitos trechos sobre solo gelado, os vagões ultramodernos foram fornecidos pela Bombardier canadense, com transferência de tecnologia. O Brasil participa com poucas indústrias de ponta (Weg, Embraer, etc.) mas principalmente com pilotos para as companhias aéreas e técnicos para as indústrias de calçados.

Assim, se a NEP soviética foi abortada pela proximidade da II Guerra Mundial, o retorno ao mercado, proposto ineptamente por Gorbachev, pois o avanço do socialismo na URSS dependia da aplicação maciça de automação industrial, que os soviéticos já dominavam, e a conseqüente diminuição da jornada de trabalho e a possibilidade de combinar autogestão nas empresas com planejamento central, a NEP chinesa tem muitas décadas pela frente, é um antídoto aos perigos da burocratização e leva em conta a quase impossibilidade de uma III Guerra Mundial, confrontando capitalismo e socialismo, passando o campo de luta a ser o comércio internacional, como mostra a crescente presença chinesa na África e nos países subdesenvolvidos em geral, com os quais a China programou déficits comerciais, vastamente compensados pelos superávits com os EUA e a Europa. Assim,

provavelmente, vale para o comunismo asiático os versos de
Ho Chi Minh:[244]

Aqueles que saem da prisão podem reconstruir o país.
O sofrimento é um teste para a fidelidade do povo.
Aqueles que protestam na injustiça são pessoas de valor.
Quando as portas da prisão se abrem, o verdadeiro
dragão voará para fora.

---

[244] CHI MINH, Ho. *Diário de Prisão de Ho Chi Minh*. Rio de Janeiro, Difel, 1971, p. 17.

O Movimento Nacional Palestino Perante a "Solução Final" Sionista

João Quartim de Moraes
Prof. de Filosofia da Universidade Estadual de Campinas

"Não faças a outro o que condenas. Eis toda a Lei, o restante é só comentário" (Thalmud da Babilônia, cap. Sabath, 31)

É necessário acabar de vez com o etnocentrismo que toma a forma de judeu-centrismo[...]. Assim, Auschwitz é elevado a potência metafísica. Sou um dos últimos a minimizar as atrocidades cometidas em Auschwitz, porém, as lágrimas de outros povos não contam? (Maurício Tragtenberg)

Somos as vítimas das vítimas (Edward Said)

1 À guisa de preâmbulo: "Palestine au coeur"

Conheci muitos árabes "lato sensu" (argelinos, marroquinos, tunisianos, egípcios, sírios, libaneses etc.) em meus anos de estudante e em meus muitos mais anos de exilado em Paris, com os quais conversava em francês, porque infelizmente desconheço quase tudo do árabe, salvo alguns termos coloquiais que circulam no Brasil entre descendentes de emigrantes sírio-libaneses. Quando falávamos da Palestina, com redobrado calor e intensidade durante as guerras de 1967 e de 1973, meus interlocutores completavam a argumentação histórico-política por uma declaração de amor: "J'ai la Palestine dans mon coeur", ou, mais concisamente, "Palestine au coeur".

Naquela época, havia ainda sionistas de esquerda, vários deles veteranos dos "kibutz". Travei com eles discussões francas e sérias. Reconheciam, ao menos parcialmente, a justiça da causa palestina. Mas não podiam admitir, exatamente por serem sionistas, que a origem histórica de Israel é um fato colonial edificado em cima da desgraça de quatro, logo mais cinco, gerações de exilados palestinos (descendentes das famílias expulsas de sua própria terra de 1946-1948, de 1967 e de vagas menores) que somam cerca de quatro milhões de refugiados, dos quais cerca de um milhão na Jordânia, quinhentos mil na Síria outros tantos no Líbano. Tampouco queriam admitir, exatamente por serem de esquerda, que a opressão do povo palestino estava na lógica colonial do Estado israelense e que este se permitia violar todos os princípios da Carta da ONU porque contava com o apoio irrestrito do imperialismo estadunidense. Hoje, mais ainda do que ontem, essas verdades são reconhecidas por todos os que consideram a justiça algo mais do que uma palavra vazia.

O presente artigo oferece uma visão panorâmica da "questão judaica" em sua conexão com a história dos povos da Palestina. Enfatiza o caráter colonialista do sionismo, mostrando que ele reivindicou desde o início a pretensa "missão civilizatória" do Ocidente, em nome da qual a expansão planetária do capitalismo encobriu e continua encobrindo séculos de conquista, pilhagem e genocídio. Mas, sobretudo, contrapõe ao fato nacional israelense, obra de colonizadores, o movimento de libertação nacional palestino, resposta heróica dos colonizados ao mais tenaz e arrogante colonialismo contemporâneo. Procura ilustrar com exemplos concretos a cruel opressão israelense, o enorme e indecente auxílio que recebe do imperialismo estadunidense e a morna hipocrisia das demais potências do chamado Ocidente, que só apóiam "manu militari" as resoluções da ONU quando isso lhes convém. Por exemplo, em 1999, quando se tratou de esmagar o último baluarte de resistência ao neoliberalismo na hoje extinta Iugoslávia.

Esse ensaio acompanha a luta de libertação nacional do povo palestino até a segunda Intifada e os últimos combates de Arafat. Achamos ser ainda cedo para um julgamento objetivo do legado histórico do fundador de Al Fatah, que morreu prematuramente, muito provavelmente envenenado por ordem do "serial killer" Ariel Sharon. Deixamos a outros a arriscada e muitas vezes enganosa tarefa de "apontar os rumos" para os palestinos. Negociação com Israel, sobre a base do princípio "dois povos, dois Estados", ou prosseguimento da luta revolucionária de libertação nacional até a vitória completa, que corresponde ao programa histórico da Organização para a Libertação da Palestina (OLP)? A questão é decisiva e merece ser discutida a fundo, mas quem deve resolvê-la são os palestinos. A melhor solidariedade antiimperialista e internacionalista é aquela que oferece apoio conseqüente sem pretender dar lições.

2 Os judeus na Antigüidade

Na cinco vezes milenar história da Palestina (ou terra de Canaã, do nome de seus mais antigos habitantes conhecidos, os cananeus), os judeus só dispuseram, antes de 1948 a.C., de um poder político *independente* durante pouco mais de quinhentos e trinta anos, de cerca de 1030 a.C., quando Saul tornou-se rei das doze tribos israelitas por ele reunidas, até 587, quando a conquista do reino de Judá pelos babilônios provocou a primeira diáspora, e, como diremos logo adiante, de 143 a 63 a.C. À dominação babilônica sucedeu a persa, que se estendeu até –332, quando Alexandre tomou a terra de Canaã, logo no início da campanha que o levaria à conquista do Império de Dario. Sob a tutela sucessiva de duas das dinastias em que se partilhou o império macedônico, a de Ptolomeu, estabelecido no Egito e a de Seleucos, com base na Síria, muitos judeus fixaram-se nas metrópoles destes novos Estados, notadamente em Alexandria e em Antioquia, onde receberam forte influxo cultural do helenismo. A mais notável expressão intelectual deste sincretismo está na obra de Philon de Alexandria, que propôs uma interpretação alegórica da *Bíblia* fortemente influenciada pelo platonismo e pelo estoicismo.

A maioria das colônias judaicas da Ásia Menor e do norte da África permaneceu, entretanto, tenazmente fiel à religião ancestral de Jeová, recusando qualquer assimilação com as populações locais. Mesmo os saduceus, de espírito mais aberto, mantiveram inquebrantável o sentido de identidade religiosa e cultural. A dominação dos ptolomeus, que se estendeu de 320 a 200 a.C., foi mais habilidosa que a dos selêucidas. Estes dominaram os judeus através de perseguições que inspiraram o movimento apocalíptico e encontraram expressão literária no *Livro de Daniel*. A opressão do poder selêucida, debilitado a leste por guerras sucessivas contra os partas, reacendeu a chama da rebelião, que conduziu, em 143, à independência e à instauração da dinastia nacional dos macabeus ou hasmoneus. O fato de que todos os reis desta dinastia, salvo o fundador, tinham nomes gregos,[245] mostra, entretanto, a permanência da influência helenística. Ela explica a rejeição que os macabeus sofreram por parte das tendências integristas do judaísmo, em particular a dos mais tarde chamados "essenianos", que se refugiaram em Khirbet Kumran, em pleno deserto. Também os fariseus opuseram-se a uma monarquia demasiado ligada à cultura grega. Até os helenizados saduceus acabaram por se afastar da dinastia reinante. Esta,

---

[245] Os reis da dinastia dos Macabeus foram os seguintes: Simão 143 a 134; Hyrcanus I,134 a 105; Aristobulus I, 104; Alexandre Janneus 103a 76, Alexandra 76 a 67; Hyrcanus II, 67 e Aristobulus II, 66 a 63.

internamente isolada e contestada, tentou, em vão, abrigar-se à sombra dos romanos. Em 63, Pompeu, após conquistar a Síria, pondo fim ao Estado imperial dos selêucidas, tomou Jerusalém, acabando também com o reino macabeu.

Durante um século, agitadíssimo em todos os planos, os judeus desfrutaram, à sombra da águia romana, de um estatuto de protetorado. Em 40, o Senado romano designou rei da Judéia, Herodes, mais tarde dito o Grande, um árabe[246] que adotara o judaísmo como religião e a tutela romana como política. Só em 37, entretanto, logrou tomar posse do cargo, devido à obstinada resistência que sua subordinação ao Império suscitava na maioria dos judeus, notadamente nos fariseus e, mais ainda, nos zelotas, também ditos *sicários* pela presteza em se servir do punhal (*sica* em latim) para golpear os ocupantes. Nem o primeiro Herodes, nem seus sucessores,[247] lograram atenuar esta hostilidade, não obstante a preocupação dos romanos em não se ingerir nos assuntos internos do judaísmo, como comprova a atitude de Pilatos, "lavando as mãos" perante as acusações de que era alvo um certo Jesus, que escandalizava seus compatriotas judeus por se apresentar como o novo Messias. A luta contra a dominação romana culminou na insurreição desencadeada em 60 e cruelmente esmagada por Tito em 70, quando Jerusalém, com seu templo, foi pilhada e destruída pelos romanos.[248] Novas rebeliões, em 115-117 e em 132-135, foram igualmente esmagadas.

---

[246] Era filho de Antipater da Iduméia.

[247] Herodes o Grande morreu em 4 a.C. Seu filho Herodes Antipas, cuja mãe, Malthace, era uma samaritana, sucedeu-o, também mediante designação do poder imperial romano, mas apenas com o título de tetrarca da Galiléia e da Peréia. Foi ele que, instigado por Herodias, sua segunda mulher, mandou decapitar João Batista. Tendo ido a Roma suplicar a Calígula o título de rei, foi preterido por seu rival Herodes Agrippa I (um dos netos de Herodes o Grande), que obteve do imperador o governo de toda a Palestina. Morreu em 44, mas só em 48 seu filho Herodes Agripa II recebeu de Cláudio o governo de Chalcis, com o direito de nomear os altos sacerdotes judeus e de administrar o templo de Jerusalém. O próprio Cláudio e, em seguida, Nero, ampliaram-lhe os territórios, conferindo-lhe o título de rei.

[248] Herodes Agrippa II tentou moderar a fúria da rebelião, sem, contudo, tomar partido pelos romanos. A despeito da queda de Jerusalém, conseguiu manter o reino unido até sua morte, em 100. Foi o último rei da dinastia de Herodes.

Desde então, os judeus tornaram-se pequena minoria na Palestina, onde prevaleceram os árabes, que em sua maioria tinham aderido ao cristianismo. Província do Império romano, depois, do bizantino até o início do século VII, ocupada pelos persas sassânidas de 611 a 627, converteu-se ao Islã em 637, quando os guerreiros de Maomé derrotaram os de Constantinopla. Salvo durante o século em que ela foi dominada pelos cruzados (1099-1187) a Palestina permaneceu desde então fundamentalmente árabe e majoritariamente islâmica. Politicamente, entretanto, caiu, em 1517, sob domínio islâmico, do qual só se libertou para sofrer a agressão sionista.

3 Intolerância

Durante os treze séculos em que permaneceram sob domínio islâmico, cristãos e judeus foram tratados com tolerância, da qual os judeus, em especial, já se tinham largamente beneficiado na Península Ibérica, onde, durante sete os quase oito séculos de dominação islâmica, o judaísmo conheceu, sobretudo no Califado de Córdoba, seu mais estupendo florescimento cultural desde a "diáspora" imposta pelos romanos. A tal ponto que o rude Estado judaico dos Khazars, que floresceu no Cáucaso setentrional, do Mar Negro ao mar Cáspio e nas planícies do Volga e do Dniepr, entre os séculos VIII e XI, importou eruditos cordobenses para formar rabinos e letrados locais.

Não por coincidência, o mesmo ano de 1492 marcou, para a Espanha, a chegada de Cristóvão Colombo ao "Novo Mundo", a conquista de Granada, último reduto islâmico em terras ibéricas, e o decreto de expulsão dos judeus, operação genocida executada pela Santa Inquisição com apoio dos reis "muy católicos" Fernando e Isabel. Ano fatal, portanto, para os povos nativos do "Novo Mundo", para os "mouriscos" e para a vasta comunidade judaica fixada na Península Ibérica pelo menos há tanto tempo quanto o cristianismo. Foi, de resto, nas terras do Império Otomano, novamente sob domínio islâmico, que "os sequazes da religião mosaica", como diziam seus perseguidores cristãos, encontraram abrigo. Já os que se deslocaram para o leste europeu, onde o termo "pogrom" (massacre de judeus) iria adquirir sinistra notoriedade, continuaram a sofrer a intolerância dos cristãos.

Três séculos mais tarde, como reflexo de autodefesa dos judeus perseguidos na Europa oriental, surgiu o sionismo. A segunda metade do século XIX foi marcada pela partilha territorial da Ásia e da África entre as grandes potências do imperialismo europeu em expansão. Inspirados nesta vaga colonialista, os militantes sionistas decidiram resolver às custas dos árabes o problema das perseguições que sofriam no continente europeu, reunindo todos os judeus num único território, a Palestina. A inspiração colonialista deste programa trazia explícito o desígnio de tratar os árabes como os imperialistas cristãos europeus tratavam os "nativos" da periferia colonial. Theodor Herzl, autor de *O Estado judeu* (1895), manual básico do sionismo, caracterizou este Estado como devendo "fazer parte de uma muralha defensiva da Europa na Ásia, um posto avançado da civilização contra a barbárie".[249]

O barão Rothschild (do ramo francês da poderosa família de financistas judeus), já interpretara à sua maneira o objetivo "civilizatório" de Herzl, ao tomar a iniciativa, em 1882, de financiar a primeira "alya" (imigração em massa de sionistas para a Palestina). O clima lá então era de tolerância cultural e religiosa. Súditos do império otomano já em franca decadência, os palestinos eram cerca de meio milhão. Suas diferenças religiosas (havia muçulmanos, cristãos, drusos, judeus) não os impediam de conviver sem maiores confrontos. Por isso mesmo esta primeira vaga migratória não suscitou antagonismos. Eles começaram a surgir com a segunda "alya", financiada pelo barão Hirsch, sucessor de Rothschild no patrocínio da emigração (que voltou a se acelerar em conseqüência da repressão czarista após a revolução russa de 1905). Os recém-

---

[249] Cf. W. Laqueur, *A History of Zionism*, Nova Iorque, 1976, p. 95 e Kenneth Brown, "Iron and a King: the Likud and Oriental Jews", *Merip Reports* (114), maio de 1983, p. 6. Apoiamo-nos neste notável artigo nas linhas que seguem.

chegados tomaram empregos e terras dos camponeses árabes. Começava a discriminação.

Na década seguinte, durante a I Grande Guerra, o governo inglês, para golpear o Império Otomano, aliado da Alemanha, prometeu a independência aos árabes, que na época, constituíam 92% da população da Palestina, se eles se erguessem contra o jugo turco. Os árabes confiaram na promessa e, cumprindo sua parte no acordo, lutaram de armas na mão contra a dominação otomana. Mas, em 1917, Lord Balfour, ministro do Exterior do Império Britânico, prometeu também ao movimento sionista um "lar nacional" para o povo judeu na Palestina, como consta da carta, datada de 2 de novembro de 1917, que ele enviou a lorde Rothschild, do ramo inglês da família.

Terá sem dúvida pesado na "Declaração Balfour" (que, obviamente, não expressava apenas uma posição pessoal, mas a do gabinete presidido por Lloyd George), além da influência dos poderosos interesses financeiros judaicos, a colaboração de um importante militante sionista, Chaim Weizmann, que se tornaria o primeiro presidente de Israel (1948-1952), com o aparelho de Estado e a máquina bélica britânica. Sua alta competência na pesquisa química (notadamente na síntese da acetona utilizada em muitos explosivos), valeu-lhe, a partir de 1914, estreito contato com o governo da Inglaterra (onde se fixara desde 1906). Embora judeu "oriental" (nascera em Minsk em 1874), Weizmann partilhava do mesmo desprezo dos "ocidentais" pelos árabes, como fica mais do que patente nestas observações que enviou a Balfour em 30 de maio de 1918:

> Os árabes, que são superficialmente espertos (clever) e rápidos na réplica (quick witted), têm um culto e um só culto: poder e sucesso [...]. As autoridades britânicas, conhecendo [...] a natureza traidora dos árabes, [...] devem vigiá-los cuidadosa e constantemente. Quanto mais correto (The fairer) tenta ser o regime inglês, mais arrogantes se tornam os árabes. [...] O presente estado de coisas tenderia necessariamente em direção da criação de uma Palestina

árabe se houvesse um povo árabe na Palestina. Esse resultado não será atingido porque o *fellah* está atrasado no tempo pelo menos quatro séculos e o *effendi* é desonesto, maleducado, ganancioso e tão impatriótico quanto ineficiente.[250]

O elogio do "correto regime inglês" (que, com britânica duplicidade, distribuiu a mesma terra a dois povos) seria mera peça de retórica bajulatória se não revelasse tantos preconceitos racistas. A tática, de qualquer modo, é clara: o sionismo desde o início associou-se ideologicamente e fez o possível para associar-se politicamente, na qualidade de sócio menor, ao colonial-imperialismo. Mas se a Inglaterra mentira aos árabes para ajudar os sionistas, mentiu principalmente para ajudar a si própria. Em 1916, enquanto os árabes da Palestina iniciavam o levante contra os turcos, o governo inglês, que lhes tinha prometido independência, assinou com a França o acordo secreto Sykes-Picot, dividindo os países árabes em "zonas de influência". Os chefes sionistas conseguiram, entretanto, com a Declaração Balfour, ser incluídos, ainda que como papagaios de pirata, nestas trapaças colonialistas.

Terminada a guerra e desmantelado o Império dos turcos, as potências imperialistas vitoriosas na guerra de 1914-1918 desconsideraram inteiramente as aspirações políticas dos árabes da Síria, do Iraque, da então chamada Transjordânia, da península arábica e também da Palestina. De nada serviram os dois memorandos enviados à Conferência de Versalhes (dita "de Paz", mas tendo contribuído muito, por sua mesquinharia moral e suas iniqüidades políticas, para criar os fatores determinantes da guerra de 1939-1945) por um amplo congresso palestino, reunido em Jerusalém de 29 de janeiro a 10 de fevereiro de 1918, que rejeitou a Declaração Balfour e pediu o reconhecimento da independência. No dia 24 de julho de 1922, a Sociedade das

---

[250] Texto citado e comentado por Edward Said em *Orientalism*, Nova Iorque, Vintage Books, 1979, p. 306. A fonte original é Ingrams, *Palestine Papers*, 1917-1922, pp. 31-32.

Nações, servindo de cartório de registro da partilha dos territórios coloniais entre a França e a Inglaterra, reconheceu o acordo Sykes-Picot. Atribuiu-se aos franceses o "protetorado" da Síria e do Líbano e aos ingleses, o da Palestina, Jordânia, Iraque e da atual Arábia Saudita.

Perante a amarga constatação de que o sangue derramado contra os turcos servira apenas para piorar-lhes a situação, já que os ingleses favoreciam a imigração sionista, os palestinos lançaram-se à luta contra a ocupação britânica, sob forma de protestos pacíficos, mas também de levantes armados. Já então a "questão palestina" inflamava o nacionalismo árabe e mobilizava a solidariedade islâmica. Em 1931, realizou-se em Jerusalém uma conferência à qual compareceram, além dos países árabes, representantes de todas as comunidades muçulmanas importantes, da Nigéria à Iugoslávia, da China às repúblicas soviéticas do Uzbequistão e do Cáucaso, com uma única ausência notável, a da Turquia. Tendo recebido o esperado apoio, a luta do movimento nacional palestino contra o ocupante inglês e sua política pró-sionista atingiu ainda maior intensidade, mesmo porque a imigração judaica vinha se acelerando. Nesta nova vaga era forte a presença de militantes socialistas, que lançaram a experiência dos "kibbutz", cooperativas de trabalho, principalmente agrícolas, cuja imagem progressista valeu simpatias a Israel na esquerda européia, sempre tentada pelo "argumento civilizatório". Em maio de 1936, uma greve geral paralisou o país. O governo inglês esforçou-se por ignorá-la. A resposta foi a generalização da resistência armada, que os ocupantes não lograram aniquilar (da repressão participou um jovem militante sionista incorporado às forças policiais auxiliares dos britânicos, que mais tarde se tornaria célebre, Moshe Dayan). Em 1939, a resistência árabe obteve enfim dos ingleses o compromisso de limitar a imigração judia a 75.000 pessoas nos próximos cinco anos e a conceder independência à Palestina no prazo de dez anos. A população judaica, que no momento da Declaração Balfour, correspondia a 8,3% da população total da Palestina, passara então, em pouco mais de vinte anos, a 33%. Massa crítica mais do que suficiente para desencadear a tragédia que se prolongaria até o século XXI.

Vê-se quão falacioso é o lugar-comum da argumentação sionista, segundo o qual "a consciência nacional palestina é historicamente recente", isto é, mero reflexo negativo da consciência nacional israelense. Falácia cronológica, mas, sobretudo político-cultural. O nacionalismo árabe refletiu as contradições do muito desigual desenvolvimento histórico das diversas sociedades de língua e de cultura árabe, submetidas ao Império otomano e ao colonialismo europeu. Seu programa histórico pretendia ultrapassar as divisões impostas pela dominação estrangeira, mas exatamente por estar enraizado numa situação colonial, não podia deixar de refletir-lhe as contradições. Embora não tenha inventado os ódios étnicos, o colonialismo moderno, sempre que pôde, incentivou rivalidades e ressentimentos entre tribos, etnias, castas e classes sociais. A Inglaterra, em especial, aplicou com sucesso, em sua expansão comercial e militar, o lema "dividir para reinar", apoiando-se nos poderes locais tradicionais, manipulando e exacerbando contradições sociais e nacionais e fragmentando os povos árabes em pequenos Estados, governados por potentados colaboracionistas.

4 Sionismo, colonialismo, racismo

Os seguidores de Herzl mantiveram-se fiéis ao eurocentrismo sionista. O desprezo que nutriam pelo Oriente estendia-se aos próprios judeus orientais. Ben-Gurion, fundador do Estado de Israel, proclamou não querer "que os israelenses se tornassem árabes" e, referiu-se aos judeus orientais como "aparências de gente [...], sem traço de educação, judaica ou humana". Para ele, era um dever "lutar contra o espírito do Levante, que corrompe indivíduos e sociedades, e preservar os autênticos valores judeus, tais como se cristalizaram na diáspora". Paradoxalmente, portanto, a principal inspiração do sionismo não é a colina de Sião, mas os valores europeus da diáspora. Há nisso um componente masoquista, próprio a todo oprimido que se identifica com o opressor. Mas o componente mais forte é a justificação do colonialismo, recorrente no liberalismo e na social-democracia, em termos de missão civilizatória. Os trabalhistas israelenses incorporaram a fundo este componente colonial-racista do social-imperialismo. Também Golda Meir recorreu, para explicar a ausência de judeus "orientais" nos círculos dirigentes israelenses e em seu próprio gabinete ministerial, a argumentos semelhantes aos de seu parceiro Ben-Gurion. Explicou que em seus orientais países de origem, eles "tinham vivido em cavernas, ignorando o uso de lençóis e toalhas". Na mesma linha de pensamento, o ministro da Educação de Israel proclamou em 1969: "Estamos longe de considerar nossa população oriunda de países orientais como uma ponte para nos integrar no mundo da língua árabe. Nosso objetivo é implantar neles o espírito ocidental e não deixá-los arrastar-nos para uma anti-natural orientalidade".[251]

A reação dos judeus "orientais" a tão acintoso desprezo foi dupla: duradoura antipatia contra os trabalhistas e truculência ainda maior contra os palestinos. Abrigaram-se no movimento dito "revisionista", fundado por um certo Vladimir Jabotinsky, que tinha recrutado muitos adeptos entre os judeus da Europa oriental (considerados menos "civilizados" pelos da Europa ocidental e central, mas também fazendo parte dos "Ashkenazi" e considerando, eles também, os judeus da África e da Ásia como bárbaros). Embora partilhasse do mesmo culto dos trabalhistas ao Ocidente imperial-colonialista,[252] o

---

[251] Cf. ib., p. 6. Nas notas desta página, o autor refere a bibliografia essencial sobre este tema.

[252] Jabotinsky admirava a fórmula de Max Nordau: "estamos indo para a Palestina a fim de estender até o Eufrates as fronteiras morais da Europa". E pontificava: "mesmo com o Ismael real nada temos em comum. Pertencemos à Europa, graças a Deus: nos últimos dois mil anos ajudamos a construir a civilização européia". Cf. ib., p. 7. Dupla injustiça histórica: foi o Califado de Córdoba que assegurou a reconstrução da cultura judaica e foram os mui europeus e católicos Fernando e Isabel que empreenderam, quatro séculos e meio antes de Hitler, a primeira tentativa de aniquilamento dos judeus.

movimento chefiado por Jabotinsky, partidário da violência sem disfarces, acolheu, desde o final dos anos 1920, os "orientais" dispostos a toda forma de "guerra suja" contra os palestinos. Tal é a origem dos mais odiosos movimentos terroristas israelenses, Irgun e Stern, que mais tarde confluíram para o Likud.

Lembrando que esta filiação foi explicitamente mediada pela efusiva simpatia de Jabotinsky por Mussolini, a quem ele enviou, em 1922, uma "carta entusiasmada", Maurício Tragtenberg frisa a importância da inspiração fascista na formação espiritual e material da Irgun:

> [...] Beguin é fruto de uma formação ideológico-política inerente ao Movimento Revisionista criado por Jabotinsky. Esse Movimento adotava a saudação fascista, estilo militar e camisas negras. Um de seus líderes, Aba Haimeir, colaborava no jornal israelense "Doar Hayom" numa seção intitulada "Diário de um Fascista". Este em 1924 envia seu representante, Dr. Mancini, à Palestina para conhecer o Partido Fascista Judeu. O Primeiro Congresso do Movimento Revisionista de Jabotinsky-Beguin se realiza em Milão em 1932, tendo como slogan "Ordem Italiana para o Oriente". Devido ao apoio do Movimento Revisionista à guerra de Mussolini contra a Etiópia, a agência noticiosa fascista "Oriente Moderno" saudava o Congresso Revisionista realizado em 1935. A partir de 1935, quando se tornou público o universo concentracionário criado por Hitler e seu anti-semitismo militante, o Movimento Revisionista prudentemente afasta-se de Mussolini. Isso não o impede de organizar na Palestina bandos de "fura-greves", criar uma central sindical paralela com o nome de "Histadruth Aleumit" e praticar terrorismo contra organizações operárias na Palestina. São os culpados pelo assassinato do dirigente sindical operário Alrosoroff. Recrutavam seus membros entre a classe média de origem polonesa, em crise, e sensível à demagogia fascista. Jabotinsky e Beguin eram comandantes do "Irgun" e o mentor político do fascismo era o rabino Bar-Ilan, conforme o historiador Yehuda Baer (*The Arab Revolt* vol. 9, n. 7, set 1966).[253]

---

[253] Maurício Tragtenberg, "Menachem Begin visto por Einstein, H. Arendt e N. Goldman", publicado na Folha de São Paulo de 21-9-1982. Desse artigo colhemos também o texto citado em epígrafe. Loc. cit.

213

Compreende-se assim porque, durante muitos anos, até que a pressão e o suborno imperialista obrigassem-na a voltar atrás, a ONU incluiu o sionismo entre as doutrinas que, por serem intrinsecamente racistas, contrariavam-lhe a *Carta*.

5 Da partilha injusta à guerra prolongada

Ao término da II Grande Guerra, a vaga migratória voltou a acelerar-se entre os sobreviventes da "solução final" hitleriana, contra a qual, sempre é útil lembrar, a cúpula eclesiástica do Vaticano não tinha mexido um dedo. Cada vez mais fortes, os judeus atacavam com violência sempre maior os palestinos, para expulsá-los de sua terra, vingando-se nos árabes das atrocidades que lhes tinham infligido os europeus.

Em 29 de novembro de 1947, a ONU aprovou a resolução 181 (II), que dividia a Palestina em dois Estados, o árabe, com 11.800 km², e o judeu, com 14.500 km², respectivamente 43% e 57% da área total. Partilha flagrantemente injusta, já que, no território atribuído ao Estado judeu, mais de 50% dos habitantes eram árabes, muçulmanos ou cristãos. Pesou, evidentemente no resultado da votação o desejo dos países europeus de compensar, nas costas dos árabes, os sofrimentos dos judeus, vítimas da fúria anti-semita na Alemanha hitleriana. Ao fazer votar a favor da partilha, Stalin cometeu seu único erro estratégico incontestável no quarto de século em que esteve à frente do Estado soviético. Mas a decisão final só foi arrancada pela pressão combinada do governo dos Estados Unidos e dos sionistas. No dia 26, véspera da votação, constatando que faltavam quatro votos para obter a maioria de dois terços exigida pelo estatuto da ONU, os sionistas e seus protetores do governo estadunidense saíram à caça dos votantes mais "influenciáveis". Foram bem sucedidos: compraram ou extorquiram os votos necessários para impor a Partilha.

A ONU também fixara para o dia 15 de maio de 1948 o término do mandato britânico. Decididos a conquistar o máximo de terreno para o Estado israelense que pretendiam proclamar naquela data, os sionistas, utilizando a fundo a superioridade de sua organização militar, ampliaram a escala de sua ofensiva. Entre dezembro de 1947 e março de 1948, muitas aldeias árabes (Beld Shaikh, Sasa, Karf etc.) foram varridas do mapa pela Haganah, a principal organização armada clandestina sionista e pelos agrupamentos Stern e Irgun, dois esquadrões da morte especializados nas formas mais sórdidas e covardes de ação terrorista, nos quais os futuros primeiros-ministros Begin e Sha-mir começaram suas peculiares carreiras militantes. Decididos a ultrapassar a Haganah na caça ao árabe, atacaram de surpresa na madrugada de sexta-feira 9 de abril de 1948, aldeia de Deir Yassin, cuja população indefesa foi chacinada numa orgia de bestialidade que sequer poupou mulheres grávidas, cujo ventre foi aberto a facadas. Duzentos e cinqüenta e quatro palestinos foram trucidados; dezenas de meninas foram estupradas, uma, de seis anos, literalmente rachada ao meio.[254] Os depoimentos dos poucos sobreviventes e os relatórios de policiais ingleses foram reunidos por Sir R. C. Catling, diretor-geral adjunto do Criminal Investigation Department na pasta "secreta e urgente" nº 179/11017/65.[255]

Quando Begin, chefe máximo do Irgun, e, nesta qualidade, um dos mais hediondos criminosos políticos do século XX (o que não o impediu de ganhar o Prêmio Nobel da Paz) foi recebido, em dezembro de 1948, pelos sionistas de Nova Iorque, membros eminentes da comunidade judaica lançaram um manifesto em que se dissociavam firmemente dos algozes de Deir Yassin:

> esta localidade não participou da guerra[256] e até recusou-se a servir de base para grupos armados árabes. No dia 9 de abril os terroristas [dos grupos Stern e Irgun] atacaram esta

---

[254] Apoiamo-nos num dos relatos mais objetivos da chacina de Deir Yassin, o livro Ô Jerusalém, escrito pelos jornalistas Dominique Lapierre e Larry Collins, na edição francesa, Paris, Laffont, 1971, pp. 363-369.

[255] Cf. Dominique Lapierre e Larry Collins, op.cit., p. 369, nota 1.

[256] Como o massacre ocorreu antes da guerra aberta, iniciada em maio de 1948, ao dizer que os habitantes de Deir Yassin não tinham participado da guerra, a carta aberta se refere à guerra larvada de 1947-1948.

aldeia tranqüila.[...] Massacraram [...] a quase totalidade dos habitantes, deixando alguns vivos para exibi-los como prisioneiros nas ruas de Jerusalém. A maior parte da comunidade judaica ficou horrorizada com este ato. [...] Mas os terroristas, longe de se envergonhar [...] mostraram-se orgulhosos do massacre, convidando todos os correspondentes estrangeiros [...] para ver os cadáveres amontoados [...].

Mostrando não ter incorporado só os valores colonial-racistas europeus intrínsecos à ideologia da "missão civilizatória" da barbárie oriental e recorrentes no liberalismo e na social-democracia, mas também algum sentido de rejeição a métodos abjetos, Ben-Gurion, em carta a seu amigo Haim Ghori, datada de 15 de maio de 1963, assim caracterizou Begin:

> [...] é um personagem talhado da cabeça à planta dos pés à imagem do modelo hitleriano. Está disposto a eliminar todos os árabes para completar as fronteiras do país. {...}. Considero-o um grande perigo para Israel [...]. Se chegar ao poder, prossegue Ben-Gurion, colocará "criminosos de sua espécie à frente da polícia e do exército. E concluiu: Não duvido que Begin deteste Hitler, mas este ódio não prova que ele seja diferente de Hitler.

Não obstante, esta e outras horripilantes exibições de crueldade mostraram-se eficientes:[257] aterrorizada, a população árabe da Palestina tomou o caminho do exílio, abandonando casas e campos aos colonos judeus, que ocuparam Tiberíades no dia 19 de abril, Haifa no dia 22, Jaffa no dia 28 e Saffad no dia 10 de maio. A "missão civilizatória" sionista concretizava-se assim no "repovoamento" de um território previamente

---

[257] Maurício Tragtenberg, loc.cit., assinala que no mesmo dia 9 de abril de 1948, o bando terrorista da "Irgun" após ter massacrado 240 moradores de Deir Yassin, "levou os poucos sobreviventes para uma parada, exibindo-os como cativos nas ruas de Jerusalém. Enquanto a Agência Judaica desculpava-se por esse massacre fora dos planos, os adeptos de Begin convidavam os correspondentes estrangeiros no país para ver os corpos empilhados em Deir Yassin". Exibição de crueldade de fanáticos moralmente degenerados, mas também, parece-nos, eficiente maneira de apavorar ainda mais os palestinos.

esvaziado de seus habitantes. Dizer que os sionistas compraram as terras dos árabes é proferir mentira não menos acintosa do que dizer que os europeus compraram as terras dos índios. Os árabes remanescentes, confinados em bolsões de miséria, foram reduzidos à condição de mão-de-obra superexplorada pelos novos donos do país. Desde a origem, pois, Israel é um fato colonial, baseado na força, muitas vezes no uso friamente premeditado do terrorismo de massa.

O estopim da primeira guerra israelo-árabe, mais exatamente, a passagem da guerra terrorista larvada à guerra aberta foi a fundação do Estado de Israel, em 14 de maio de 1948, véspera da data de expiração do aziago mandato britânico. Em setembro do mesmo ano (não por acaso o da criação do Estado israelense) o conde sueco Folke Bernadotte, enviado da ONU à Palestina, foi assassinado em Jerusalém pelos celerados do Stern.

Os anos 1950 foram marcados pelo avanço do movimento antiimperialista nos países árabes, no sudeste asiático e na África. A conferência de Bandung (Indonésia), em abril de 1955, oficializou o surgimento do movimento dos não-alinhados, em cuja linha de frente estava o Egito, onde, em 1952, os "oficiais livres", sob a direção de Nasser, tinham derrubado uma monarquia decrépita e submissa aos ingleses. Os britânicos replicaram com a formação, em fevereiro de 1955, do Pacto de Bagdá, juntando Turquia, Iraque, Paquistão e Irã num bloco pró-imperialista. Em julho de 1956, Nasser, exercendo direito intrínseco a um Estado soberano, nacionalizou o canal de Suez, pondo fim à exploração colonial desta via de comunicação entre o Mar Vermelho e o Mediterrâneo. Foi o que bastou para que a Inglaterra e a França, com a colaboração de Israel, atacassem o Egito. No dia 29 de outubro de 1956, os israelenses invadiram a península do Sinai, desmentindo uma das mais torpes mentiras da propaganda sionista ("foram os árabes que começaram todas a guerras com Israel"); no dia 1º de novembro, tropas inglesas e francesas foram lançadas de pára-quedas para ocupar o território por onde passa o canal de Suez. Mais além do canal, os imperialistas pretendiam quebrar o ímpeto do movimento nasserista, que ultrapassara os limites do Egito, ganhando ampla adesão das massas árabes. Os franceses tinham ainda o objetivo complementar de punir Nasser pelo apoio que estava prestando à luta de libertação nacional dos patriotas argelinos. O dirigente egípcio recebeu, porém, não somente o apoio dos não-alinhados, mas também o da União Soviética. Até os Estados Unidos deixaram de lado, por uma vez, sua posição de patronos do Estado judeu, para condenar a agressão.

Perante esta ampla e firme reprovação internacional, os anglo-franceses não tardaram a se retirar, carregando nas bagagens um dos mais notáveis fiascos do neocolonialismo. Os israelenses, ao contrário, agarraram-se vorazmente ao terreno conquistado. Confirmando a postura que adotara desde o início do confronto, o general Eisenhower, então presidente dos Estados Unidos, na única exceção importante ao consistente e multiforme apoio que o Estado sionista sempre desfrutou por parte de seu país, lançou, em 20 de fevereiro de 1957, uma declaração em que rejeitou liminarmente a pretensão israelense de negociar a evacuação do Egito:

> Uma nação que ocupa território estrangeiro a despeito da oposição das Nações Unidas, pode ser autorizada a impor condições para dele se retirar? [...] Se as Nações Unidas admitirem uma só vez que os conflitos internacionais sejam resolvidos pelo uso da força, terão sido destruídos o próprio fundamento de sua organização e nossa melhor esperança de instaurar uma ordem mundial [...]. Sinto que seria infiel aos imperativos do cargo elevado para o qual fui escolhido se pusesse a influência americana a serviço de uma nação que invade outra [...].

O avanço das forças antiimperialistas árabes prosseguiu após a guerra de 1956. No Líbano, onde tinham se refugiado boa parte dos palestinos expulsos de sua terra em 1948, exacerbava-se o confronto entre a esquerda nasserista e a direita cristã, que encarava as vítimas da truculência sionista como intrusos incômodos. Os Estados Unidos, preocupados em manter a presença do "Ocidente" na região, enfraquecida pelo fiasco anglo-francês de 1956 e pela aproximação de Nasser à União Soviética, que o tinha firmemente apoiado naquela ocasião, enviaram 5.000 fuzileiros navais a Beirute em julho de 1958. Pretendiam estancar a febre sem cuidar da enfermidade. Conseguiram apenas alastrar o contágio bélico irradiado de Israel, sem impedir o avanço das forças antiimperialistas na região: naquele mesmo momento, com efeito, eclodira a revolução nacionalista iraquiana, que derrubou o rei Fayçal II, vassalo dos ingleses.

Exposto a sistemática repressão e contando principalmente com suas próprias forças, o povo palestino lançou-se à luta. Em outubro de 1959, Al Fatah (O Combate), organização fundada por Yasser Arafat, realizou seu primeiro congresso no Kuait. Em maio-junho 1964, reuniu-se na Jerusalém árabe o primeiro congresso nacional palestino, que aprovou a criação da OLP. Na noite de 31 de dezembro de 1964, Al Fatah efetuou sua primeira operação armada contra os ocupantes.

Em 1967, de novo apoiados a fundo pelos ianques, os sionistas responderam pela "guerra de seis dias" ao combate palestino de libertação nacional. Desencadeado com furiosos bombardeios sem prévia declaração de guerra, o ataque foi exitoso para os agressores, que ocuparam todos os territórios palestinos, a península do Sinai e as alturas do Golan, na Síria.

Em 1969, Al Fatah assumiu a direção da OLP, aprovando-se uma *Carta* cujo eixo era a luta "para o estabelecimento de uma sociedade democrática livre na Palestina, aberta a todos os palestinos, muçulmanos, cristãos e judeus". Conseqüentemente, não reconheceu o Estado racista de Israel. Posição partilhada pelos demais movimentos guerrilheiros, nomeadamente a Frente Popular pela Libertação da Palestina (FPLP) e a Frente Democrática pela Libertação da Palestina (FDLP).

Mesmo a guerra de 1973 (dita do "Yom Kippur" pelos sionistas), em que as hostilidades foram ostensivamente desencadeadas pelo Egito e pela Síria, ambas empenhadas em recuperar o território ocupado pelo inimigo em 1967, foi precedida de mortíferas provocações israelenses. Uma, entre muitas outras, foi a "emboscada aérea" de 13 de setembro de 1973,[258] em que a aviação israelense destruiu em operação de *blitzkrieg,* treze caças Mig-21 sírio, tendo perdido um só aparelho (Mirage). As tropas israelenses colheram, na frente egípcia, sua primeira derrota em campo de batalha aberto. Foram salvas pela intervenção da máquina bélica estadunidense, que forneceu informações e recursos para a contra-ofensiva israelense e, em seguida, já na perspectiva do alinhamento do Egito com o imperialismo estadunidense, arbitrou um cessar-fogo.

Em 1974, considerando exaurida, após quatro guerras, a perspectiva de uma solução militar através da Liga Árabe, a OLP iniciou profunda revisão de seu programa histórico, abrindo caminho, no XII Congresso nacional palestino (reunido de 1º a 9 de julho daquele ano), para a adoção do princípio dito dos "dois Estados" e o abandono da consigna de Palestina laica, democrática e não racista.

6 Base estadunidense

Em setembro de 1979, Karim Khalaf, prefeito de Ramallah, e Fahd Qawasmeh, prefeito de Hebron, viajaram a Nova Iorque para participar de uma conferência sobre direitos humanos na Palestina, acintosa e sistematicamente violados pelo ocupante israelense. Os governantes dos Estados Unidos, empenhados em desqualificar a OLP em todas as instâncias internacionais, procuravam "cooptar", árabes "moderados" para falar em nome do povo palestino. Não se prestando a estas

---

[258] A expressão "Embuscade en plein ciel" é o título de uma nota editorial de Le Figaro de 14 de setembro de 1973, assinada por Yves Cuau. Este centenário jornal, o mais tradicional da imprensa francesa, exprime o ponto de vista da ala direita da burguesia bem-pensante. Seria ridículo suspeitá-lo de qualquer simpatia especial pelos árabes.

manipulações, Khalaf e Qawasmeh sofreram o habitual boicote do aparelho mediático imperialista. Foram, porém, entrevistados por uma das raras publicações políticas norte-americanas não identificadas com o sionismo, nem por ele estipendiadas, *Merip Reports*[259], de circulação restrita, evidentemente. A propaganda estadunidense alardeava intuitos assistencialistas em relação à população da Cisjordânia e da Faixa de Gaza, ocupadas pelo exército israelense. Qawasmeh denunciou a farsa:

> A Cisjordânia recebe apenas US$ 3 milhões dos Estados Unidos. Os israelenses ganham US$ 3 bilhões. Uma vez um senador americano veio a meu escritório e perguntou "– Você quer alguma coisa?". Respondi: "– Quero a asa de um avião". Ele disse: "– Não estou entendendo bem". Expliquei então a ele: vocês dão aos israelenses Phantons e outros aviões para que eles nos matem. Tudo que queremos é a asa de um Phantom, que vale cerca de US$ 1 milhão (um Phantom custa cerca de US$ 20 milhões). Queremos só uma asa para construir uma escola para que nossas crianças possam estudar. Falar de ajuda de US$ 3 milhões para os palestinos é caçoada. Com US$ 3 milhões talvez compremos uma viatura aqui, um encanamento de água ali, talvez uma casa. Mas os Estados Unidos dão US$ 3 bilhões aos israelenses, com esse dinheiro eles estão construindo 100 assentamentos. Não queremos dinheiro americano. Obteremos de outros esse dinheiro. Se os americanos quiserem nos ajudar, podem ajudar-nos a conquistar nossos direitos. É este o auxílio que queremos. Mas dar apenas US$ 3 milhões? Recebo US$ 10 milhões só da Arábia Saudita, sem nenhuma contrapartida.[260]

A revolução iraniana, privando o Império de sua aliança com o Xá Pahlevi, conferiu decisiva importância estratégica ao aliado sionista. "Israel é para nós um trunfo estratégico (strategic asset)", garantiu Ronald Reagan, em sua campanha presidencial de 1980, à American Jewish Press Association. O

---

[259] A sigla significa Middle East Research and Information Project, organismo independente sediado em Washington.

[260] Cf. Lena Rifkin, "Peace Treaty sharpens Struggle on West Bank", Merip Reports (83), dezembro de 1979, pp. 6-7.

velho ex-*cow boy* de Holywood, que, nos tempos do macartismo, servira de alcagüete de atores colegas seus, vagamente suspeitos de simpatia pelo comunismo, reiterou, durante aquela campanha, o elogio aos militares de Israel, "prontos para combater", constatando que "se não existisse Israel, com sua força, teríamos de supri-la com nossa própria força". Na presidência do Império, ultrapassou largamente estas promessas eleitorais. No dia 30 de novembro de 1981, seu secretário da Defesa, Caspar Weinberger, assinou, com o colega israelense Ariel Sharon (que iria logo em seguida comandar a invasão do Líbano, onde incorporaria a seu sinistro currículo um dos mais horripilantes genocídios do século XX, o extermínio das aldeias de Sabra e de Chatila), um *Memorandum of Understanding* estabelecendo a "cooperação estratégica" entre o Império e seu parceiro sionista.[261]

---

[261] Sob o título "Les antécédents du général Sharon" o jornalista Amnon Kapeliouk traçou, em *Le monde diplomatique* de novembro 2001, p. 23 (http://www.monde-diplomatique.fr/2001/11/KAPELIOUK/15774), o retrato falado do grande criminoso. "Das incursões mais além da fronteira, nos anos 1950, ao comando da unidade 101, de sinistra reputação, e até sua política como primeiro ministro, seu método não mudou: o uso da força e da destruição, sobre um pano de fundo de desprezo pela vida de seus adversários árabes". Em outubro 1953, organizou uma de suas mais sinistras expedições punitivas. Em represália a um ataque mortífero de um grupo de palestinos infiltrados em Israel, o estado-maior o incumbira de explodir algumas casas na aldeia palestina de Qibya, na Cisjordânia, e de expulsar seus habitantes. O jovem « Arik » Sharon adotou um plano melhor: seus soldados detonaram 600 kg de explosivos em quarenta e cinco casas, com seus moradores dentro. Sessenta e nove pessoas, metade mulheres e crianças, morreram nos escombros. Não se trata de um caso isolado: as operações conduzidas por Sharon sempre se soldavam por perdas muito elevadas para o adversário. Às vezes, porém este ódio furibundo tornava-se politicamente contraproducente. Em fevereiro de 1955, sua tropa de choque matou trinta e oito soldados egípcios numa emboscada perto de Gaza. Foi o que convenceu o presidente egípcio Gamal Abdel Nasser a concluir um importante acordo para aquisição de armas do bloco soviético. Em dezembro do mesmo ano, um ataque, sem nenhum motivo ou objetivo particular, contra posições sírias perto do lago de Tiberíade, trouxe um saldo de cinqüenta e seis soldados sírios mortos. Consta que o coronel Moshé Dayan explicou a Ben Gourion, então primeiro ministro israelense, que manifestara certa inquietação com a mão talvez demasiado pesada do grande exterminador: "Arik [...] nunca concluiu uma operação com menos de várias dezenas de mortos nas filas do inimigo". Cf. Uzi Benziman, Sharon não pára no (sinal) vermelho (em hebreu), Edições Adam, Tel-Aviv, 1985, p. 62, citado por Kapeliouk. Quanta eficiência!

Este acordo formalizou a já consolidada parceria entre os aparelhos policiais e bélicos do Império do dólar e do Estado sionista. Longe de se circunscrever à Palestina, ela já abrangia ampla, sólida e mutuamente proveitosa divisão do trabalho sujo de apoio aos mais tenebrosos regimes e movimentos contra-revolucionários. No que concerne ao regime de "apartheid" na África do Sul, os israelenses, se apossaram, com cinismo e desfaçatez inigualáveis, daqueles negócios que seus próprios patronos imperiais achavam sujos demais. Foi o que um certo Jacó Meridor, assessor do terrorista Begin, então primeiro-ministro, explicou a um grupo de altos-funcionários governamentais reunidos em Jerusalém:

> Vamos dizer a eles, aos americanos: vocês não devem competir conosco em Taiwan, [...] na África do Sul, [...], no Caribe ou em quaisquer outros países onde vocês não possam fazer isso (vender armas) diretamente. [...]. Deixem-nos fazer isso. Eu até digo a eles: – Vocês vendem a munição e o equipamento por procuração, por seu procurador. Isso deve ser levado adiante com uma certa concordância por parte dos Estados Unidos, onde obtivermos certos mercados [...] que serão deixados para nós.[262]

A colaboração com o regime do "apartheid" na África do Sul, um tanto envergonhada até 1967, tornara-se, desde então, franca e aberta, mesmo porque a afinidade entre os dois regimes era fortíssima. Em 1973, o chefe do Bureau of State Security (BOSS), máquina de triturar patriotas africanos, visitou Israel para consolidar a internacional dos torturadores de negros e de árabes. Em abril de 1976, confirmando a fraterna identificação do regime do "apartheid" explícito com o do "apartheid" tácito, o primeiro-ministro sul-africano John Vorster visitou o Estado sionista. O contato foi tão caloroso que os governantes de Pretoria e de Tel-Aviv decidiram, para coroá-lo, instituir uma

---

[262] Esther Howard, "Israel: The Sorcer's Apprentice", *Merip Reports* (112), fevereiro de 1983, p. 22. A sintaxe tortuosa está na declaração original do mercador de armas, publicada em 18 de agosto de 198⁻ no *Los Angeles Times* e no *Financial Times*. Cf. Howard, ib., p. 30, nota 53.

Comissão ministerial conjunta, em que ocupavam lugar proeminente os ministros da Defesa das duas partes. Os três tópicos principais desta profícua colaboração eram o comércio de armas, a tecnologia nuclear e a "contra-insurgência".

A parceria nuclear entre os dois regimes de "apartheid" consistiu na troca de urânio enriquecido sul-africano por tecnologia nuclear israelense. Em setembro de 1979 uma explosão no Atlântico Sul foi detectada por um satélite estadunidense. Uma força-tarefa naval sul-africana estava manobrando na área. Tanto a CIA quanto o Pentágono reconheceram o caráter nuclear da explosão, embora os porta-vozes de mais alto nível do então presidente Carter a tenham acobertado.[263] Entrementes, a suspensão, em 1976, da cooperação militar estadunidense com o regime de Pinochet tinha ensejado ao Estado sionista mais uma estupenda carteira de negócios bélicos.

Foi Reagan, entretanto, quem conduziu a um novo patamar o compromisso estadunidense com Israel. Caucionou política e diplomaticamente a referida divisão do "trabalho sujo" em escala planetária, em que Israel assumia "por procuração" as iniciativas que sequer os Estados-Unidos ousaram manter.

Em 1982, o Estado judeu ocupava, de longe, o primeiro lugar entre os beneficiários da assistência militar estadunidense. Recebeu US$ 2.206 milhões, contra US$ 167,4 milhões para a Coréia do Sul (na linha de frente da luta contra o "Império do Mal") e US$ 156 milhões para El Salvador (cujo aparelho militar estava, naquele momento, empenhado em contra-atacar, com métodos e armas genocidas *made in USA*, a guerrilha camponesa dirigida pela Frente Farabundo Marti de Libertação Nacional).[264]

---

[263] Cf. ib., p. 23.

[264] Cf. Sheila Ryan, "The Reagan Budget: Money is Policy", *Merip Reports* (105), maio de 1982, p. 15.

7 A primeira invasão do Líbano[265]

Não há guerra limpa, mas há guerras mais sujas do que outras. Ao lado dos confrontos em campo aberto, Israel nunca cessou de aprimorar sua já ampla atividade terrorista, visando a (1) manter sob pânico permanente os territórios palestinos ocupados, (2) eliminar, através de assassinatos "seletivos", os dirigentes da resistência e (3) multiplicar os ataques contra os países árabes que tinham acolhido os refugiados palestinos. Não tem outra origem a invasão do Líbano, desencadeada, em 1982, pela dupla Begin, então primeiro-ministro e Shamir, seu ministro do Exterior. O comando das operações coube ao general Ariel Sharon, o mais notável e criativo discípulo daqueles dois catedráticos do terrorismo.[266] Mostrou-o no cerco de Beirute, que se estendeu de junho a agosto de 1982. Sob seu comando, os aviões da estrela de Davi, dispostos a triturar os combatentes

---

[265] Foi "ex post", em vista da segunda invasão do Líbano pelo Estado facho-sionista, em 2006, que acrescentamos o adjetivo "primeira" ao título desse tópico.

[266] Em artigo acima referido e já por nós longamente citado, Amnon Kapeliouk evoca outras proezas do sinistro abutre. No início dos anos 1970, incumbido de aniquilar os guerrilheiros (então ditos fedayin) na faixa de Gaza, ocupada por Israel desde 1967, ele elaborou uma lista de mais de uma centena de palestinos "procurados" e os liquidou sumariamente um depois do outro. Na mesma ocasião, expulsou com requintes de crueldade e sem ordem superior milhares de beduínos da região de Rafah, ao sul da faixa de Gaza; suas casas foram arrasadas e seus poços d'água entupidos. No final de abril de 1982 (alguns meses antes de promover o holocausto de Sabra e Chatila), decidiu, por conta própria, aproveitando sua qualidade de ministro da defesa, que a cidade de Yamit, construída durante a ocupação israelense da península do Sinai, não deveria ser entregue ao Egito. Ao evacuar aquele território, nos termos do tratado de paz israelo-egípcio, as tropas a seu mando destruíram Yamit completamente. Foi nesse estado de espírito que o incansável "serial killer" entrou logo depois no Líbano. "A guerra do Líbano, escreveram os jornalistas israelenses Zeev Schif (Haaretz) e Ehoud Yaari (televisão israelense), nasceu no espírito conturbado de um certo indivíduo decidido e capaz de tudo, que arrastou toda uma nação [...]. Poderíamos afirmar que, preparando essa guerra e ao longo de seus primeiros meses, produziu-se em Israel uma espécie de putsch de tipo incomum [...]. Em vez de se apoderar das instituições [...] ou de dissolvê-las, como fazem habitualmente os autores de um golpe de Estado, Sharon elaborou uma fórmula que lhe permitiu controlar o processo de tomada de decisões. Ele privou as instituições democráticas de seu poder de controle e de supervisão e debilitou os freios que integram o sistema do poder". Zeev Schif, Ehoud Yaari, Guerra enganosa (em hebreu), Edições Schocken, Tel-Aviv, 1984, p. 380.

da OLP, bombardearam a capital libanesa com tanta bestialidade que o próprio Ronald Reagan protestou junto a Begin contra o que qualificou de "atos inadmissíveis". Para dar uma satisfação ao inquilino da Casa Branca, Begin ordenou a seu ministro da defesa que cessasse o bombardeio aéreo de Beirute.

Mas Sharon iria compensar largamente, por via terrestre, o massacre que não pôde prosseguir por via aérea. Mediado pelo diplomata estadunidense Philip Habib, foi concluído um acordo de cessar-fogo que entrou em vigor no início de setembro: a OLP se retirava de Beirute e os israelenses, em troca, comprometiam-se a não penetrar na capital libanesa e a garantir a segurança da população palestina. Duas semanas após a retirada de Arafat e da força combatente palestina, Sharon, violando suas solenes promessas com hitleriano cinismo, ocupou Beirute à frente de suas tropas de choque. Vinte e quatro horas depois, desenvolvendo, sem dúvida, um plano já bem delineado em sua mente degenerada, cercou, à frente de forte destacamento do exército judeu, os campos de refugiados palestinos de Sabra e de Chatila, situados ao sul da cidade. Em seguida, neles fez entrar um esquadrão da morte composto de maronitas de extrema direita, sob o comando do major Haddad, outro psicopata da mesma laia de um Mengele ou Eichmann, sedento de morticínios. Os matadores começaram a torturar e massacrar a população das duas aldeias, enquanto os soldados de Sharon, que a tudo assistia de seu Q.G., ajudavam bloqueando os acessos ao enorme matadouro. Duas horas após o início do massacre, o comando israelense já dispunha de relatos terríveis. Mas continuou, impávido, a garantir o holocausto, que durou quarenta horas, deixando mais de mil trucidados, na maioria mulheres, crianças e idosos. Outras centenas de moradores dos dois campos foram seqüestrados pelos assaltantes. Continuam "desaparecidos" até hoje.[267]

---

[267] Cf., entre muitas outras fontes fidedignas, Amnon Kapeliouk, Sabra et Chatila – *Enquête sur un massacre*, Paris, Seuil, 1982.

O mediador estadunidense Habib, não conteve sua cólera: "Sharon é um assassino, animado pelo ódio contra os palestinos. Dei garantias a Arafat de que os palestinos [que permaneceriam em Beirute] não seriam tocados, mas Sharon não honrou seus compromissos. Uma promessa desse homem não vale nada".[268] Uma comissão de inquérito israelense concluiu que Sharon carregava responsabilidade pessoal pelo massacre e recomendou que lhe fosse retirado o cargo de ministro da defesa.[269] Deve tê-lo consolado, ao perder o cargo, saber que, a invasão do Líbano, que ele comandara, foi responsável por mais de vinte mil mortos libaneses e palestinos.

8. Da primeira *Intifada* às ilusões de Oslo

Em dezembro de 1987 desencadeou-se no campo de refugiados de Jabalia, na Faixa de Gaza, a primeira "Intifada", rebelião nacional contra a ocupação israelense. Tal fagulha na pradaria seca, ela se propagou pela Cisjordânia. Armados de pedras, paus e, sobretudo da heróica paixão dos que preferem morrer em pé a viver de joelhos, homens, mulheres e crianças palestinas enfrentaram sem armas o mais aguerrido aparelho repressivo do planeta, municiado com armamentos pesados de alta tecnologia destrutiva.

No mesmo mês de dezembro de 1987, a Assembléia Geral da ONU aprovou uma resolução contra o terrorismo, contra a qual só dois países votaram contra, os Estados Unidos e Israel. Aliados da África do Sul racista, incomodava-os o parágrafo da resolução que reconhecia o direito dos povos de lutarem contra um regime colonialista ou contra uma ocupação militar.

---

[268] Patrick Seale, *Assad* (tradução em hebreu), Tel-Aviv, Editions Maarakhot (Tsahal, ministère de la défense d'Israël), 1993, p. 383.

[269] A Comissão concluiu que devia ser imputada ao ministro da defesa a "responsabilidade por ter sido negligenciado o perigo de atos de vingança e de massacres por parte dos falangistas contra a população dos campos de refugiados [...] quando ele decidiu introduzir os falangistas nos campos.[...] Mas a responsabilidade criminosa dos dirigentes israelenses acabou, foi afastada. Nenhum genocida foi molestado. Lobo não come lobo.

A versão sionista superdimensionou, com escancaradas más-intenções, a participação de dirigentes da OLP na organização e condução do levante. Segundo o opressor, o oprimido está sempre resignado e só a intervenção exógena de agitadores e terroristas profissionais explicaria eventuais revoltas. Este raciocínio conspiratório, de clara inspiração policialesca, foi radicalmente desmentido por Amira Hass, corajosa jornalista israelense que se instalou na Faixa de Gaza em 1993, na qualidade de correspondente do quotidiano *Ha'Aretz* e, numa decisão que merece respeito, fixou moradia em Gaza (porque, como explicou no livro que consagrou aos palestinos sitiados em sua própria terra, "eu não poderia compreender uma sociedade e escrever a seu respeito sem estar efetivamente no meio dela").[270] Contrariamente ao que sustentam os jornalistas Ze'ev Schiff e Ehud Ya'ari no livro *Intifada*, baseado nos arquivos da Shabak (polícia política israelense) e considerado pelos sionistas como a última palavra sobre o assunto, ela mostra, a partir de discussões com alguns dos mais combativos militantes da Intifada, como a revolta brotou de um profundo e longamente maturado sofrimento. Ihab al-Ashqar, membro da direção nacional unificada da *Intifada* e um destes militantes com quem ela manteve longos contatos em Gaza, explicou-lhe concisamente a dinâmica da revolta: "Absorvemos pancada atrás de pancada e o mundo pensa que elas não nos ferem. Mas há uma montanha de cólera e frustração e a grande explosão, cedo ou tarde, acaba chegando".[271]

Não por acaso, foi na faixa de Gaza que surgiu, nos anos 1970, o *Jihad Islâmico* (Guerra Sagrada Islâmica), lutando pela independência da Palestina e supressão de Israel. Como as demais organizações de luta armada, tem um braço militar e um político. Apoiou a Intifada com operações guerrilheiras. Forma

---

[270] Amira Hass, *Drinking the sea at Gaza*, Londres, Hamish Hamilton, 1999, p. 4. A versão original foi publicada em Israel sob o título *Lishtot mehayam shel'Aaza*.

[271] Ib., p. 34.

semelhante de organização foi adotada pelo o *Hamas* (Movimento Islâmico de Resistência), fundado em 1987, na onda ascendente da rebelião nacional.

Durante os seis anos que durou o movimento, os atiradores profissionais de Israel mataram 1.258 palestinos. A opinião pública internacional, inclusive a européia, sensibilizou-se com tão desigual e corajoso combate. Arafat foi recebido pelo Parlamento Europeu em 13 de setembro de 1988 e convidado para expor a causa de seu povo na Assembléia Geral da ONU. Mas o governo estadunidense, que havia acolhido terroristas profissionais como Begin, proibiu-o de comparecer a Nova Iorque. A ONU teve de transferir para Genebra a sessão em que o dirigente da OLP iria tomar a palavra.

A URSS tinha patrocinado, em seus estertores, junto com os Estados Unidos, a convocação, para 30 de outubro de 1991, de uma conferência em Madri, visando a um acordo de paz entre a OLP e o Estado israelense. A guerra dita "do Golfo", expedição colonial da OTAN que culminou no primeiro massacre pirotécnico do Iraque, tornara a correlação internacional de forças ainda mais desfavorável para o movimento antiimperialista e particularmente para a OLP, então sediada na Tunísia, para onde tivera de se retirar quando os israelenses invadiram o Líbano. Ainda assim, foi clara a vitória diplomática e moral obtida em Madri pela causa palestina. Com o nítido triunfo obtido por Yitzhak Rabin, à frente do partido trabalhista, nas eleições gerais israelenses em 23 de junho de 1992 o partido cripto-fascista Likud deixou o poder após quinze anos. Parecia abrir-se o caminho para um acordo de paz justo e durável.

Entretanto, com os protetores do sionismo ditando as regras, foi exigido de Arafat, além de desmobilizar seu povo em luta, deixar fora da agenda das negociações os quatro milhões de refugiados palestinos cujas casas e terras haviam sido confiscadas pelos israelenses, e que viviam, muitos deles há meio século, num doloroso e paupérrimo exílio, bem como os muitíssimos presos políticos palestinos torturados nos cárceres sionistas. Em setembro de 1993, as duas partes aprovaram em Oslo um "Plano de Paz", patrocinado por Clinton e seus sócios da OTAN. Os termos do acordo permitiam a formação de uma "Autoridade Nacional Palestina" (ANP), para administrar alguns enclaves não contíguos e economicamente inviáveis, alguns bolsões de mínimas dimensões cercados de tropas israelenses de todos os lados, com as fronteiras controladas por Israel. Em troca de tão graves concessões, a OLP obteve apenas o reconhecimento de seu direito à autodeterminação, limitado, porém, nos termos do acordo assinado no Cairo em 4 de maio de 1994, à faixa de Gaza e a Jericó. Sequer conseguiu, em troca do reconhecimento do Estado sionista, a garantia de formação de um Estado nacional nos territórios ocupados. Teve, enfim, de aceitar que os palestinos hostis a este acordo fossem classificados de "terroristas". Tal foi o preço desmedido que Arafat pagou para estabelecer a Autoridade Palestina no dia 17 daquele mês.

Ele e seus conselheiros sem dúvida consideravam o acordo apenas como o menor mal possível na situação concreta. Esperavam acumular forças para lançar as bases de um Estado Palestino. Ocorreu o contrário: a Palestina permaneceu cercada pelo truculento exército de Israel, que continuou a garantir o estabelecimento, em território palestino, de vagas sucessivas de colonos judeus armados até os dentes e atirando para matar. As desapropriações de terras e destruições de casas e aldeias inteiras dos palestinos prosseguiram, inexoráveis, ao lado da expansão dos assentamentos inclusive sob o governo de Rabin, e, sobretudo de Peres, Netanyahu e Barak. Cada minúsculo passo dado na laboriosamente negociada, lentíssima e sempre reversível retirada israelense, era frustrado ou cancelado segundo a vontade dos ocupantes. Diante da constatação de que o principal efeito do plano de Oslo foi bloquear e desarticular o levante revolucionário, o movimento nacional palestino acabou sendo impelido a uma nova rebelião. As negociações patrocinadas por Clinton na reunião de cúpula com Arafat e Ehud Barak em Camp David, (julho de 2000), desmentem a idéia de que o acordo estivesse próximo. No mês de janeiro de 2001, esboçaram-se acordos entre israelenses e palestinos, mas já era tarde demais, pois as eleições israelenses estavam muito próximas.

9 A segunda Intifada

No dia 28 de setembro de 2000, ladeado de insolente e pesadamente armada tropa de esbirros, Ariel Sharon voltou a alçar seu vôo de abutre, desfilando provocadoramente em Jerusalém pela esplanada das mesquitas (Haram al Sharif), lugar sagrado do islamismo. Além da provocação em si mesma, exasperou sobremaneira os palestinos a ameaça de demolição das mesquitas, que teriam sido construídas, segundo alegação dos judeus fundamentalistas mais fanáticos, sobre o templo destruído pelos romanos há dois mil anos atrás. O genocida de Sabra e Chatila buscava assim um pretexto para retomar a guerra de aniquilamento dos palestinos. Mas não estava agindo sozinho. Contava com cumplicidades entre os trabalhistas: não dispondo, então de nenhum cargo oficial, não teria obtido, sem o aval do primeiro-ministro trabalhista Barak, uma tropa de choque para tripudiar pública e acintosamente sobre o sentimento coletivo de um povo já tão oprimido e ultrajado. Os dois e seus partidos respectivos estavam preparando o cenário para um governo de "unidade nacional", com Sharon no comando, e a guerra total contra os palestinos por missão.

Tal foi o estopim da nova Intifada, em que se combinaram, como em todas as guerras do povo, mobilizações de massa, ataques (alguns suicidas) movidos pela resistência armada e as lutas de rua travadas por meninos heróicos, enfrentando, armados de pedras, os atiradores de elite do Estado terrorista judeu. Confirmando que a diferença entre os trabalhistas, herdeiros das piores tradições colonialistas da II Internacional e o Likud, continuador do fascismo sionista de Jabotinski *et caterva*, tende a zero quanto se trata de reprimir os árabes, nos primeiros quinze dias do levante, registraram-se 99 mortes, 95 palestinos e 4 israelenses. Em seis meses, até fevereiro de 2001, quando, completando a manobra política desfechada com o passeio provocador pela esplanada das mesquitas, Sharon foi oficialmente guindado à chefia do governo, a repressão sionista já havia matado 444 palestinos, dos quais 138 crianças. Dentre os mais de 13.100 feridos durante o mesmo período, 1.500 foram mutilados e 5.000 são crianças com menos de 18 anos. Quando prendem meninos atirando pedras, os esbirros israelenses costumam quebrar-lhes a mão com uma marretada. Muitos ativistas presumidos da resistência clandestina foram executados sumariamente. Outros, torturados para extorquir informações.

Um ano após o início da segunda Intifada, parasitando, em nome da "guerra contra o terrorismo", a ofensiva racista anti-árabe da máquina de guerra estadunidense em represália aos atentados de 11 de setembro de 2001, Sharon invadiu a Cisjordânia e a faixa de Gaza. Nas seis cidades que ocupou, impôs o estado de sítio à população civil. Entre incontáveis outros crimes, o Hospital da Santa-Família, em Belém, que estava sob proteção francesa, foi alvejado várias vezes por tiros de tanques".[272] A idéia era desmoralizar e humilhar a Autoridade Palestina, aterrorizando o povo palestino até levá-lo à resignação e ao desespero. A FPLP, um de cujos dirigentes tinha sido assassinado pelos sionistas na Cisjordânia, em agosto, replicou em 17 de outubro, matando Rehavam Zeevi, ministro israelense do turismo e um dos membros mais extremistas de um gabinete extremista.

Em abril de 2002, sem contar as muitas centenas de vítimas fatais do hediondo massacre de Jenin (a cidade heróica que, apesar da patética desigualdade de armamentos, resistiu palmo a palmo, até a última pedrada, aos facínoras sionistas), 1.438 vidas palestinas já haviam sido ceifadas pelos invasores.

---

[272] O governo francês protestou, pela via diplomática, contra estas violações "do direito humanitário internacional". Cf. Agence France-Press, Paris, 25 de outubro de 2001.

Além dos muito mais numerosos feridos graves e mutilados, de todas as faixas etárias. O bloqueio de cidades e aldeias palestinas provocou um desemprego sem precedente, que atingiu cerca de 50% da mão-de-obra. Obrigou muitas mulheres palestinas a darem à luz no chão, diante das barreiras israelenses, guardadas por soldados que se mostraram inflexíveis a ponto de deixar morrer dois recém-nascidos e uma mulher em trabalho de parto.

O aparelho repressivo da China Popular tem mão pesada, mas percorreu o mundo a imagem do jovem dissidente liberal que obrigou uma coluna de blindados a desviar de rota. A máfia mediática sempre o exibe para mostrar o caráter ditatorial do regime comunista chinês: o jovem, sem sombra de dúvida extraordinariamente corajoso, arriscou a vida para deter os tanques do exército da China. Comparemos, entretanto, esse episódio com o relato de uma jovem friamente esmagada na Palestina por um buldôzer manejado por um soldado de Israel. Uma diferença salta aos olhos até dos cegos voluntários: os soldados chineses desviaram os tanques para não esmagar aquele que os desafiava; os soldados israelenses, com criminosa covardia, esmagaram uma garota de 23 anos.

Seu nome era Rachel Corrie. Militante de The International Solidarity Movement, desde alguns meses, com seis outros jovens norte-americanos, formava escudo humano na defesa de um grupo de casas do bairro de Salem, em Rafah, ocupada pelas tropas israelenses, no sul da faixa de Gaza, junto à fronteira com o Egito. Durante os últimos dois anos, centenas de moradias palestinas tinham sido destruídas em operações de "limpeza" da linha de fronteira com o Egito. No dia 16 de março de 2003, armada de um alto-falante e de um cartaz, tratava de convencer o motorista de um "buldôzer" a não demolir uma das casas. Em vez disso, ele pôs o mastodonte em marcha, esmagando a garota com sua enorme pá. Testemunhas afirmam que, logo depois de a ter derrubado, o homicida deu marcha a ré e arremeteu de novo, esmagando-a. Na primeira imagem fotográfica, ela está diante da escavadora, protegendo com o próprio corpo a frágil parede da casa sobre a qual enorme pá do "buldôzer". Na segunda seqüência, está no chão, esvaindo-se em sangue. Não consta ter havido investigações. Nem sequer houve pedidos de desculpa ou apresentação de condolências aos pais de "Racha", cuja morte brutal foi simplesmente ignorada pela imprensa a soldo do dólar.

10 A indústria da mentira imperial-sionista

A opinião pública israelense uivou escandalizada quando José Saramago declarou que o que estava ocorrendo na Palestina era "um crime que podemos comparar com o que ocorreu em Auschwitz". Amos Oz, escritor israelense que às vezes posa de pacifista (sempre que Israel não esteja em guerra, limpa ou suja), acusou Saramago de ser "anti-semita" e de dar prova de uma "incrível cegueira moral". Quanta insolência! Até nisso, aliás, Israel é uma miniatura do império do dólar e dos mísseis. Assim como este se apropriou do nome "América", que até prova em contrário refere-se a um continente, os sionistas apoderaram-se, para fins polêmicos, do termo "semita", como se árabes e sírios não o fossem. O senhor Oz faria melhor se abrisse os olhos de sua consciência embotada pela hipocrisia. Em vez de imputar cegueira àqueles de quem diverge, deveria deixar de usar a memória das vítimas do extermínio hitleriano para encobrir o terrorismo de Estado israelense. Basta, com efeito, um mínimo de honestidade, ou para retomar a expressão com que o senhor Oz gratificou Saramago, basta não ser portador de "cegueira moral", para constatar o contraste entre os raríssimos filmes consagrados aos palestinos, vítimas de um dos mais torpes holocaustos do século e a portentosa indústria cinematográfica do holocausto, controlada pelo dinheiro sionista, para a qual só têm valor de uso as lágrimas dos judeus.

Mesmo os meios políticos árabes mais enfeudados ao grande império delinqüente protestam contra as "informações" da CNN sobre o Médio Oriente, especialmente por reservarem a palavra "terrorista" para referir-se a árabes e islâmicos. Noam Chomski bem explicou essa unilateralidade semântica:

Nos manuais militares norte-americanos, define-se como terror a utilização calculada, para fins políticos ou religiosos, da violência, da ameaça de violência, da intimidação, da coerção ou do medo. O problema de tal definição é o fato de se aplicar muito exatamente ao que os Estados Unidos chamaram de guerra de baixa intensidade, reivindicando esse gênero de prática. Aliás, em dezembro de 1987, quando a Assembléia Geral da ONU aprovou uma resolução contra o terrorismo, um país se absteve de votar, Honduras, e dois outros votaram contra, os Estados Unidos e Israel. Por que fizeram isso? Por causa de um parágrafo da resolução que indicava que não se tratava de questionar o direito dos povos de lutarem contra um regime colonialista ou contra uma ocupação militar. Ora, na época, a África do Sul era aliada dos Estados Unidos. Além dos ataques contra seus vizinhos (Namíbia, Angola etc.), que provocaram a morte de centenas de milhares de pessoas e destruições avaliadas em US$ 60 bilhões, o regime racista de Pretória enfrentava, dentro do país, uma força classificada de "terrorista", o Congresso Nacional Africano (CNA). Quanto a Israel, ocupava ilegalmente territórios palestinos desde 1967, outros no Líbano desde 1978, guerreando, no sul desse país, contra uma força classificada por ele e pelos Estados Unidos de "terrorista", o Hezbollah.[273]

O movimento Hezbollah, que travou longa, heróica e vitoriosa guerra de guerrilhas contra a criminosa ocupação israelense do Líbano,[274] é, com efeito, sistematicamente classificado de terrorista pelos "comunicadores" adestrados para só latir quando e como os donos mandam, não obstante o epíteto caber mil vezes mais ao Estado sionista, que tortura impunemente militantes palestinos[275] e tem sido governado, a maior parte do tempo, por catedráticos do terrorismo.

---

[273] A explicação é de Noam Chomski, em conferência no Massachusetts Institute of Technology de Boston (MIT), no dia 18 de outubro de 2001.

[274] Essa referência ao Hezbollah, é anterior à segunda invasão do Líbano pelo Estado facho-sionista em 2006. (Ver nota 23). O Hezbollah, uma vez mais, esteve à frente da heróica e vitoriosa resistência do povo libanês.

[275] Sobre o caráter sistemático da tortura de palestinos em Israel, ver "ONU exige que Israel pare com tortura", de Serge Schmemman, publicado em The New York Times e reproduzido em O Estado de S. Paulo de 13 de maio de 1997.

A eficiência da mentira mediática depende da verossimilhança do que diz e do que mostra, portanto das palavras que escolhe e das imagens que exibe. Deixando de lado os "comunicadores" de periferia, que, em matéria internacional, não passam de estafetas e tradutores da mediática estadunidense, escolhemos alguns exemplos dos métodos em vigor na CNN para manipular notícias relativas à tragédia palestina.

Baruch Goldstein, o colono israelense que assassinou vinte e nove palestinos na mesquita Ibrahimi de Hebron numa mesquita de Hebron em no dia 25 de fevereiro de 1994, foi sempre qualificado de "extremista", nunca de "terrorista" pela matilha mediática a soldo do dólar. A camuflagem da brutalidade israelense se completa por relatos distorcidos sobre a "violência palestina". Sócia mais discreta e menos assumidamente facciosa do que a grande rede estadunidense, a BBC não deixa, porém, de contribuir para a mistificação terminológica: ordenou a seus repórteres utilizar a expressão "mortes seletivas" para o assassinato de palestinos por Israel.

Outro aspecto característico da mistificação mediática planejada é apagar, tanto quanto possível, a história dos crimes e espoliações sionistas. Os protestos contra os assentamentos ilegais construídos por judeus em terra palestina são classificados gentilmente de "conflitos de patrimônio". Centenas de aldeias e outras localidades que levavam nomes árabe-palestinos desde tempos imemoriais, foram atingidas pelo genocídio onomástico sionista. Boa parte da área em que os israelitas construíram Gilo foi arrebatada aos palestinos de Beit Jala (Gilo é o termo hebraico correspondente a Jala). Mas os "comunicadores" da CNN estão proibidos de mencionar este fato. Os escritórios centrais da CNN em Atlanta são, ao menos, sinceros: "Vamos nos referir a Gilo como um bairro judeu no subúrbio de Jerusalém, construído sobre terras ocupadas por Israel em 1967. Não o qualificaremos de assentamento".

Michael Holmes, jornalista honrado, desses que não comem na mão do dono, enviou à CNN protesto por ter sido vetada sua reportagem sobre os motoristas de ambulância do Crescente Vermelho que tinham sido repetidamente alvejados pelas tropas israelenses.

> Arriscamos nossas vidas e andamos com motoristas de ambulância [...] durante um dia inteiro. Testemunhamos de nossa janela na ambulância que estávamos sendo alvejados por soldados israelenses [...]A história [...] só foi levada ao ar duas vezes. O agente sionista Rick Davis (um executivo da CNN) eliminou-a. A razão alegada foi que não tínhamos exposto o ponto de vista do exército israelense, apesar de termos declarado na nossa história que Israel acreditava que os palestinos estavam contrabandeando nas ambulâncias armas e pessoas procuradas.

Só quando, depois de três dias, o exército israelense deu uma entrevista à CNN é que Holmes pôde passar a sua história, mas com a desonesta inclusão de uma linha dizendo que as ambulâncias foram apanhadas em "fogo cruzado" (isto é, que palestinos também atiraram a partir das suas próprias ambulâncias).

Numa reportagem sobre os destroços de Ramallah, após a arrasadora incursão israelense em abril de 2002, os chefões da CNN em Atlanta fizeram repetir três vezes que "Israel diz que está fazendo todas essas incursões porque quer destruir a infra-estrutura de terror".

11 Sharon na ofensiva

Enquanto prosseguia a carnificina, Sharon, com a cumplicidade de Bush filho e asseclas ("Por mim, podem até enforcar Arafat", proclamou o vice-presidente Cheney), submetia Arafat a uma sórdida agiotagem política, responsabilizando-o não somente pela Intifada (como se ele pudesse controlar um levante nacional) como também por todas as operações armadas palestinas em Israel. Sabia muito bem, entretanto, que Arafat já tinha ido até o extremo limite da possibilidade de reprimir o Hamas e os outros movimentos guerrilheiros *sem provocar uma guerra civil entre palestinos*. Mas é exatamente isso que pretendia: em vez de Intifada contra os ocupantes, que os palestinos se matassem uns aos outros, contribuindo para sua política de extermínio gradual.

Sem serem partidários dessa "solução final", falsos pacifistas, como Amos Hoz e outros tartufos do mesmo naipe, têm dado sua contribuição para a inversão de responsabilidades. Hoz declarou que "Sharon é um presente de Arafat" e que esse, ao exigir "no último momento [...] o "retorno dos refugiados" teria posto a perder as negociações. "Os palestinos têm direito de voltar para seu país, não ao nosso".[276] Nosso de quem? Hoz acha justo exigir da Alemanha reparações pelo genocídio nazista, mas acha que não é preciso indenizar milhões de palestinos expulsos de sua terra.

O único pretexto não inteiramente mentiroso de que se serviu o Eixo imperialista anglo-estadunidense para invadir o Iraque em março-abril 2003, é o de que Saddam ajudava os "terroristas". De fato, o governo iraquiano concedia auxílio financeiro às famílias dos autores de ataques suicidas. Mas eram somas irrisórias se comparadas ao fluxo de dólares e de armas que o Império Delinqüente carreia para seu sócio israelense. No rastro de fogo e sangue daquela invasão, Bush filho houve por bem, para dar um mínimo de compensação política aos governos árabes que lhe prestam vassalagem, reconhecer o direito palestino a um Estado (em formato de bantustão), exigindo, em contrapartida, que Arafat, como quer Sharon, fosse afastado das negociações e substituído pelo primeiro-ministro palestino Mahmoud Abbas.

Não devemos esquecer, entretanto, que nem todos os israelenses apóiam os crimes sionistas e a "solução final" de Sharon. Os pacifistas sinceros e coerentes não são muitos, mas

---

[276] Cf. *Folha de São Paulo* de 9-7-2001.

não lhes falta lucidez e coragem. Entre outros, o militante pacifista David Grossman explicitou as questões essenciais do programa de paz dos progressistas israelenses num texto intitulado "A dor que Israel tem de aceitar":

> De acordo com o mapa estabelecido pelos Acordos de Oslo, os palestinos não teriam conseguido um verdadeiro Estado, mas territórios cercados e separados por ocupantes israelenses [...]. Se examinamos os principais obstáculos que impedem que o problema do regresso dos refugiados palestinos possa resolver-se [...], é impossível deixar de lado a enorme importância dos assentamentos. [...] Há alguma possibilidade de que finalmente compreendamos que mesmo numa questão tão carregada de emotividade como esta não podemos impor uma solução aos palestinos? [...] Nenhum Estado pode permitir a presença, em seu território, de enclaves fortificados e armados, defendidos por forças de um país estrangeiro com o qual mantêm vínculos exclusivos. Para lograr uma paz justa e duradoura há que desmontar um grande número de assentamentos, não só alguns pequenos na Cisjordânia [...] mas qualquer enclave, independentemente de seu tamanho e antigüidade, cuja localização represente obstáculo para o acordo de paz. [...] Não nos enganemos: a maior parte dos assentamentos se criaram com o expresso objetivo de bloquear qualquer acordo com os palestinos, ou ao menos de impedir uma continuidade territorial que permitiria a constituição de um Estado palestino. [...] Portanto, chegou a hora de que todos os israelenses se perguntem sinceramente se estão dispostos a morrer por colonos que vivem em enclaves isolados e armados, no meio de uma população árabe. [...] Os defensores da paz devem tomar uma decisão definitiva, apesar de todos os lamentos que ocasione. O perigo será ainda maior se Israel não tiver coragem para tomar esta decisão.

Outra israelense, Nourit Peled-Elkhanan, filha do general Mattityahou Peled, um dos iniciadores do diálogo israelo-palestino, e mãe de Smadar, uma menina morta em 1997, aos quatorze anos, num ataque efetuado pelo Hamas em Jerusalém, expressou com pungente concisão o triunfo da morte:

> Em Israel, a morte governa e esse governo é um governo de morte [...]. A máquina israelense de doutrinação consegue apresentar (os atentados palestinos) como se estivessem

totalmente desconectados da realidade israelense. Mas [...] eles são apenas o último elo de uma cadeia de eventos pavorosamente sanguinários [...] cuja única causa é uma cruel ocupação. Uma ocupação que significa humilhação, fome, impossibilidade de ganhar a vida, casas demolidas, árvores arrancadas, crianças assassinadas, menores detidos sem processo em condições abomináveis, bebês mortos em barreiras militares [...]. Sharon transforma nossos filhos em assassinos ou em assassinados.[277]

Os palestinos não possuem os mísseis, tanques, "buldôzers", helicópteros e outros engenhos bélicos, inclusive químicos, de última geração, de que se serve o exército de ocupação israelense para arrasar cidades inteiras, confiscar terras palestinas e destruir a base da economia camponesa (em um ano e meio de repressão à nova Intifada, 112.900 oliveiras foram arrancadas, sem esquecer o roubo da água, tão escassa na região, quase toda monopolizada em proveito dos consumidores judeus). Assim o facho-sionismo conduz o que ele e seus protetores imperialistas, além das execuções sumárias, aplicam um "programa econômico" *la destruction des maisons et des champs, l'arrachage de dizaines de milliers d'arbres, surtout des oliviers, et la. Destructions d'un côté, constructions de l'autre: celles des colonies israéliennes créées dans les territoires occupés.* A arma mais contundente de que dispõem os palestinos exige o sacrifício da própria vida: se os militantes dos movimentos de resistência armada se dispõem a morrer matando, é por sofrerem opressão tão insuportável que a morte se torna preferível à atroz miséria da existência. Se renunciassem unilateralmente à guerrilha, a mais evidente conseqüência política seria a comprovação da eficiência dos métodos genocidas de repressão de Sharon.

Mas um povo que vem enfrentando esquadrões da morte há tanto tempo não renunciará ao direito sagrado de viver em liberdade na terra de seus antepassados, regada com o sangue de mártires incontáveis.

---

[277] Cf. Nouvel Afrique-Asie, nº 148, janeiro 2.002, p. 25.

GRAMSCI E O ISLAM

Derek Boothman
Prof. de Letras Modernas da Universidade de Bologna

1 Introdução

Nas reflexões gramscianas encontramos discussões sobre o Islam tanto nos seus escritos carcerários quanto nos seus textos jornalísticos antes da prisão, em notas que debatem sobre o papel da religião, dos intelectuais religiosos e leigos, das novas organizações estatais árabes do imediato pós-guerra e sobre as relações dos mundos árabe e islâmico com os Estados imperiais. Naquela época, as grandes jazidas petrolíferas não tinham ainda sido descobertas e, portanto, a questão do petróleo, com exceção do Irã e do Iraque, era ainda relativamente secundária para o mundo árabe-muçulmano. Entretanto, os principais argumentos discutidos em tais escritos continuam de grande atualidade, especialmente se pensamos na ainda aberta questão Palestina, o último Estado do Oriente próximo (atualmente chamado Oriente Médio) ainda em vias de formação. A uma

241

distância de setenta anos da redação destas notas, porém, é compreensível que certos particulares relativos aos temas tratados por Gramsci tenham sofrido modificações, fato que se deve ter em conta para a leitura das mesmas. Note-se ainda que em certas notas, particularmente sobre o Oriente Médio, aparecem alusões bastante indiretas aos acontecimentos então em curso. Assim, para tornar mais clara a argumentação de Gramsci, este texto será complementado por informações sobre o pano de fundo histórico, cujas fontes, quando não atribuídas aos específicos autores, podem ser encontradas sob os respectivos verbetes enciclopédicos. Esta contribuição, portanto, representa uma tentativa de reconstruir o pensamento de Gramsci sobre o mundo islâmico comparando-o, na última parte, com o pensamento de outros marxistas da época.

2 A contribuição do Islam à cultura ocidental

Antes de mais nada, é preciso observar que Gramsci reconhecia plenamente a contribuição que o Islam havia dado à cultura, inclusive à ocidental, e suas notas a esse respeito partem do passado distante. Para ele, os acesos debates da escola parisiense na primeira fase do Renascimento, que refletiam "crescentes exigências da razão", eram disputas que se deviam às doutrinas de Averroé, ou seja, "à pressão da cultura árabe" (Q5§123). E, no mesmo parágrafo, acrescenta uma correção ao argumento do autor do artigo que está discutindo: é verdade que naquela época a filosofia antiga retornava ao círculo da civilização européia, mas isto não se devia à fermentos intelectuais autóctones ou "às verdades intuídas através do cristianismo" e sim "porque introduzidas pelos árabes e pelos judeus". Em outra passagem, no Q16§9 e na sua primeira redação (Q4§92), Gramsci reconhece plenamente a contribuição dos árabes à civilização européia através de "toda uma série de empréstimos [...] na culinária: frutas, licores, etc.; na medicina, na química, etc." (Q4§92). Em um texto B, Q5§42, Gramsci reafirma que na formação dos modernos

242

Estados europeus e considerando outros Estados, existe o elemento de influência árabe: "na Espanha existe ainda, ademais, o elemento árabe com a sua influência científica no Medievo". E conclui o mesmo parágrafo com um comentário sobre a "importância para a civilização moderna" do arabismo espanhol. (Nos parágrafos aqui citados é sempre o caso de considerar que quando Gramsci escreve árabe o termo compreende a categoria alargada de "muçulmano".) Mas depois, em época muito próxima à sua, ele cita, como sinal da capacidade do Islam de renovar-se autonomamente, os desvios de certos círculos religiosos na Turim dos anos precedentes à Primeira Guerra, que "chegavam até acolher as tendências modernizantes do islamismo e do budismo" (Q20§4) – por "modernizante" entenda-se o modernismo religioso-teológico.

3 A península árabe

Sobre a força cultural, mas também política, da pregação religiosa puritano-fundamentalista lê-se no Q2§30, no qual Gramsci, com base num artigo publicado na Rivista d'Italia, discute sobre diversos líderes e transformações políticas advindas no mundo árabe. Um fator relevante que emerge claramente desta nota é a sua capacidade de, com base em poucas informações, localizar os personagens chaves que em seguida desenvolveriam papéis importantes no mundo árabe. No entanto, o parágrafo todo não é de fácil compreensão sem alguma alusão aos eventos nos quais estavam envolvidos tais protagonistas. A descoberta e exploração do petróleo após a II Guerra no território de Ibn-Sa'ud, fazem dele a personagem mais importante deste parágrafo escrito por Gramsci. Ibn-Sa'ud, um jovem de pouco mais de vinte anos e pertencente a uma família que havia governado e depois perdido grande parte da Arábia, tinha conseguido em 1902 capturar Riyadh com poucos homens e pouco dinheiro. No biênio sucessivo, ele estendeu seu controle, utilizando a cidade como base, até tornar-se dono de metade da Arábia central (o Negged ou "Nejd"), conseguindo mantê-la inclusive contra outros pretendentes, como os Rashidi que eram apoiados militarmente pela Turquia otomana. O instrumento do seu poder não foi tanto um exército regular quanto a organização militar-religiosa que ele criou, os "Ikhwan" (os "irmãos"), muçulmanos Wahhabiti caracterizados por um fervor puritano que foi o fator unificante das diversas tribos de que era composta a organização. O suporte otomano aos Rashidi induziu o governo britânico a apoiar Ibn-Sa'ud e a fazer dele uma das suas peças chave na região. Aliás, como escreve Gramsci (Q2§30), se soube a partir de uma discussão na Câmara dos Comuns que ele "recebia do governo inglês um salário regular" (desde 1915). Ibn-Sa'ud conseguiu, a partir da sua fortaleza no centro da península e eliminando os Rashidi, abrir uma passagem para o Mar Vermelho, encontrando a faixa litorânea onde estão situadas Mecca e Medina, território com base no qual o Presidente norte-americano, Wilson, e o Premier britânico, Lloyd George, tinham "criado um Estado de Heggias sob o protetorado britânico" na partilha pós-bélica tal como Gramsci já havia notado, dez anos antes, no Avanti!.[278] Muito audaz politicamente, Ibn-Sa'ud mandou para a conquista do Heggias (ou "Hejaz") os seus Ikhwan e informou aos britânicos que estes últimos haviam agido contra as suas ordens: "Em 1926 (em 8 de janeiro) os Wahhabiti vitoriosos proclamaram Ibn-Sa'ud rei do "Heggias" (Q2§30). Gramsci conclui na frase seguinte do mesmo parágrafo: "os Wahhabiti mostravam-se os mais capazes de unificar a Arábia". Ao invés de pararem neste ponto, entretanto, os Ikhwan pretenderam vencer os não-Wahhabiti, considerados infiéis, e acabaram sendo massacrados por ordem de Ibn-Sa'ud, depois de uma agressão não autorizada contra o novo Estado Iraquiano, como registra Gramsci.

> Além de Ibn-Sa'ud, o parágrafo trata de outras lideranças da península árabe como a do Yemen, na figura do imã Yahyà ibn-Mohammad Hamid, normalmente denominado

---

[278] Gramsci, Antonio, L'Avanti, edizione piemontese, 11 de fevereiro de 1919, atualmente em L'Ordine Nuovo 1919-1920, Einaudi, Torino 1975, p. 216 e Il nostro Marx 1918-1919, Einaudi, Torino 1984, p. 540.

simplesmente Yahyà; também de Mohammad Ali, "conhecido como o xeique Idris durante a guerra da Líbia" e ainda do seu aliado, o xerife Husein (Husayn ibn 'Ali) "proclamado rei da Arábia em 16 novembro de 1916" e, por isso, rival direto de Ibn-Sa'ud. Yahyà, líder do Yemen até o seu assassinato em 1948, conduziu, nos primeiros anos do século XX, uma revolta do seu país contra os otomanos que "consolidou a sua independência". Depois, trocando de aliados, "defendeu a Turquia na guerra européia" como forma de oposição ao crescimento do poder pró-britânico do xerife Husayn. A maior importância deste último personagem, entretanto, está nos seus filhos: um tornou-se rei do Iraque e outro emir, e depois rei, da Transgiordânia, ambos países da esfera de poder britânico. Idris, por sua vez, era neto de um certo Ahmed ibn-Idris el-Hasani el-Idrisi, que Gramsci chama de "beato marroquino", fundador em 1337 de uma seita sufista, a irmandade Senussi. Depois dos acontecimentos relatados aqui, Idris transferiu-se para a Líbia de onde foi expulso pelo regime fascista italiano até voltar no pós-Segunda Guerra e tornar-se chefe dos Senussi. Sempre sob o nome de Idris, foi chefe de governo e depois rei até ser deposto em 1969 pelo Coronel Muhammar el-Kaddafi. Observe-se ainda que este último foi um político no sentido estrito do termo mas conseguiu reforçar a sua posição junto à comunidade religiosa do seu país casando-se com uma mulher pertencente a uma importante família Senussi.

Todos os quatro personagens discutidos por Gramsci desenvolveram papéis de certa relevância na política do Oriente Médio na primeira metade do século XX. Dois deles, Yahyà e Husayn, reforçaram as suas posições auto-proclamando-se califas ("herdeiros") com base nas suas descendências diretas do profeta Mohammed. Dos outros dois, Idris, como Yahyà, era tanto líder religioso como político, enquanto Ibn-Sa'ud, na condição de rei Saudita, impôs um puritanismo Wahhabita que permanece ainda hoje na península árabe e em alguns outros lugares na forma de um integralismo religioso que às vezes desemboca em um extremismo político – como o dos chamados Talebans, ou ainda, em movimentos que trazem entre seus quadros os autores dos ataques às Torres Gêmeas. Embora não o diga explicitamente, Gramsci sugere uma íntima e bastante viva ligação entre política e religião nos muitos países onde a presença Islâmica é forte. E confrontando os dois paradigmas – entre sociedades leigas e sociedades tendencialmente teocráticas – coloca-se, para todos os efeitos, sob a mesma linha de Marx quando este se pergunta: "por que a história do Oriente aparece como uma história das religiões?".[279]

Gramsci, infelizmente, não vai além da constatação da presença ou da tendência puritano-fundamentalista naquela parte do mundo Islâmico – com exceção da Turquia que nos Cadernos é tratada mais amplamente que o norte da África e a península Árabe – e não se arrisca a dar uma resposta à pergunta de Marx. Quarenta anos depois, uma carta do amigo e então velho Engels, tentava dar uma explicação da conjunção entre política e religião: "Os Beduínos, pobres e conseqüentemente muito rígidos moralmente", insurgem periodicamente contra as riquezas e a vida de prazeres da cidade. "Estes se unem sob um profeta, um Mahdi, para castigar os apóstatas, para restaurar a observância dos rituais da verdadeira fé e para apropriar-se, como recompensa, dos tesouros dos renegados [...] Todos estes movimentos encobrem-se com o manto da religião mas, as suas origens devem ser procuradas nas causas econômicas".[280] Esta afirmação parece uma exata descrição da performance de Ibn-Sa'ud ao capturar Riyadh com a ajuda apenas dos seus quarenta homens e seus camelos, para depois instaurar um regime puritano sobre a península. Exemplos símiles a estes descritos por Engels foram verificados em certos países Islâmicos inclusive em tempos muito mais próximos aos nossos, com a diferença que hoje existe uma relativa riqueza material se comparármos à pobreza multissecular à qual se refere o autor.

É também digno de observação, sobretudo a partir da reconstrução esboçada por Gramsci no Q2§30, que as alianças no mundo árabe, ao menos nas primeiras décadas

---

[279] Marx, Karl, carta a Engels de 2 de junho de 1853, atualmente em Carteggio Marx-Engels, Vol. II, Editori Riuniti, Roma 1972, p. 212.

[280] Engels, Friedrich, "On the history of early Christianity", atualmente em Marx e Engels, On religion, Foreign Languages Publishing House, Moscow s.d., p. 317.

do século passado, eram bastante débeis. De fato, em 1920, alguns anos depois da sua aliança com Husein, Idris encontrava-se aliado com Ibn-Sa'ud, então apenas um sultão do Negged. Isto porque Idris se viu "pressionado entre Husein ao norte e Yahyà ao Sul" sendo este último aspirante tanto quanto Ibn-Sa'ud a "promover e dominar a unidade árabe". O sentido completo do parágrafo, não é de todo claro porque Gramsci não escreve nada de explícito sobre o pano de fundo histórico destes eventos, a não ser um ou outro aceno às relações entre os líderes árabes e às potências imperiais. Por isso, o sentido permanece um tanto misterioso até que não se lê o parágrafo Q2§30 à luz do Q2§90, que faz referência às reformas do Paxá Kemal (Kemal Atatürk). A partir de então, se vê claramente que aquelas notas fazem referência à desagregação, ou melhor, ao desmembramento do Império Otomano e às primeiras tentativas de reagregação das suas diversas partes nos Estados que agora conhecemos. Isto, talvez, torne mais claro a referência que Gramsci faz à Yahyà, considerado "herético" pela maioria sunita porque seguidor do ritual zeidita, e que, para poder consolidar sua posição, procurou "insistir [...] sobre a nacionalidade e sobre o fato de que fosse descendente do profeta". Em outras palavras, ele era um defensor da criação dos Estados nacionais em meio à constante tensão existente entre o "cosmopolitismo teocrático" pan-islamista e o "sentimento nacional", isto é, era favorável "à grande heresia sobre a qual se fundamentam as heresias propriamente ditas" como escreveu Gramsci no Q2§90. Aqui, o que Gramsci parece indicar com o termo "cosmopolitismo teocrático" é uma consciência religiosa de caráter popular que transcende as fronteiras normais dos Estados em modo de todo análogo ao catolicismo medieval.

4 O Magrebe

Para atribuir a Gramsci opiniões definitivas é preciso manter a precaução de que estas foram baseadas em artigos que ele leu sem poder consultar as fontes necessárias para verificar certas posições, como no caso dos seus comentários sobre o clero Islâmico. Confiando em um artigo publicado sobre a Nuova Antologia de 1º de agosto 1929 (I santi nell'Islam, de Bruno Ducati), Gramsci remete-se no Q5§90 ao comentário do autor de que o Islam parece ser caracterizado por uma "relativa ausência de um clero regular que sirva de *trait d'union* entre o Islam teórico e as crenças populares" havendo, conseqüentemente, uma grande distância entre os intelectuais e o povo. O discurso, entretanto, parece referir-se a certas "periferias" do mundo muçulmano e, particularmente, ao Magrebe, objeto de discussão de Ducati. A afirmação a respeito da falta de clero não parece verdadeira caso faça referência a outras partes do mundo Islâmico da época, como é o exemplo da Ásia central,[281] e menos ainda o seria nos dias de hoje. Em todo caso, acrescenta Gramsci, "seria preciso estudar bem o tipo de organização eclesiástica e a importância das universidades teólogicas". O vínculo entre intelectuais e povo, ao invés de ser baseado sobre livros sacros, permaneceria na forma de um "fanatismo" que daria lugar a "uma quantidade psíquica de emoções e impulsos que acabam por prolongar-se também em tempos normais". Nas zonas isoladas do Norte da África, a mediação entre o povo e a divindade se dava não tanto através dos intelectuais e do clero quanto através da interposição dos santos populares. Uma vez que muitos destes santos recordavam "os velhos ídolos das religiões vencidas do Islam", o fenômeno conferia um aspecto quase politeísta à religião popular daquela zona. A observação continua a ter uma certa pertinência ainda hoje, visto que perduram as religiões sincréticas, como aquelas do catolicismo com elementos de animismo, atualmente comuns em certas partes do mundo. Também o comentário sobre o fanatismo continua tendo certa relevância ainda que agora a sustentá-lo exista uma casta intelectual fundamentalista mais difundida do que na época em que escreve Gramsci, acrescentando o fato de que o fanatismo não é nem limitado a uma religião nem apenas à religião enquanto tal.

---

[281] Um comunista muçulmano da época, M. Sultan-Galiev, declarou que uma típica paróquia islâmica da Ásia Central soviética tinha entre 700 e 1.000 habitantes, sob a direção de um Mulá e dois assistentes, enquanto um papa ortodoxo tinha em média entre 10.000 e 12.000 paroquianos: ver Carr, Edward Hallett, A History of Soviet Russia. *The Bolshevik Revolution 1917-1923*. Vol.1, Pelican, Harmondsworth 1966, p. 329, nota 3.

Para o sufismo, tendência mística e missionária cuja origem remonta aos primeiros decênios do Islam, os santos poderiam ser "homens privilegiados [...] que podem entrar em contato com Deus" enquanto que para o povo, poderia ser um santo "ou mesmo um homem desconhecido, um peregrino que páre em algum lugar para cumprir obras de ascetismo e caridade". Gramsci não aprofunda o termo "peregrino"*, mas poderia ser entendido ainda no sentido especificamente sufista de "peregrino espiritual", à procura de contato com a divindade. O sufismo tinha uma das suas bases no Magrebe onde há tempos existiam outras tendências símiles, místicas ou semi-místicas, como, por exemplo, o marabutismo (discutido no mesmo Q5§90), fenômeno que também incorporava figuras de santos locais. A afinidade do marabutismo com o sufismo freqüentemente induzia à confusão entre as duas tendências. Os Marabutos, segundo Ducati, desenvolviam também a função de juízes de paz e, às vezes, a de chefes das insurreições contra os europeus. Gramsci conclui este parágrafo citando a opinião do autor que tais santos constituíam uma força que poderia representar "o obstáculo maior para a difusão da civilização ocidental" ou então "um auxílio precioso da expansão européia".

Como se pode ver, também neste caso, os chefes religiosos podiam desenvolver um papel político análogo ao dos quatro personagens discutidos no Q2§30. Naquele caso, entretanto, os personagens eram dirigentes políticos, em primeiro lugar, que desempenhavam também um papel religioso. Porém, no artigo de Ducati, a ênfase é dada à função religiosa dos personagens que poderiam ter, secundariamente, um papel político. O aspecto comum em ambos os artigos de Gramsci é a discussão sobre o ponto de vista instrumental dos autores, interessados apenas nas possibilidades de utilizar melhor, como peças do jogo dos países imperiais ou como condescendentes aos seus projetos, os chefes do mundo muçulmano de então.

---

* "Viandante" no original em italiano (n. t.)

5 O papel do clero

Contrariando aquela leitura, a questão principal para Gramsci era a adaptação do Islam à civilização moderna. Bastante otimista, o pensador sardo afirma no Q2§90 que, especificamente, "a ausência de uma maciça organização eclesiástica do tipo cristã católica deveria tornar mais fácil a adaptação" a esta civilização que, na sua forma "industrial-econômico-política, terminaria por triunfar também no Oriente" – um juízo que repete para a Índia e para a China no Q7§62. A "dificuldade mais trágica para o Islam", continua Gramsci no parágrafo do segundo Caderno, seria constituída pelo fato de que os países de maioria muçulmana eram exemplos de "sociedade entorpecida por séculos de isolamento, apodrecida sob regimes feudais" que acabariam sendo postas bruscamente em contato com "uma civilização frenética que já está na sua fase de dissolução". O cristianismo, por outro lado, tinha "precisado de bons nove séculos para evoluir" e tinha se "adaptado molecularmente", tornando-se "uma grande hipocrisia social". O Islam, aliás, já estava em evolução e não seria mais aquele da Primeira Guerra e, segundo pensava, o elemento então dominante em tal evolução era, como ele já havia observado no caso específico de Yahyà, "o sentimento nacional". Como Gramsci ressalta aqui, enquanto o cristianismo evoluiu em pequenas etapas num período de nove séculos (parece que a partir do grande cisma cristão entre leste e oeste) "o Islam é obrigado a correr vertiginosamente".

Existe um vínculo, inclusive lingüístico, entre este parágrafo, Q2§90, e um outro, escrito muito provavelmente apenas alguns dias antes. No Q2§90, Gramsci afirma que "a dificuldade mais trágica para o Islam" consiste na sua "sociedade entorpecida por séculos de isolamento" enquanto no Q2§86, falando da Índia, chama a atenção para o seu "secular entorpecimento social" e continua afirmando que "a crise durará ainda por muito tempo e será necessária uma grande revolução para que se inicie uma solução". Ele conclui o parágrafo comentando que muitas das observações que o autor do artigo faz a respeito da Índia, "poderiam ser feitas em relação a muitos outros países e outras religiões. Ter em conta". Os pontos de semelhança entre os dois parágrafos induz à hipótese de que os comentários sobre o subcontinente indiano – onde além dos hindus viviam também sessenta ou setenta milhões de muçulmanos, fato não comentado por Gramsci – podem ser válidos também para as sociedade Islâmicas em geral.

Fazendo uma comparação com aquilo que ele disse a respeito dos intelectuais da Índia (parágrafos Q2§86 e Q6§32) é, sobretudo mas não exclusivamente, aos intelectuais leigos que ele se remete. Na Índia, os intelectuais "tornaram-se a expressão das classes médias e industriais" produzidas pelo industrialismo, mas Gramsci ainda não via nestas "o novo (espírito crítico) [...] difuso a ponto de formar uma 'opinião pública' que se contraponha ao velho" (Q2§86). Os intelectuais leigos, todavia, constituiriam a categoria capaz de criar as escolas para as massas indianas (Q6§32). Fica implícito no discurso de Gramsci que a fase de desenvolvimento político dos países árabes-muçulmanos, que ainda lutavam para afirmarem-se como nações, não era a de países sob o domínio colonial no *stricto sensu*, tal como o era a Índia, cujo povo estava vivendo uma fase relativamente avançada do movimento nacionalista (Q2§48 e Q1§134). Os líderes indianos da época, conduziam uma batalha antiimperialista relativamente coerente, enquanto os árabes sobre os quais se discutia no Q2§30, apesar dos filhos de um deles (Husayn), eram de um modo ou de outro todos cúmplices do imperialismo ocidental. Esquematizando, talvez se pudesse retomar as posições gramscianas dizendo que os movimentos nacionais do mundo árabe-muçulmanos não eram caracterizados por uma luta contra a potência imperial enquanto tal, pois, ao contrário, estes tomavam partido de uma ou outra potência (por exemplo, da Inglaterra ou da Turquia Otomana antes da I Guerra Mundial) segundo os seus interesses mais imediatos. Tal impostação foi superada apenas nos primeiros anos após a II

Guerra quando, como exemplo típico do novo nacionalismo, mais ao compasso dos tempos, foi fundado por Michel Af'laq o partido Ba'ath pan-árabe.

6 O exercício do poder imperial

A questão do exercício do poder colonial sobre os países subalternos está, também, na base de uma outra nota (Q2§63) intitulada "Itália e Egito". Como freqüentemente acontece nos parágrafos sobre as questões internacionais, a fonte sobre a qual Gramsci se baseia é um artigo publicado na Nuova Antologia, desta vez extraído do livro *Manuale di quistioni politiche dell'Oriente musulmano*, de Romolo Tritonj, autor que Gramsci define como "sério e informado" sobre as questões do Oriente Médio. O texto de Tritonj é centrado sobre a questão das chamadas capitulações, isto é, daqueles tratados através dos quais um cidadão residente no território de um Estado estrangeiro era submetido à jurisdição do seu próprio país e não àquela do Estado hospedeiro. Tal sistema remontava aos tempos nos quais a soberania era vinculada à pessoa e não ao território e, no início, tinha sentido quando se tratava de pequenas delegações comerciais. É fácil intuir, todavia, que também as capitulações tornaram-se logo um instrumento do poder imperial, criando uma classe privilegiada isenta da jurisdição local. A natureza do sistema era tal que a nação subalterna não tinha poderes sobre os estrangeiros nem em matéria de impostos nem em tarifas alfandegárias. No caso particular da Turquia, o novo Estado que herdou os tratados do Império otomano conseguiu um acordo formal para a abolição das capitulações com relação às nações vitoriosas na I Guerra Mundial somente depois da chegada de Mustafa Kemal ao poder, em 1923. O sistema continuou, entretanto, até 1929, resultando, conseqüentemente, em perda de renda, autonomia e dignidade para jovem Estado.

Tritonj exprimia o temor de que, por causa dos quatro pontos sobre os quais se estabelecera em 1922 a independência, ou melhor, a semi-autonomia, do Egito, a Grã-Bretanha pudesse romper a unidade das grandes potências e agir sozinha "afirmando resguardar a 'proteção dos interesses estrangeiros'" no Egito.[282] Para Tritonj, os interesses italianos estavam melhor salvaguardados pelo método das capitulações, tendo-se em conta o que uma iniciativa britânica unilateral poderia significar. (De fato, na seqüência de uma revolta de jovens soldados egípcios, a Grã-Bretanha rompeu com todos os acordos do duplo controle que mantinha sobre o Egito juntamente com a França e ocupou o país provocando, segundo um historiador pró-britânico, apenas na cidade de Alessandria, a morte de cidadãos egípcios mas também a de mais de dois mil residentes não egípcios.)[283]

As capitulações serviam, segundo Tritonj, para manter unida a colônia italiana e, naqueles países mediterrâneos onde tinha sido abolida, a emigração italiana tinha cessado ou sido gradualmente eliminada (Turquia), ou ainda, a colônia tinha sido desnacionalizada (Tunísia). A Grã-Bretanha tinha no Egito uma colônia numericamente "muito exígua" e, por isso, não tinha interesse em manter as capitulações mas, aceitando as suas abolições o país imperial teria "vend[ido] a pele alheia". Gramsci afirma que os italianos "queriam ter a amizade dos nacionalistas mas fazer a política da colônia italiana no Egito, deixando todo o ódio da situação criada pela Europa sobre os ombros da Inglaterra". Depois, acrescenta um comentário bastante enigmático: "ver nas revistas as opiniões sobre os acontecimentos egípcios de 1929-30". Isto é, certamente, uma referência às eleições de 1929, vencidas pelo Wafd, um par

---

[282] Além da proteção dos interesses estrangeiros, os outros três pontos eram a segurança das comunicações imperiais, isto é, do Canal de Suez como "estrada maior" para chegar até a Índia, a defesa do Egito e a questão do Sudão – todos pontos (não elencados no parágrafo) concebidos para reforçar o Império Britânico.

[283] McCarthy, Justin, A History of our Times, vol. V, Chatto and Windus, London 1900, p. 86.

tido nacionalista moderado, em oposição ao rei Fu'ad.[284] Este, investido como rei-fantoche britânico em 1922, tinha sempre tentato excluir os nacionalistas do poder efetivo, dissolvendo o parlamento e governando muitas vezes por decreto real. Entretanto, a vitória do Wafd nas eleições de 1929 conduziu o parlamento egípcio à tentativa de fazer oposição à completa mão livre que Londres desejava manter nos territórios das rotas marítimas em direção à Índia, entendidas como de grande importância estratégica.[285] O choque entre Fu'ad e o Parlamento era inevitável: o rei suspendeu a constituição e promulgou uma outra além de uma lei eleitoral formulada com o objetivo de reduzir drasticamente a influência do Wafd. Esta formação, todavia, manteve uma posição relevante e, às vezes, dominante na vida nacional até o crescimento de uma nova geração de nacionalistas mais radicais, cujo máximo representante, Gamal Abdel Nasser, derrubou a corrupta monarquia de Faruq, filho de Fu'ad, no Golpe de Estado dos "Oficiais Livres" em 1952.

Outros comentários de Tritonj a respeito do mundo árabe-islâmico são discutidos por Gramsci no Q5§107. Desta vez, estão em questão as mudanças na situação da Síria, da Palestina, da França e da Grã-Bretanha no que se refere aos acordos pós-bélicos e, como observa Gramsci, quanto ao significado destes para a situação pós-czarista. Recorde-se antes de mais nada que o Império Otomano – aliado das Potências

---

[284] A própria palavra "Wafd" indica "delegação", numa referência à delegação que os nacionalistas egípcios mandaram ao alto comissário Britânico dois dias depois do armistício de novembro de 1918. A administração britânica se recusou a encontrar a delegação e mandou encarcerar o seu chefe carismático, o Paxá Sa'd Zaghlul, provocando uma revolta em todo o país. No seu VI Congresso, (1928) a IC julgava a sua oposição ao Imperialismo como "de caráter reformista e colaboracionista de classe" e que a Wafd tinha "mais de uma vez traído a luta pela emancipação nacional" (Sixth World Congress of the Communist International, 1928, The Revolutionary Movement in the Colonies, Modern Books, London 1929, pp. 31-32). Recorde-se que a leitura deste juízo sobre a Wafd foi feita durante o Congresso que se caracterizou por propor uma guinada sectária e uma política ultra-esquerdista.

[285] Cfr. Hobsbawm, Eric, The Age of Empire, Weidenfeld and Nicolson, London 1987, p. 68.

Centrais durante a I Guerra Mundial – compreendia também a Palestina, que tinha representantes no parlamento imperial de Istambul. Recorde-se ainda que os Otomanos tinham tomado medidas repressivas contra o ressurgente nacionalismo árabe e uma vez que diversos Estados e staterelli árabes estavam sob a proteção da Grã-Bretanha, convinha a este último país a consolidação dos vínculos com os árabes para uma função antigermânica, oferecendo a eles mais vantagens do que aquelas que teriam recebido dos otomanos. Em 1915, a independência de uma parte dos territórios árabes foi oferecida pelo alto comissário britânico para o Egito como parte das negociações com Husayn ibn 'Ali, já no poder como Emir do Heggias. Este último teria interpretado que do acordo constava também a independência do território que compreendia a Palestina. No mês de maio de 1916, entretanto, a Grã-Bretanha, a França e a Rússia teriam fechado um acordo não sobre a independência mas sobre isto que, nesta nota, também Gramsci chama de "internacionalização" de pelo menos grande parte da Palestina; tal solução representou "o programa mínimo italiano". Na seqüência, a queda do czar ofereceu para as outras duas nações, signatárias do acordo, a desculpa para modificar as suas posições e para excluir a Itália desta parte do butim. A Itália, como nota Gramsci, permaneceu "no eixo porque a França teve a Síria sob o seu comando e a Inglaterra a própria Palestina". A França continuava a ter na sua esfera de interesses também a parte sul oriental da Turquia, zona contígua com a fronteira setentrional da Síria. (Aliás, em 1920, uma tentativa de proclamar Faysal, filho de Husayn, como rei da Síria terminou na sua expulsão do país por parte da França e ele teve de contentar-se com a coroa do Iraque: veja abaixo.) O Pacto de Londres (em abril de 1915) estabeleceu que, e isto foi reconfirmado depois do fim das hostilidades bélicas, para a Itália ficava "a região mediterrânea próxima à província de Adalia" (ou seja Antalya), isto é, a parte sul oriental da Turquia (Q2§19). Escrevendo na coluna "Sotto la Mole" do Avanti!, Gramsci já tinha ironizado por duas vezes com relação às possibilidades de lucro que os italianos esperavam obter ali. Fazendo referência à lenda virgiliana da fundação de Roma, ele escreveu que "renasceram todos os mitos febeus. O sangue de Enea refermenta nas veias arterioscleróticas de professores, jornalistas, siderúrgicos e armadores; as vontades se estendem em direção ao Oriente e teremos os Argonautas tentadores das difíceis grotas dardanélicas...".[286] Como talvez fosse previsível, um outro tratado (de Sèvres), que deveria ter sancionado a divisão da Turquia nas esferas de influência, não foi nunca ratificado e foi superado por aquele de Losanna (1923) que restabeleceu a soberania turca em Anatólia.

Enquanto isso, as forças mais decisas da sociedade turca andavam adiante. Em 1920, em Ankara (Angora), em oposição àquilo que permanecia do parlamento otomano de Istambul, depurado dos seus deputados incômodos pelas forças britânicas, convocou-se a Grande Assembléia Nacional que em 1923 nomeou Kemal como presidente da nova república turca. A influência italiana na Turquia esvaneceu rapidamente e seu último movimento parece ter sido aquele mencionado acima, no Q2§19. Neste parágrafo, Gramsci cita, com uma bela dose de ceticismo, a observação de que a Turquia cedera "diante da iminência de uma intervenção italiana" e, como conseqüência, visto a falha "ação militar de Moscou sobre o Meandro e sobre o Tigre" (ambas as opiniões expressas pelo autor do artigo discutido por Gramsci), aconteceu a "cessão de Mossul ao Iraque (isto é aos ingleses)". Uma tal cessão de território poderia parecer estranha nos tempos de hoje, mas, recorde-se que os todos lugares mencionados faziam parte do ex-Império Otomano e que os Estados nesta parte do mundo, inclusive o Iraque – até então conhecida como a região da Mesopotâmia –, eram ainda em vias de formação. Graças aos meios de persuasão da R.A.F que

---

[286] Avanti!, ed. Torinese, 15 de fevereiro de 1918 e 10 abril de 1919, atualmente em La Città Futura 1917-1918, Einaudi: Torino, 1982, pp. 662-4 e em Sotto la Mole 1916-1920, Einaudi, Torino 1975 (4ª edizione), p. 474. (A citação no texto é do segundo artigo.)

bombardeou a população civil – sobretudo a kurda – com projéteis de gás,[287] Mossul foi induzida, com as suas reservas de petróleo, a unir-se às províncias de Bagdá e Basra para formarem o atual Estado do Iraque, primeiro sob o Emir 'Abd Allah, segundo filho do mesmo Husayn citado acima, e depois, quando este refutou a coroa, sob o seu Irmão Faysal. A Grã-Bretanha conseguiu portanto controlar um bloco de Estados naquela zona: além do Iraque, tinha sob a sua proteção Transgiordânia, cujo Emir (rei após a II Guerra Mundial) era exatamente 'Abd Allah; a Arábia Saudita era um dos seus estados-clientes e, como foi observado acima, tinha também mando sobre a Palestina. Em um dos seus raríssimos comentários sobre o Petróleo, Gramsci nota que no Irã "o anglo pérsico Burmah [podia] considerar-se governança britânica" (Q2§54). Enfim, o Egito era impotente no confronto com o governo de Westminster.

Estranhamente, o único comentário de Gramsci sobre a Palestina, a parte aquele sobre a sua internacionalização, foi simplesmente perguntar-se, a propósito da declaração de 1917 do então Ministro do Exterior britânico Balfour, "em que coisa o novo movimento sionista, nascido após a declaração de Balfour, tinha influenciado os judeus italianos?" (Q3§130). Para Gramsci, os judeus italianos não eram objetos de "um anti-semitismo popular (que é o anti-semitismo clássico, aquele que provocou e provoca tragédias)"[288] e se declarava não convencido das opiniões do amigo Piero Sraffa, argumentando que seria uma tentativa de "fazer de novo dos judeus uma comunidade isolada". Isto lhe parecia uma tendência "'subjetiva' dos velhos rabinos e dos jovens sionistas".[289] Destes comentários deduz-se que Gramsci considerava improvável a

---

[287] Omissi, David. "*Baghdad and British bombers*", The Guardian, 19 de janeiro de 1991; para ulteriores informações sobre o papel imperial da R.A.F. ver o livro do mesmo autor, *Air Power and Colonial Control*: The Royal Air Force 1919-1939, Manchester University Press, Manchester 1990.

[288] Gramsci, Antonio. *Lettere dal Carcere*, Einaudi, Torino 1975 (5ª edizione), p. 591 (carta a Tania de 21 de março de 1932).

[289] Gramsci, Antonio, op.cit., pp. 569-570 (carta a Tania de 8 de fevereiro de 1932).

criação de um forte movimento sionista na Itália, assim como, na esteira da declaração de Balfour, ele considerava 'irrealizável a constituição de um Estado israelita na Palestina'.[290] Considerando a época em que escrevia e o número bastante limitado de imigrantes judeus em direção à Palestina, talvez não surpreenda que não haja aceno em relação aos eventuais problemas que poderiam nascer no Oriente Médio, apesar da promessa do estadista britânico, feita quando era iminente a conquista de Gaza e de Jerusalém por parte do exército britânico que avançava pelo Egito. Na sua carta-declaração ao Barão Lionel Walter Rothschild, um dos máximos dirigentes da comunidade judaica britânica e membro da família de banqueiros que há muito financiava diversas colônias sionistas na Palestina, Balfour assegurou que, depois da criação ali de uma casa nacional judaica (não como reivindicaram Chaim Weizmann e outros dirigentes sionistas, que a Palestina devesse ser "a casa judaica") seriam respeitados "os direitos civis e religiosos da comunidade não-judaica já existente na Palestina". Em uma nota bastante irônica, (Q3§130), Gramsci se limita a perguntar "em que coisa o novo movimento sionista, nascido depois da declaração de Balfour, teve influências sobre os judeus italianos?".

7 Os movimentos populares

No que diz respeito aos movimentos nacionais ou nacionalistas e ainda aos movimentos populares não operários, podemos tomar como caso paradigmático a posição adotada por Gramsci com relação aos camponeses de um lado e aos reformistas do outro.

Em certos casos, os camponeses conseguiram criar movimentos e ter líderes com uma expressão independente das forças reacionárias do Vaticano. O mais conhecido deles, Guido Miglioli,

---

[290] Gramsci, Antonio. *Avanti!*, 21 de março de 1918 atualmente em La Città Futura 1917-1918, op.cit., pp. 758-9.

era católico praticante e líder da esquerda camponesa no Partido Popular italiano. Com exceção de uma crítica inicial feita a Miglioli, quando ele pretendeu ultrapassar à esquerda os comunistas,[291] o posicionamento de Gramsci em sua direção foi sempre positivo, diferentemente de Serrati (antes da adesão do líder ao PCI)[292] que da esquerda bordiguista defendera que os camponeses deveriam ser afastados da influência de Miglioli, inclusive no Congresso de Lion de 1926.[293] A diferença de estratégia com relação a Gramsci não podia ser maior. Enquanto para os bordiguistas Miglioli era inconfiável porque não era comunista, ele já tinha, na realidade, sido expulso do Partido Popular no ano anterior por ter sustentado a tese da unidade sindical inclusive em nível internacional, e trabalharia, pouco depois, junto ao Krestintern, la internacional Vermelha dos Camponeses.[294]

É significativa a posição de Gramsci em relação à política de frente única, tanto em contraposição aos reformistas quanto à ala esquerda de Bordiga. Estes, no seu protesto contra a exclusão dos organismos dirigentes comunistas da esquerda comunista, se perguntavam por que eram considerados "ortodoxos" por um liberal de esquerda como Gobetti, um expoente do partido autonomista sardo como Emilio Lussu ou um líder católico de esquerda como Miglioli. A resposta de Gramsci era a de que estes não eram ortodoxos, que o liberal Gobetti era "mais à esquerda que os próprios maximalistas" e Miglioli representava o deslocamento à esquerda de

---

[291] Artigo não assinado, mas de Antonio Gramsci, no L'Ordine Nuovo de 21 de junho de 1919 sob o título *La settimana politica*, atualmente em L'Ordine Nuovo 1919-1920, Einaudi, Torino 1954, pp. 244-245.

[292] Artigo *Serrati e il fronte unico*, não assinado mas de Antonio Gramsci, no L'Ordine Nuovo de 19 de março de 1922, atualmente em Socialismo e Fascismo, L'Ordine Nuovo 1921-1922, Einaudi, Torino 1966, pp. 480-482.

[293] Spriano, Paolo. *Storia del Partito Comunista Italiano*, Vol.I: Da Bordiga a Gramsci, Einaudi, Torino 1967, p. 502.

[294] Spriano, Paolo, op. cit., pp. 434-435.

"determinadas massas camponesas católicas que querem lutar contra o fascismo junto ao proletariado revolucionário".[295] Estes são exemplos que oferecem um paradigma sobre o tipo de alianças que Gramsci tinha em vista e que esperava entre as forças revolucionárias e as massas camponesas e não proletárias do Islam, assim como o papel dos intelectuais e dos dirigentes não comunistas dentro de tais alianças. Os reformistas, entretanto, protestavam que, enquanto os seus expoentes tinham sido excluídos da Internacional, a frente única proposta por esta organização incluía também nacionalistas não socialistas: "O Executivo de Moscou [...] disse que Turati não é digno de pertencer à internacional. E sabeis quem o é para a Internacional? O Paxá Enver, o jovem turco, nacionalista exaltado". Acena ainda à posição expressa algum tempo antes pelos reformistas alemães contra a exclusão do ilustre economista Rudolf Hilferding enquanto diziam, podiam entrar "o mulah de Kiva e o de Samarcanda, que não sabem nem mesmo quem foi Marx".

A este ponto é interessante abrir um parêntese para um comentário explicativo sobre Enver e a revolução turca que, sob a direção de Kemal Atatürk, procurou o apoio da Rússia revolucionária. No âmbito da Internacional, Kemal foi considerado o líder de um movimento de liberação nacional que tinha alguns pontos em comum com os bolcheviques. De fato, um certo movimento comunista nativo, que de vez em quando desembocava em soviets camponeses, foi considerado por Kemal como complementar ao seu movimento nacionalista e antiimperialista. Mais do que o conteúdo social da revolução kemalista, entretanto, parece que foi o aspecto nacionalista e especificamente antibritânico de tal movimento que chamou a atenção dos dirigentes da Internacional. Entretanto, com

---

[295] Artigo *Vecchia musica*, não assinado mas de Antonio Gramsci, no Unità de 2 de julho de 1925, atualmente em La costruzione del partito comunista 1923-1926, Einaudi, Torino 1971, pp. 376-377; a referência a Enver, aos Mulás e também a Hilferding dizem respeito a velhas polêmicas social democráticas do período da formação do PCI.

todos os limites da experiência turca, não se sustenta a afirmação do diplomata afegão Sirdar Ikbal Ali Shah (Q2§90) de que as reformas kemalistas representavam não tanto "uma 'novidade' mas [...] um retorno ao antigo, ao puro". Contra esta posição, Gramsci observa (Q10, parte II, §41iv) que, como parte do seu processo de modernização, a Turquia kemalista tinha inovado notavelmente o sistema legal, introduzindo neste, inclusive, códigos ocidentais. Segundo Gramsci, sustentar que as reformas representavam um retorno às origens era demonstrar que no Islam, tal como no catolicismo, já havia um "jesuitismo", ou seja, era sustentar que os fenômenos positivos já são preexistentes na estrutura ideológica da fé e, por isso, não requerem medidas e reformas radicais de proveniência externa a esta.

O Paxá Enver, chamado em causa pelos reformistas, tinha sido ministro da guerra do império turco otomano no primeiro conflito mundial. Depois, por um certo tempo no imediato pós-guerra parecia que quisesse cumprir um ulterior passo adiante com relação a Kemal e inserir a Turquia na frente antiimperialista mundial. Depois de um encontro com Radek em uma prisão da Alemanha, ofereceu seus serviços ao governo russo e, no verão de 1920, concluiu um tratado de amizade russo-turco. Em setembro daquele ano, apesar da sua responsabilidade no massacre turco dos armênios, Enver foi um entre as diversas centenas de convidados e delegados ao Congresso dos Povos de Oriente em Baku. Lá teve de fazer autocrítica ao mesmo tempo em que apresentava como inimigo do imperialismo britânico, recebendo apoio das organizações revolucionárias, sobretudo, do ex-império otomano. Com base nestes fatos, e por um breve período, cresceu a sua reputação de campeão da revolução mundial nos círculos socialistas ocidentais.[296]

---

[296] A parte a citação do segundo caderno, as outras informações sobre Kemal e sobre Enver são extraídas de Carr, Edward Hallett, A History of Soviet Russia. The Bolshevik Revolution 1917-1923. Vol. 3, Pelican, Harmondsworth 1966, pp. 248-249 e 262-268.

Este pano de fundo ajuda a compreender os motivos pelos quais a Internacional lhe forneceu apoio político, contava sobretudo o seu potencial em relação aos povos orientais e, por isso, se compreende também os motivos da sua defesa por parte de Gramsci. A diferença entre um como Turati, de uma parte, e Enver, ou com muito maior razão Miglioli, da outra, estava nas potencialidades políticas. Turati, junto à direita social-democrática, não teria jamais se deslocado à esquerda enquanto os outros dois dirigentes ofereciam alguma esperança de que pudessem colaborar com as forças comunistas e, mais importante, juntamente com os seus seguidores. No caso de Enver, todavia, o augúrio não era bem fundado: em 1922, foi fazer a mediação entre os pan-islamistas rebelados contra a república dos soviets do Turkestão, que compreendia também representantes dos camponeses muçulmanos (os Dehkan), mas aderiu à rebelião e foi morto em combate.[297] A *ex post*, parece que a crítica social democrática sobre eles e outros dirigentes tradicionais, como o "mulá de Kiva" – mais interessados numa gestão personalista do poder que em uma gestão social –, seja justificada. De fato, os revolucionários logo expulsaram o Khan de Kiva (ou "Khiva"). Ao mesmo tempo se deve ter em conta que a própria Khiva, sob o nome histórico de Khorezm, tornou-se uma república soviética, ainda que inicialmente não socialista, em abril de 1920,[298] poucos meses depois da polêmica com os social-democratas. Aquilo que se pode dizer é que o fermento na Ásia central, com a formação de soviets e o deslocamento dos camponeses à esquerda assim como das massas populares Islâmicas, era uma justificativa suficiente para a aposta de Moscou e da Internácional sobre o crescimento dos movimentos pró-comunistas e de ̇esquerda entre os muçulmanos da Ásia Central.

Nos escritos de Gramsci os acenos a estes acontecimentos são poucos e algumas vezes indiretos e, freqüentemente,

---

[297] CARR, E. H. A *History of Soviet Russia*. The Bolshevik Revolution 1917-1923. Vol.1, op. cit. na nota 4, p. 343.

[298] Carr, E. H., op.cit. Vol 1, p. 340.

aparecem só as conclusões alcançadas sem o raciocínio que as sustenta. Com esta nota de cautela na interpretação dos seus comentários, parece que se pode afirmar que ele não viu qualquer obstáculo insuperável que impedisse o desenvolvimento político em sentido positivo dos países de predominância Islâmica.

Que tipo de conclusões se pode extrair destas notas de Gramsci sobre o Islam e sobre os países Islâmicos? Em primeiro lugar, a escassez de apontamentos sobre a temática não é de modo algum sinal do seu desinteresse mas apenas resultado do fato que no cárcere tinha poucos materiais à sua disposição para que pudesse fazer uma análise aprofundada tanto quanto aquela que fez sobre o cristianismo. Talvez se possa dizer que são três os pontos, ligados entre eles, que Gramsci considera de primeiríssima importância: a questão da religião, aquela nacional e aquela de classe.

De vários modos, o recorte que Gramsci utiliza com relação ao Islam reflete a análise que fez sobre o cristianismo. Encontramos as questões do nexo entre religião oficial/religião popular, dos movimentos de reforma (sobretudo em relação a certa forma de puritanismo) e dos intelectuais – sejam aqueles pertencentes ao clero regular, sejam aqueles mais próximos ao povo e às suas práticas religiosas espontâneas. De fato, como se observou acima, Gramsci sublinha a distância entre a religião islâmica oficial e as crenças populares; distância que naqueles tempos, com ausência dos modernos *mass media*, era maior do que hoje. Uma medida de comparação é certamente a religião católica, mas a distância parece comum a diversas religiões e, para Gramsci, alcança sua máxima expressão "na Ásia Oriental, onde a religião do povo não tem, freqüentemente, nada a ver com aquela dos livros" (Q12§1).

Com o fim do Império Otomano, os países do mundo islâmico discutidos por Gramsci são, na sua maioria e incluindo a Turquia, ou novos ou em vias de formação e, por isso, a organização nacional-estatal do Oriente Médio assume grande relevância neste período específico. Nos seus escritos précarcerários, ele parece colocar ênfase sobre a questão da revolução nacional burguesa e anti-imperialista, sobretudo com referência àquela kemalista, deixando à questão exclusiva das classes um lugar de menor importância. Uma expressão típica desta posição é o seu comentário sobre a política da União Soviética: "É dever do Estado proletário lutar ao lado dos povos oprimidos em direção à emancipação do Imperialismo opressor. [...] Eis porque estes [as repúblicas soviéticas] se simpatizam com o Marrocos, com a China, com a Síria e com os povos norte-africanos".[299] Esta política traz suas origens da política definida no Congresso do Povos do Oriente em setembro de 1920[300] que foi, depois de um debate sobre os movimentos antiimperialistas e as mobilizações em processo, particularmente na Ásia, sucessivamente reafirmada no IV Congresso (1922) da IC[301] do qual o próprio Gramsci participou como delegado.

Nos Cadernos, Gramsci dá relevância aos desenhos estratétigos e geopolíticos e à ingerência das grandes potências nos negócios do mundo islâmico. No caso das massas muçulmanas, discute as pré-condições de luta por seus próprios direitos e depois as primeiras ações de tal luta. De fato, a situação política de todo o mundo islâmico nos anos 20 continuava a desenvolver-se,[302] mas vincular as lutas nacionais

---

[299] GRAMSCI, Antonio. Artigo *Il Fronte Antisoviettista dell'Onorevole Treves*, L'Unità, 18 de maio de 1925 e reimpresso no dia seguinte ao seqüestro do jornal, atualmente em La costruzione del partito comunista 1923-1926, cit., p. 397.

[300] Os resultados do Congresso eram bem claros para Gramsci que lhes defendeu em um polêmico artigo *La politica estera del Barnum*, sempre contra Treves, no L'Ordine Nuovo de 30 de junho de 1921, atualmente em Gramsci, Antonio, Socialismo e fascismo: L'Ordine Nuovo 1921-1922, Einaudi, Torino 1966, p. 219.

[301] Carr, E.H., op.cit. Vol 3, p. 473.

[302] Ver Radek, Karl, relatório ao Executivo ampliado da IC, 15 de junho de 1923, publicada em Inglês como The international outlook, Communist Party of Great Britain, Londres, 1923, p. 18: "Companheiros, a Rússia não é o único perigo ao imperialismo britânico. O segundo inimigo no Oriente é constituído pelo mundo muçulmano, atualmente despertando porque encontra um ponto de concentração estatal na Turquia [...] Os muçulmanos indianos estão em fermentação. Isto explica porque a Inglaterra está tentando destroçar a Turquia e porque colocou os seus vassalos gregos contra os turcos".

às lutas de classe não era tarefa fácil.[303] No âmbito das internacionais o problema foi colocado por Bukharin que, como muitos outros dirigentes revolucionários de então, via um "inteiro mundo oriental [...] em um período do mais profundo fermento revolucionário. [...] Pode-se dizer que os grandes Estados industriais são as cidades da economia mundial e as colônias ou semi-colônias são as suas zonas rurais". A solução preconizada foi a de "uma grande frente única entre o proletariado revolucionário da 'cidade' do mundo e os camponeses da 'zona rural' do mundo".[304] Na metáfora da cidade e campo, pelo menos uma vez, as suas conclusões se assemelharam muitíssimo ao modelo que Gramsci elaboraria no cárcere. As teses das potencialidades revolucionárias dos camponeses tinha sido sustentada por Lenin no II Congresso da Internazional, reafirmada nas conclusões do Congresso dos Trabalhadores do Extremo Oriente, realizado em janeiro de 1922,[305] e talvez reforçada ao VI Congresso. Também lemos nas teses deste último Congresso – de redirecionamento sectário e ultra-esquerdista – que os camponeses "junto ao proletariado e como seus aliados, representam uma força impulsionadora ("a driving force") da revolução", embora fosse especificado que "na onda de greves em massa que pela primeira vez tomam a Palestina, a Síria, a Tunísia e a Argélia" só "aos poucos, e muito lentamente, os camponeses vão sendo envolvidos na luta".[306]

---

[303] Naqueles países do Oriente Médio e do Magrebe nos quais "não eram desenvolvidas as diferenças de classe, isto é, no Marrocos, entre os Druze, na Síria e na Arábia" as forças populares tinham o dever imane de combater sobre dois *fronts*: aquele nacional-revolucionário contra o imperialismo, que poderia incluir a cooperação temporária com os chefes feudais e patriarcais e, ao mesmo tempo, aquele contra o sistema feudal destes mesmos chefes. Ver aquela parte dos atos do VI Congresso da Internacional no opúsculo The struggle against war and the tasks of the Communists, Communist Party of Great Britain, Londra s.d. mas de 1929, p. 32.

[304] BUKHARIN, N. I., relatório sobre o movimento revolucionário Internacional ao XII Congresso (1923) do PC russo, citada em Cohen, Stephen, Bukharin and the Bolshevik Revolution, Wildwood House, London 1974 (reedição, p. 149).

[305] CARR, E. H., op. cit. vol 3, p. 521, aqui cita as palavras textuais do arrazoado do mesmo Congresso (Der Erste Kongress der Kommunistischen und Revolutionären Organizationen des Fernen Osten, Hamburg 1922, p. 124).

[306] The Revolutionary Movement in the Colonies, op.cit. nella nota 7, pp. 28 e 5 respectivamente.

A posição de Gramsci sobre a aliança com os camponeses, expressada diversas vezes nos anos 20, parece bastante consonante com aquela da Internacional. No único discurso que chegou a pronunciar na Câmara dos Deputados, tinha em vista uma aliança deste tipo quando, fazendo referência de novo a Miglioli, afirmou que "as massas camponesas, mesmo católicas, se encaminham em direção à luta revolucionária".[307] A questão chave colocada por ele, presente ainda no ensaio sobre a "Questão Meridional" nas teses de Lion, era aquela de "abrir caminho para uma aliança entre operários e camponeses para a luta contra o capitalismo e o Estado burguês". Entretanto, para realizar tal aliança, como teve de observar, era necessário destruir a influência do Vaticano que tinha os camponeses como "exército de reserva da reação".[308]

Já observamos que Gramsci via não apenas possibilidades de um desenvolvimento autônomo dos movimentos no mundo muçulmano mas também exemplos concretos destes além de uma forte analogia entre os movimentos populares islâmicos, camponeses, e outros, e o movimento camponês católico. A hierarquia religiosa católica era conservadora e conservadores parecem ter sido no plano sócio-econômico também os dirigentes religiosos islâmicos. Tinha, porém, em certos dirigentes islâmicos uma sobreposição de função religiosa e função política e estes freqüentemente desenvolviam um papel moderadamente positivo com relação à questão nacional embora permanecessem mais ambíguos quanto à política sócio-econômica.

A posição adotada por Gramsci a respeito desta última questão poderia parecer banal, mas absolutamente não o é: ele reconhece o potencial revolucionário dos camponeses, uma

---

[307] GRAMSCI, Antonio, op.cit. discurso na Câmara, relatado no L' Unità de 23 maio de 1925, atualmente em La costruzione del partito comunista 1923-1926, cit., p. 84.

[308] GRAMSCI, Antonio, intervenção à Comissão política do III Congresso do PCI (Congresso de Lion), atualmente em La costruzione del partito comunista 1923-1926, cit., pp. 483-484.

classe não proletária caracterizada no mundo islâmico por uma forte consciência religiosa – como no caso dos camponeses italianos. Uma geração após a redação destes escritos, as posições expressas por certos e importantes partidos comunistas dos países industrialmente avançados eram bastante diversas, tais como, por exemplo, aquela dos comunistas franceses na Argélia. Para eles, os muçulmanos ainda presos "às forças do fanatismo intrínseco àquela religião [...] seriam certamente 'iluminados' um dia mas, na espera desta longínqua tomada de consciência, o papel revolucionário, mesmo no seu próprio país, pertenceria à elite européia".[309]

Aqui estão claras, de um lado, a negação de qualquer papel revolucionário para as classes não proletárias e, por outro lado, a reivindicação, em modo paternalista da função dirigente de uma "elite" proveniente do país-metrópole e, nem ao menos, diretamente proletária. É nítida a distância tanto das posições precedentemente formuladas pela Internazionale como daquelas formuladas por Gramsci, cujo único ponto de contato é a necessidade de opor-se em àquele tipo de ideologia religiosa que encontra seu aliado nas forças da reação. Talvez, paradoxalmente, o posicionamento "à direita" dos comunistas franceses é que se revelava análogo à posição da ala bordiguista do PCI que entendia que as massas não proletárias não eram capazes de avançar sobre posições anticapitalistas e revolucionárias se não fossem retiradas pelo partido comunista da esfera de influência dos seus líderes.[310]

Enquanto o próprio Gramsci, nas notas aqui discutidas, não aprofunda o discurso sobre uma aliança de classes populares

---

[309] Descrição devida à Maxime Rodinson, Il fascino dell'Islam (tr. italiana de M.G. Porcelli), Edizioni Dedalo, Bari 1938, p. 100. Rodinson cita como exemplo deste ponto de vista a "célebre carta endereçada à secretaria do próprio partido pelos comunistas franceses de Sidi-Bel-Abbès, na Argélia", publicada em Carrère d'Encausse, H. e S. Schramm, Le Marxisme et L'Asie 1853-1964, Parigi 1965, pp. 268-271.

[310] SPRIANO, Paolo. Storia del Partito Comunista Italiano, vol. I: Da Bordiga a Gramsci, Einaudi, Torino 1967, p. 502.

em nível internacional, vêm em mente os seus comentários sobre as relações de classe no Ressurgimento, quando as forças em campo eram "1) a força urbana setentrional; 2) a força rural meridional; 3) a força rural setentrional; 4-5) a forza rural da Sicília e da Sardenha" (Q19§26). Estendendo o modelo do Norte-Sul da Itália para a metafórica cidade-campo mundial gramsciana (e também, como vimos acima, bukhariniana) temos as primeiras bases de uma análise das forças em nível internacional, com a prerrogativa de que é necessário dar espaço a uma "força urbana meridional", então bastante limitada tanto numericamente quanto ideologicamente mas, nas zonas aqui tratadas, já em crescimento.[311] Hoje, mais do que na época, é válido um modelo similar ao "meridione", sempre entendido no sentido metafórico de "sul do mundo".

A situação que veio a desenvolver-se demonstrou diversidades segundo o país e a parte do mundo mas, movimentos e líderes, sobretudo antiimperialistas, foram criados à exaustão nos anos sucessivos à morte de Gramsci. A outra luta, mais especificamente classista, no interior de cada país é que se revelou mais difícil de conduzir. Enfim, uma dúvida: nel Q2§90, como já foi observado, Gramsci afirma que "a civilização ocidental na sua manifestação industrial-econômico-política acabará por triunfar no Oriente". Mas não seria isto o sinal de um certo? Ele não podia certamente prever o desenvolvimento econômico do pós-II Guerra, um tipo de desenvolvimento que não pode ser continuado nem nas formas atuais nem em nível planetário sem criar uma catástrofe global. Sobre este aspecto é preciso seguir modelos mais articulados, aos quais parece que Marx já começava a pensar no final de sua vida,[312] e sobre os quais é hora de trabalhar.

(Tradução do original italiano de Carolina Saliba)

---

[311] The Revolutionary Movement in the Colonies, op.cit., pp. 5 e 29.

[312] MARX, Karl, Ethnological Notebooks, org. de Lawrence Krader, Van Gorcum, Assen 1973, passim.

A Visão do Centauro: Hegemonia e o Lugar do Oriente em Gramsci[313]

Roberto Ciccarelli
Pesquisador da International Gramsci Society

1 Introdução

A contribuição fornecida por Antonio Gramsci aos estudos estratégicos e políticos deve ser ainda encarada de maneira sistemática. Os sinais recorrentes no Q 13, no momento de enfrentar a questão fundamental do partido político e com ela a hereditariedade daquele "livro vivente" que é o *Príncipe* de Nicolò Machiavel, espelham precedentes configurações presentes no Q 3 sobre *Americanismo e fordismo* e no Q 11 sobre *Filosofia della práxis*. Este trabalho pretende todavia oferecer uma configuração orgânica do discurso gramsciano sobre a estratégia a partir de alguns dos seus artigos juvenis, particularmente aqueles publicados no ON, porém sem

---

[313] Legenda. *I Quaderni del carcere*, voll. I-IV, Einaudi, Torino 1975 serão indicados com Q. *L'ordine nuovo (1919-1920)*, Einaudi, Torino 1955 com ON.

deixar a parte outros tipos de fontes. Procuraremos assim conectar fatores heterogêneos de um ponto de vista cronológico e chegar à definição de uma teoria da alternância das hegemonias históricas. Em modo particular, procuraremos definir quais são as modalidades políticas através da quais uma hegemonia histórica (a potência de um Estado, como escreve Gramsci) se afirma em uma conjuntura particular.

A teoria gramsciana das relações internacionais é de natureza sistêmica. Cada hegemonia reduz significativamente o caos sistêmico produzido pela relação de forças presentes em um determinado cenário geo-histórico. Pode-se afirmar que uma teoria da hegemonia tende a regular o uso de violência militar através da economia, da política e da ideologia. A guerra é pensada como ato político extremo, uma vez verificada a impossibilidade de resolver os conflitos através da "decisão", seja política, econômica ou ideológica. Em termos gramscianos se pode definir a guerra como uma "lógica da destruição", os três momentos da decisão como uma "lógica da criação". Uma teoria sistêmica das hegemonias históricas deve, segundo Gramsci, individuar o nexo dialético que permite alternar ou entrelaçar a primeira à segunda lógica, em um equilíbrio transitório (nós o chamaremos equilíbrio metastável) entre o uso da violência e o uso do consenso.

2 Por uma topografia conceitual da hegemonia histórica

Em uma entrevista Edward Said afirmou que "Gramsci tinha um forte sentido do espaço. De fato, todas as suas categorias analíticas são fundamentalmente territoriais". A profundidade espacial do conceito de hegemonia nasce de uma crítica da geometria euclidiana feita em Q 11, 1419-1420. A "objetividade real" de noções como "Oriente" e "Ocidente" deriva de uma "construção" convencional, em outras palavras "histórico-cultural", induzida pelo desenvolvimento da civilização ocidental e não construções arbitrárias ou razoavelmente estabelecidas *a priori*. Em polêmica com um livro de Bertrand Russell, traduzido em italiano com o título de *I problemi della filosofia*, Gramsci sustenta que "Oriente" e "Ocidente" são "relações reais" que não existiriam "sem o homem e sem o desenvolvimento da civilização". Fora da história onde se desenvolvem as relações entre os homens, Leste e Oeste são iguais: "porque fora da história real cada ponto sobre a terra é Leste e Oeste ao mesmo tempo".

Entre as linhas se lê uma referência à própria prova de existência de Deus desenvolvida por Descartes na Terceira Meditação: do ponto de vista de Deus, ou de um pensamento "hipotético e melancólico", o espaço não possui nenhuma extensão senão aquela fixada pelo pensamento. Para Gramsci é evidente que Leste e Oeste, como convenções históricas, são o resultado "do ponto de vista das classes cultas européias que através da própria hegemonia mundial as fizeram aceitar por toda parte". É só do ponto de vista desta hegemonia, e não daquela do homem melancólico cartesiano, que o Japão representa "o Extremo Oriente" seja pelo "Americano da Califórnia" ou por um japonês. Um significado político andou aglutinado ao redor da expressão geográfica tradicional de Leste e Oeste. Foi imposto pela hegemonia mundial das classes cultas européias até o ponto em que "as expressões Oriente e Ocidente terminarem por indicar determinadas relações entre complexos de civilizações diferentes".

O elemento subjetivo da definição tende a condicionar o mesmo conteúdo da objetividade, até o ponto de substituí-lo. Gramsci assinala à "filosofia da práxis" a tarefa de "historicizar" este elemento. Definindo "Oriente" e "Ocidente" como convenções, ele critica em primeiro lugar o realismo ingênuo da propriedade espacial, decompondo as relações métricas da representação espacial cartesiana. A "filosofia da práxis" critica a confusão persistente do objeto da representação com a realidade, o sujeito com o objeto, típica da concepção newtoniana do espaço como da Estética transcendental de Kant. Esta revela como tal confusão seja ditada por uma idéia

271

do espaço geográfico e histórico como uma dimensão dada e imediatamente aceita por cada civilização. Para Gramsci trata-se acima de tudo de uma representação "religiosa". Pensar, de fato, que o mundo seja suspenso entre Oriente e Ocidente, equivale a crer que tenha sido criado por Deus. O homem, no momento do nascimento, não encontra o mundo "já bom e pronto, catalogado, definido de uma vez por todas" (Q 1412). Aqui não podemos deixar de citar Marx e Engels das *Teses sobre Feuerbach* e da *Sagrada Família*, evidenciando a extraordinária ascendência do primeiro livro da Ética do filósofo holandês Baruch Spinoza.

O ponto de vista das classes cultas européias se transforma em "senso comum" a nível mundial. Ele impõe a crença segundo a qual o mundo é criado por Deus em pessoa e depois entregue aos homens. Essa hegemonia impõe uma visão do mundo de natureza "teológica": um Deus geômetra, onipotente, divide o Ocidente do Oriente em duas (ou mais) civilizações distintas e confia às classes cultas européias o privilégio desta visão. O "público" crê que este mundo seja "objetivamente real", mas não faz mais nada além de confundir um juízo com a realidade, uma representação com um fato. É vítima de *asylum ignorantiae* da crença em um mundo que não é aquele real, mas sim aquele percebido e imposto pelos outros. A revolta contra "o imperialismo euclidiano" das classes cultas européias é um elemento fundamental na teoria da hegemonia. A idéia que o espaço seja único e global é somente uma "crença religiosa".

Para Gramsci o espaço é multidimensional, é atravessado por uma multiplicidade caótica, aberta, conexa de espaços. Este corresponde a um horizonte, aquele do mundo, no qual descobre a heterogeneidade entre a dimensão global e local. Na sua teoria da hegemonia, de fato, Gramsci vê entrelaçar as exigências dos Estados-nação no interior das "combinações nacionais e internacionais do desenvolvimento capitalista" (Q 1988). O horizonte-mundo da teoria da hegemonia explica contradição entre o local e o global, tornado impossível admitir o senso comum imposto por um único ponto de vista, mesmo que fosse aquele de Deus. Não se pode declinar na história, como fazem as classes dominantes européias, uma representação geométrica *a priori*, mascarando-a de verdade universal. Gramsci admite, não diversamente de Descartes, que do local ao global exista um percurso, baseado sobre uma cadeia de relações e de proposições implícitas à dialética entre Estado-Nação e o contexto internacional. Mas o global não contém o local, como pelo contrário acontece na *homotipia* euclidiana.

O "global", entendido como horizonte-mundo, é então o lugar em que se explica a transição de um estado a outro das relações entre Estado ou grupos de Estados. As perturbações caóticas que atravessam o horizonte-mundo são causadas pelas transições de uma hegemonia histórica a uma outra. Para Gramsci a idéia da transição é plenamente desenvolvida no interior daquela de "crises", aquela idéia "que consiste essencialmente que o velho morre o novo não pode nascer" (Q III). O horizonte-mundo é o lugar da criação e da destruição. Gramsci afirma que "destruir é muito difícil, tão difícil quanto criar. Visto que não se trata de destruir coisas materiais, se trata de destruir "relações" invisíveis, não palpáveis , mesmo que se escondam nas coisas materiais" (Q VI 708). A obra de destruição-criação das relações invisíveis, a produção do *novum* na história, é para Gramsci submetida a uma contínua crise entre o velho que morre e o novo que não pode nascer.

Diferente de que no filósofo alemão Walter Benjamin, para Gramsci o *novum* não responde a uma espera messiânica, mas a uma lógica de produção. A divisão entre Oriente e Ocidente é a produção de um *novum* na história e a destruição de uma ordem precedente do horizonte-mundo, o Medieval limitado somente à Europa. O ato da divisão Leste-Oeste segue a época secular das descobertas geográficas realizadas pelos aventureiros ao soldo dos monarcas europeus. É um ato histórico, de natureza gnosiológica e política, que coloca uma nova ordem do plano global e local, e o da superestrutura do plano global e aquele da "estrutura". É o momento no qual "o ponto de vista das classes cultas européias" se alarga ao mundo inteiro, transformando-o em sua imagem e semelhança. É advinda à produção de um novo horizonte-mundo, de novos espaços, de um novo mapeamento mental e conceitual do mundo e da história.

Na topografia conceitual gramsciana o conceito de "crise" tem uma importância particular. Este tem um valor duplo: por um lado, evoca a hereditariedade marxista que vê na economia capitalista uma crise permanente, e por outro uma idéia "sistêmica" do equilíbrio. Um sistema em crise não está em vias de extinção. Pelo contrário, no momento em que a crise é mais alta, as "relações invisíveis" entre local e global gozam de grande vitalidade. Trata-se de uma lei dinâmica: um sistema é tão mais complexo, quanto mais atravessado por crises. A ordem é mantida em base às flutuações de um equilíbrio das forças a um outro. Em Gramsci a ordem e o caos não são inconciliáveis. A teoria da hegemonia permite criar uma ordem através do caos, de encontrar uma lei no interior do acaso. Chamaremos horizonte-mundo "ordem para flutuação", uma ordem que se mantém em um "equilíbrio metastável". Esta ordem é afligida por uma crise permanente que alterna fases violentas a outras pacíficas, mas é substancialmente estável. Isso é dedutível por meio de um cálculo realizado com base nas forças em campo e não, como gostaria o ponto de vista das classes cultas e dominantes, com base a um só ponto de vista.

O cenário estratégico que se apresentara aos olhos de Gramsci logo após o final da I Guerra Mundial lhe permitira esclarecer um ponto fundamental: a mudança da hegemonia mundial não é dada pelos efeitos desastrosos das crises econômicas, como por sua vez afirmavam os teóricos socialistas do imperialismo como Hilferding, ou então marxistas como Luxembourg ou Lenin. O New Deal, por exemplo, fora a resposta do capital americano à crise devastadora de 1929 e a disseminação da estagnação produzida após a guerra. Fora uma operação, aos olhos de Gramsci, de hegemonia política, uma revolução não contra as estruturas do capital, mas realizadas por elas mesmas. Nascia um novo Estado hegemônico, a América, que possuía uma estratégia de longo prazo, capaz de redesenhar as ordens do poder em nível mundial. As crises históricas não são então determinadas imediatamente pelas crises econômicas, mas pelas crises hegemônicas. Nesta ótica, a II Guerra Mundial fora a luta da hegemonia americana contra a alemã. Esta produzira uma surpresa: a hegemonia soviética sobre o bloco oriental europeu e sobre a Ásia. Sem contar a veleidade hegemônica dos assim chamados "países não alinhados".

Para compreender melhor esta idéia de "crise", é necessário discutir sobre a temporalidade histórica na qual advém a sucessão – e a luta – entre as hegemonias políticas. Veremos então que "crise" é um conceito espacial e temporal. É o operador histórico que permite ao sistema relações entre global e o local de chegar à produção de uma nova hegemonia.

3 Teoria e estratégia das relações de força

O horizonte-mundo é composto por relações vivas que seguem leis universais. Estas leis estão longe de um equilíbrio como entendido classicamente, estável e inerte, mas totalmente inseridas na ordem natural dos comportamentos individuais e coletivos, sejam subjetivos ou objetivos. O horizonte-mundo é a expressão mais alta dos processos de auto-organização históricos. Em Q 13 1583 e ss. Gramsci elabora uma teoria estratégica das relações de força articuladas em três momentos (ou graus): 1) a relação de forças sociais estreitamente ligada à estrutura econômica, objetiva, independente da vontade dos homens; 2) a relação das forças políticas produzidas pela avaliação do grau de homogeneidade de autoconsciência e organização alcançada por vários grupos sociais em nível nacional e internacional; 3) a passagem da estrutura econômica a superestrutura ideológica-política, o momento no qual as "ideologias" se transformam em "partidos", determinando a unicidade dos fins econômicos e políticos além da unicidade intelectual e moral que é própria do Estado-nação.

O "desenvolvimento histórico" oscila entre o primeiro e terceiro momentos, através da mediação do segundo. O primeiro momento corresponde ao econômico-corporativo no qual os indivíduos exercitam a solidariedade como "dever ser", porque pertencentes à mesma corporação social. Gramsci dá o exemplo dos comerciantes. O segundo momento corresponde à solidariedade de classe: a corporação se alarga e se transforma em um grupo mais amplo, consciente da solidariedade dos interesses entre todos os membros da classe. O terceiro momento é aquele mais importante: as classes subordinadas se submetem voluntariamente ao domínio da classe hegemônica, assumindo os interesses dos dominantes como se fossem próprios. É a fundação do Estado-nação no qual os interesses do grupo dominante são "a força motriz de uma expansão universal". Trata-se da hegemonia realizada: o Estado é percebido como potência universal dos dominados. Uma vez realizada a hegemonia, continua Gramsci, a vida estatal é concebida como contínuo formar-se e superar-se, no âmbito da lei do Estado, de "equilíbrios instáveis" entre os interesses do grupo fundamental e aqueles dos grupos subordinados.

Se esta é a história da fundação do Estado-nação europeu, explicitada através da criação de uma hegemonia, de que forma se constrói o horizonte-mundo? Na história real, responde Gramsci, os três momentos descritos se implicam reciprocamente, em uma direção horizontal e em uma vertical, segundo as atividades econômico-sociais (horizontais) e os territórios (verticalmente), se combinando e se cindindo de forma variada. Cada uma destas combinações pode ser representada por uma expressão organizada econômica e política, vale dizer por um Estado e por uma sociedade civil. A estas relações internas de um Estado-nação se entrelaçam aquelas internacionais, criando novas combinações originais e historicamente concretas. E eis a teoria da hegemonia levada em nível global: "Uma ideologia nascida em um país mais desenvolvido se difunde em países menos desenvolvidos incidindo no jogo das combinações" (Q 1585).

Gramsci não despreza a possibilidade de que no interior dos Estados-nação europeus se possam encontrar grupos sociais não homogêneos por crença religiosa, língua e origem. Dá o exemplo da Vendea durante a Revolução Francesa, mas é sem dúvida uma observação fascinante para reler a história colonial e pós-colonial. Os Estados europeus nascem impondo à população uma homogeneidade nacional, a uniformidade étnica, uma língua, uma cultura, uma religião. No interior do plano "local" existem então, "muitas divisões territoriais de estrutura diversa e de relação diversa de forças em todos os gêneros" que perturbam a ordem nacional imposta pelo Estado criando conflitos em nível econômico, político e ideológico. A hegemonia de uma classe se joga sobre um plano ideológico, aquele mais "imponderável". As devastações realizadas pelas classes dominantes cultas européias contra outros grupos concorrentes (se pensa nos conflitos religiosos na França, na Holanda ou na Inglaterra entre os séculos XVI e XVII), como aqueles nos países coloniais, são o resultado deste conflito hegemônico.

A teoria da hegemonia histórica se desenvolve em duas direções: horizontal e vertical. A primeira envolve aparatos ideológicos e econômicos. A segunda envolve os espaços. Uma hegemonia não pode se dar sem espaços onde projetar a potência produtiva e ideológica de uma "nação desenvolvida". Não se pode, todavia, deixar de lado o fato de que o desenvolvimento histórico da hegemonia envolve o espaço de maneira diferente. A hegemonia nunca é igual a si mesma, varia de nação a nação, de colônia a colônia. Em suma a potência produtiva e militar se exercita diversamente em base ao território onde é empregada. No horizonte-mundo acontece o "jogo das combinações" entre o espaço e o tempo, entre o interno e o externo, entre o nacional e o internacional da hegemonia de um Estado. A infinita complexidade do jogo combinatório entre os múltiplos planos espaços-temporais presentes no horizonte-mundo, nos permite "analisar a situação" histórica em base a relações de força existentes.

Eis como Gramsci define, do ponto de vista estratégico, a sua teoria das relações de força:

> Na análise do terceiro grau o momento do sistema de relações de força existentes em uma determinada situação, se pode recorrer utilmente ao conceito que na ciência militar é chamado de conjuntura estratégica, o grau de preparação estratégica do teatro da luta, (as condições qualitativas do pessoal dirigente e das forças ativas que se chamam em primeira linha) [...]. O grau de preparação estratégica pode dar a vitória às forças "aparentemente" inferiores àquelas do adversário. A preparação estratégica tende a reduzir a zero os "fatores imponderáveis", as reações imediatas [...] das forças tradicionalmente inertes e passivas" (Q 1610).

Conhecer o jogo combinatório das relações de força significa ter consciência da conjuntura estratégica, o tempo da ocasião da qual fala Maquiavel. Para uma teoria da hegemonia, enfrentar uma "situação" significa entrar no "teatro estratégico da luta", conhecer a complexidade do "jogo combinatório" das relações de força. Fazer um estudo da força do adversário, dominar os fatores ideológicos e políticos que turbam a ordem das forças em campo de modo imponderável.

O uso da linguagem militar em Gramsci é muito mais que uma metáfora. Veremos no parágrafo sucessivo como o elemento militar seja central na sua teoria da história. O uso político da violência, mediado ou não pela lei, é o que põem o *novum* da história, mas também o que mantém a ordem no mundo. O objetivo é regular o uso da violência através dos três momentos das relações de força.

4 O método histórico-estratégico para analisar a luta para a hegemonia mundial

A "filosofia da práxis" permite então a análise da situação estratégica não por ser fixa e imutável, mas como um conjunto de relações sociais, históricas e determinadas. No jogo combinatório das "relações invisíveis", presentes entre as forças, dois são os elementos fundamentais: a "questão" do consenso técnico-militar (a força) e a "questão" do consenso. A primeira funda os Estados unitário-territoriais. A segunda regula a força entre os Estados. A ação política e estratégica age sempre em uma "dupla perspectiva": a força e o consenso, a autoridade e a hegemonia, a tática e a estratégia.

Gramsci faz um convite para ver a história com os olhos do Centauro, a figura mitológica ferina e humana invocada por Machiavel (Q 1576). O centauro é o que atravessa a barbárie e a civilização, rompendo as margens, confundindo os confins, unindo a violência à ordem, o caos à lei. Para metade homem e metade animal, o centauro incorpora a idéia gramsciana da história: as duas naturezas dividem o mundo e fazem a história. A visão do centauro segue a história por uma fase econômico-corporativa a uma capitalista. Em uma economia corporativa as relações internacionais são preponderantes sobre as nacionais. Em uma economia capitalista se ascende a uma autonomia na qual vigora a "liberdade industrial e de iniciativa, não ligada a interesses agrários" (Q 1576). É o intervalo histórico compreendido entre os séculos XVII e XIX descrito por Marx nos *Lineamentos Fundamentais da Crítica da Economia Política* (Grundrisse) e depois retomado no *Capital*: o nascimento do capital mercantil e depois do industrial.

Analisando as relações de força entre os Estados europeus no mesmo período, Gramsci faz uma análise sincrônica e diacrônica: por um lado os observa na sua continuidade, por outra, os vê entrelaçados com a história dos dispositivos econômicos e políticos. Através da visão do centauro, vemos como os Estados modernos europeus lhes tenham fornecido uma visão concentrada sobre o domínio militar da hegemonia. O inteiro ciclo produtivo, da mesma forma que na vida civil, tinha por fim a organização do "teatro estratégico": os conflitos intereuropeus e os coloniais. O elemento decisivo para cada jogo combinatório, interno ou externo à Europa, era a organização de uma força permanentemente armada (o exército) para avançar no momento julgado mais propício à vitória. Tarefa de uma grande potência é aquela de: "aguardar sistematicamente e pacientemente para formar, desenvolver, tornar sempre mais homogênea, compacta, consciente de si mesma esta força" (Q 1588).

Os grandes Estados são tais porque interpretam as relações internacionais como momentos de uma guerra per-pétua. A rede klausewiziana de Gramsci é evidente: a hegemonia é o fundamento da guerra como da paz, é o que garante a legitimidade da guerra em si, é a continuação da política com outros meios.[314] Gramsci elabora sucessivamente os critérios para calcular, em cada situação, a "hierarquia de potência" entre os Estados: 1) extensão do território; 2) força econômica; 3) força militar. Uma grande potência age sempre na perspectiva de uma guerra. Esta é hegemônica porque se coloca à frente de um sistema de alianças e de interesses internacionais de maior ou menor extensão e o domina do ponto de vista ideológico. É dona do elemento "imponderável" da teoria da hegemonia, em cada nível: a "questão" ideológica. Para Gramsci a posição hegemônica é conquistada pelo país que observa algumas regras fundamentais: 1) mantém a "tranqüilidade", isto é, a capacidade do grupo dominante de governar os conflitos com os subordinados (Q 1577); 2) "ocupa no mundo em cada momento dado enquanto tido como representante das forças progressistas da história" (Q 1598). Trata-se de um elemento problemático: os países que historica-mente tiveram hegemonia sobre o mercado mundial são as

---

[314] Cfr. C. Ancona. *L'influenza del Vom Kriege di Clausewitz nel pensiero marxista da Marx a Lenin*, contenuto in *Rivista storica del socialismo*, VIII, 1965, n° 25-26, pp. 129-154.

potências capitalistas ocidentais. Na prospectiva de Gramsci começa lentamente a faltar o papel da União Soviética, mesmo que continue viva a perspectiva de uma "revolução no Ocidente". Veremos novamente esse problema mais à frente. A medida decisiva para entender o que é uma "grande potência" resta sendo, de qualquer forma, a guerra:

> É grande potência aquele Estado que entrado em um sistema de alianças por uma guerra (e hoje cada guerra pressupõe de sistemas de forças antagônicas), no momento da paz conseguiu conservar uma tal relação de forças com o aliado, ser capaz de manter os pactos e as promessas feitas no início da campanha (Q 1628).

O jogo combinatório entre as relações de força está presente em nível internacional. A capacidade de uma grande potência está no ditar os tempos das combinações, nunca oscilar na sua linha política, não deixar que a vontade alheia condicione a sua própria. A linha política hegemônica de ser fundada "Sobre o que é permanente e não casual e imediato e nos próprios interesses e naqueles de outras forças que concorrem de modo decisivo a formar um sistema e um equilíbrio" (Q 1629).

Estas considerações podem ser, ao nosso ver, aplicadas a três momentos políticos do século XX muito diferentes: as relações entre os Estados europeus antes da I Guerra Mundial; a relação entre a Europa e América antes da II Guerra Mundial e finalmente as relações entre União Soviética e Estados Unidos da América durante a guerra fria. A teoria das hegemonias históricas de Gramsci representa sem dúvida uma contribuição qualificada para a análise estratégica destas conjunturas, com a finalidade de encontrar uma explicação de tipo sistêmico e político para o conflito entre as grandes potências.

O sistema das relações internacionais é descrito por Gramsci através de dois tipos de movimentos: orgânicos (relativamente permanentes) e de conjuntura (Q 1579). Os movimentos orgânicos investem os grandes reagrupamentos dos Estados e dos grupos sociais que dominam a vida de um Estado. Sobre o terreno conjuntural, chamado por Gramsci "ocasional", se organizam as forças antagônicas que tendem a demonstrar que existem as condições necessárias para mudar a ordem da relação de força. O movimento ocasional é uma desordem "necessária", porque, diferente daquele orgânico, exprime a falta do "dever ser" histórico imposto. A distinção entre movimento orgânico e movimento ocasional é aplicável a todos os tipos de situação. Aqueles nos quais acontece um ciclo de prosperidade, mas também aqueles nos quais ocorre a estagnação das forças produtivas. Gramsci reconhece que é muito difícil propor em cada situação o nexo dialético entre o orgânico e o ocasional. O erro de natureza "economicista" ou "voluntarista" é sempre uma armadilha.

5. A revolução disputada entre Oriente e Ocidente

O conceito de hegemonia, escreve Gramsci no Q 1729, é aquele no qual se unem as exigências de caráter nacional. Uma classe dominante de caráter internacional, como foi a européia até o final da I Guerra Mundial, "guia extratos sociais estritamente nacionais (intelectuais) e freqüentemente menos ainda que nacionais, particularismos e municipais (os camponeses), deve "se naturalizar", em um certo sentido". Neste duplo movimento de cima para baixo e de baixo para cima nasce a hegemonia mundial de uma classe dominante como a européia. Ao mesmo tempo a economia se desenvolve segundo um plano mundial e segue passo a passo à constituição de uma classe dominante através de múltiplas fases nas quais as combinações regionais (de grupos de nações) variam até encontrar um equilíbrio estável, vale dizer hegemônico.

Para Gramsci, o momento no qual advém à troca da hegemonia no plano mundial e uma diversa disposição das combinações regionais é a guerra. É uma convicção que se afirma cedo nos seus escritos. Exemplar nos parece o artigo publicado no *L'Ordine Nuovo*, em 2 de agosto de 1919, no qual Gramsci escreve:

> Quatro anos de trincheira e de desfrute de sangue mudaram radicalmente a psicologia dos camponeses. Esta mudança se verificou especialmente na Rússia e é uma das condições essenciais da revolução. O que não tinha sido determinado pelo industrialismo com o seu processo normal de desenvolvimento, foi produzido pela guerra. A guerra obrigou as nações capitalistas mais atrasadas e logo menos dotadas de meios mecânicos, a convocar todos os homens disponíveis para opor massas profundas e de carne viva aos instrumentos dos Impérios centrais. Para a Rússia, a guerra significou a tomada de contato de indivíduos antes dispersos em um vastíssimo território, significou uma condição humana com duração ininterrupta por anos e anos de sacrifício, com o perigo sempre eminente da morte.[315]

Nações atrasadas como a Rússia, a Itália, a França e a Espanha, eram penalizadas por uma nítida separação entre a cidade e o campo, entre os operários e os camponeses. Os camponeses sobreviviam de formas econômicas feudais. A luta de classe era uma luta entre bandidos. Toda lei estava suprimida: o exército podia trucidar os servos da gleba sem que o Estado garantisse uma punição justa contra os assassinos em massa. Não havia nenhum tipo de concorrência livre. A dialética social era limitada ao ataque à propriedade de terras, à destruição, ao furto, ao assalto do município. Na revolução de Outubro, ao invés, um papel fundamental tivera o Exército Vermelho e com ele milhões de camponeses russos anteriormente excluídos da vida estatal. A guerra contra as potências européias teve o mérito de fazer entrar os marginais e subordinados no Estado, para defendê-lo e liberá-lo. A guerra foi a força motriz universal que permitira aos camponeses:

> Conceber o Estado na sua complexa grandiosidade, na sua desmedida potência, na sua complicada construção. Conceberam o mundo, não mais como algo indefinidamente grande como o Universo e estreitamente pequena como o

---

[315] Cfr. Antonio Gramsci, *L' Ordine Nuovo* 1919-1920, Einaudi, Torino 1955, p. 26.

campanário do povoado, mas na sua concretude de Estados e de povos, de forças e de fraquezas sociais, de exércitos e de máquinas, de riquezas e de pobreza.[316]

A experiência de vida coletiva revolucionária permitiu ao povo russo fazer uma "experiência espiritual" comum e de se inserir em uma "hierarquia social" moderna, não diferente da existente nos Estados capitalistas vencedores da guerra. A este ponto a Rússia se transformava em uma "potência mundial". Escreve Gramsci em 14 de agosto de 1920:

> Único Estado operário no mundo, circundado por uma mudança feroz de implacáveis inimigos, a Rússia dos Soviets deveria resolver um segundo problema existencial: fixar a sua posição no sistema mundial de potências. O Estado operário russo resolveu hoje este problema e o resolveu com os meios e os sistemas com os quais o teria resolvido um Estado burguês: com a força militar, vencendo uma guerra [...]. A Rússia dos Soviets [...] se transformou na maior das potências mundiais, de tal forma a equilibrar com o seu peso e a sua estatura histórica todo o sistema capitalista mundial.[317]

Entre 1919 e 1920, Gramsci funda a sua teoria das hegemonias históricas. Esclarece o papel da força militar na construção de uma "grande potência" e concebe o sistema capitalista mundial no interior do "sistema mundial das potências". Esclarece de imediato também o papel "progressista" da Rússia soviética na história: esta encarna, de fato,

> O sofrimento e a fome das nações vencidas na guerra mundial encarna a vingança das nações vencedoras militarmente, mas desfeitas economicamente, encarna a insurreição das colônias dessangradas pelas metrópoles, encarna todo o informe conglomerado de rebeliões contra o desfrute hegemônico do capitalismo.[318]

A potência da invocação gramsciana de uma hegemonia mundial do proletariado é muito parecida à usada por Lukács

---

[316] Ivi.

[317] Ibid., p. 145.

[318] Ivi.

"leninista" no seu memorável texto *História e consciência de classe*. Diferente do grande filósofo húngaro, Gramsci não terá nunca em menor conta o seu leninismo "político" do que o teórico. O seu é um percurso ininterrupto que o conduzirá até 1932 no momento da escritura do Q 13. Vejamos brevemente quais são as passagens mais significativas deste percurso.

O ponto de partida é sem dúvida o seguinte: a guerra mundial, vencida pela aliança ocidental, deveria, com a paz de Versalhes e com a Liga das Nações, instaurar um regime de monopólio sobre o planeta. Ao equilíbrio precário entre as potências imperialistas européias deveria seguir-se a hegemonia incontrastável inglesa. A Rússia soviética rachou essa hegemonia, revelando como não é possível conquistar uma hegemonia absoluta. O projeto era naturalmente o da conquista do poder mundial, mas nem Lenin, nem Gramsci eram tão estúpidos de pensar de poder fazê-lo em breve tempo. A aposta era uma outra: o de reequilibrar as potências, não em um asfixiante equilíbrio imperialista, mas no interior de uma luta entre hegemonias políticas concorrentes.

Foi uma intuição enganosa, visto o que aconteceu na guerra fria. Durante o sucessivo decênio, em seguida a sua permanência em Viena e em Moscou, Gramsci continua a trabalhar com fervor ao redor do núcleo fundador da teoria da hegemonia mundial. Numa importante contribuição em um congresso organizado em Cagliari em 1967, Ernesto Ragionieri traçou minuciosamente as etapas.[319] Ragionieri assinala como se esta teoria nascia da impossibilidade de realizar uma revolução comunista no Ocidente com os mesmos meios usados na Rússia. O primeiro texto que analisa este ponto é sem dúvida o artigo de 3 de julho de 1920, *Duas revoluções*. Na Alemanha, Áustria, Baviera, Ucrânia e Hungria, "à revolução como ato desconstrutivo, não é seguida pela revolução como processo reconstrutivo no sentido comunista. [...] A experiência das

---

[319] RAGIONIERI, Ernesto. Gramsci e il dibattito teórico nel movimento operáio internazionale. In: *AAVV. Gramsci e la cultura contemporânea.* Cagliari: 1967, v. 1, pp. 113-116.

revoluções mostrou que, depois da Rússia, todas as outras revoluções em dois tempos são falidas".[320]

Em uma carta de fevereiro de 1924 a Togliatti e a Terracini, Gramsci acrescenta que "na Europa Ocidental o desenvolvimento do capitalismo determinou não somente a formação de largos extratos proletários, mas também e por isso criado o extrato superior, a aristocracia operária com os seus anexos de burocracia sindical e de grupos social-democratas". Daqui derivava a certeza de que "o assalto revolucionário" no Ocidente se complicava por todas as superestruturas políticas criadas pelo superior desenvolvimento capitalista. Ao "partido revolucionário" vinha requisitada uma "estratégica e uma tática bem mais complexa e de longo folego".[321]

No manifesto ao Comitê Central do Partido Comunista Italiano publicado no *L' Unità* de 3 de julho de 1925, Gramsci comparava as experiências da revolução soviética no "Oriente" e a falida no "Ocidente". A formação dos partidos bolcheviques na Europa Ocidental, sem falar dos americanos, havia fracassado. Reunindo as palavras de Lenin pronunciadas em 1918, no VII Congresso do PC Russo,[322] Gramsci escreve:

> Na Rússia não existiam antes da guerra as grandes organizações dos trabalhadores que, pelo contrário, caracterizaram todo o período europeu da II Internacional [...]. No Ocidente se chegou a uma divisão do trabalho sempre mais marcada entre organizações sindicais e organizações políticas da classe operária com dois resultados: 1) no campo sindical foi se desenvolvendo com ritmo sempre mais acelerado a tendência reformista e pacifista [...]; 2) nos partidos políticos a atividade se deslocou sempre mais em direção ao campo parlamentar, isto é aquelas formas que não se distinguiam em nada da democracia burguesa.[323]

---

[320] GRAMSCI, Antonio. *L'Ordine Nuovo*, cit., pp. 135-140.

[321] GRAMSCI, Antonio. In: TOGLIATTI, Palmiro. *La formazione del gruppo dirigente del PCI* (1923-1924). Roma: Riuniti, 1962, pp. 196-197.

[322] LENIN, V. I. Rapporto sulla guerra e sulla pace, VII Congresso del partito comunista russo. In: _____. *Opere*. Roma: Riuniti, v. XXVII, 1967, p. 84.

[323] GRAMSCI, Antonio. *L' Unità*, 3 luglio 1925.

Ragionieri traça o percurso gramsciano de 1920 a 1926 (le Tesi di Lione), mas descura segui-lo até os *Quaderni del Carcere*. O faremos nós, propondo uma chave de leitura diferente. A nova "tática e estratégia" da revolução no Ocidente amadurece através da reflexão sobre a guerra. A tese sobre a *dupla revolução*, um primeiro momento "reformista" e um segundo "revolucionário", aquele que na Rússia vai de março a novembro de 1917, era interpretada pelo grupo dirigente bolchevique, não somente por Trotsky, como uma "revolução permanente". Mas de onde nasce essa tese? Do estudo da revolução francesa e da sucessiva fase (durou 60 anos) da construção do Estado francês moderno.

O conceito político de "revolução permanente", escreve Gramsci no Q 1566, é "a expressão científica" das experiências jacobinas de 1789 ao Termidor. Na época, na França, não existiam partidos de massa, sindicatos e burocracias. O centro da vida social e política era Paris, enquanto que o resto do país era uma imensa periferia. No período sucessivo a 1870, depois da derrota militar contra a Alemanha, as relações de força internas e internacionais seriam mudadas radicalmente, tornando-se muito mais complexas. A fórmula de 1848 da "revolução permanente" deixava lugar àquela de "hegemonia civil":

> Surge na arte política o que surge na arte militar: a guerra de movimento torna-se sempre mais guerra de posição e se pode dizer que um Estado vence uma guerra enquanto a prepara minuciosamente e tecnicamente no tempo de paz. A estrutura maciça das democracias modernas, seja como organizações estatais ou como complexo de associações na vida civil, constituem para a arte política como as "trincheiras" e as fortificações permanentes do fronte na guerra de posição: estes rendem somente "parciais" o elemento do movimento que antes era "toda" a guerra (Q 1566-1567).

Esse percurso, acrescenta Gramsci, vale somente para os Estados modernos, não para as "colônias" como a Rússia na qual vigoram ainda formas da sociedade civil superadas e anacrônicas. É necessário voltar ao método histórico do estudo estratégico da situação, analisar as relações de forças em um determinado período, fazer uma análise objetiva fora daquela que Marx tinha definido no *18 brumário de Luís Bonaparte*, a lei da repetição histórica.[324] Os bolcheviques aplicavam na Rússia o modelo da revolução francesa. Pensar em aplicar o mesmo modelo no Ocidente, para Gramsci significava auspiciar a repetição da história como farsa. Não pode escapar ao intérprete que Gramsci estuda a história da construção do Estado francês com o seu método estratégico: as ondas "revolucionárias" que vão de 1789 a 1870 são as "oscilações" que permitem reconstruir as relações entre estrutura e superestrutura no desenrolar do movimento orgânico e do movimento da conjuntura. O Estado francês é o resultado da "mediação dialética" entre estes dois movimentos. Estas palavras fazem pensar que a Rússia teria tido necessidade de ao menos outro tempo para construir o seu Estado, mas esta é uma outra história.

Nos Q 1614-5, Gramsci escreve que a guerra de posição no Ocidente, da mesma forma que em um conflito militar, tem necessidade de um sistema organizado e industrial do território e de uma imponente massa de homens. As crises econômicas não têm um êxito catastrófico imediato sobre as estruturas da sociedade civil. Estas resistem como as trincheiras durante um ataque de artilharia. A aparente desordem não incide na verdadeira estrutura. A nível estratégico, de fato, as sociedades das grandes potências possuem uma extraordinária capacidade de resistência ao caos endêmico da economia capitalista. Por que os Estados capitalistas ocidentais resistiram ao ataque da depressão econômica e daqueles da revolução? Amadureceu a passagem de uma "guerra manobra" a uma de "posição". A hegemonia deles sobre o Estado soviético está na superioridade militar (as "técnicas de extermínio" como os gases químicos usados durante a guerra) e na solidez da sociedade civil. A sua superioridade é fornecida pela maior capacidade de regular o

---

[324] ASSOUN, Paul-Laurent. *Marx et la repetition historique*. Paris: PUF, 1978.

uso da violência política. A maturação da técnica militar influi sobre a arte da política "silenciosamente" (Q 1623), de modo, mas permitem reconfigurar as combinações regionais e nacionais sobre o modelo da nova hegemonia política que lutaria por todo o século XX, primeiro contra o nazismo e depois contra o comunismo.

5 A fúria e a consciência dos subalternos: a questão colonial e o Oriente em Gramsci

Gramsci recebeu de Lenin a equação entre a questão colonial e a questão nacional. No *desenvolvimento do capitalismo na Rússia*, Lenin citava a passagem do terceiro livro do *Capital* no qual Marx sustenta que o capitalismo pode se afirmar sobre a propriedade privada fundiária feudal como sobre aquela do clã ou sobre a propriedade camponesa unida à propriedade comum. Lenin excluía que no Oriente não pudesse nascer o capitalismo próprio em virtude da extraordinária força expansiva da sua hegemonia.[325] O "modo de produção" asiático era somente uma época do mais amplo progresso da formação econômica da sociedade capitalista no Oriente, tratando-se de um "modo de produção" destinado a desaparecer.[326] A luta pela hegemonia mundial era aos olhos de Lenin o modo através do qual os povos subalternos combateriam os "governos asiáticos" "despóticos" que esmagam "com a força das armas qualquer aspiração de liberdade".[327] Civilizações habituadas há milênios ao "despotismo oriental" e à organização social piramidal seriam estranhas ao culto burguês da livre iniciativa. Nenhuma delas poderia se libertar sozinha do domínio

---

[325] LENIN, V. I. Lo sviluppo del capitalismo in Rússia. In: *Opere* complete. Roma: Riuniti, v. III, 1956, p. 320.

[326] LENIN, V. I. Che cosa sono gli 'amici del popolo'e come lottano contro i socialdemocratici. In: _____. *Opere scelte*. Roma: Riuniti, p. 6.

[327] LENIN, V. I. I feudali al lavoro. In: _____. *Opere complete*. Roma: Riuniti, 1957, v. IV, pp. 411-412.

capitalista. Lenin auspiciava uma revolução no Ocidente, sem a qual não teria sido vencido nem mesmo o colonialismo.[328]

Gramsci e Lenin tinham em comum o interesse pelo debate acirrrado sobre o assim chamado "modo de produção asiático" colocado por Marx e por Engels e que ficou muito "quente" nos últimos anos do século XIX.[329] Não se pode então evitar falar de um ascendente marxiano nas posições gramscianas sobre questões coloniais. A história dos Estados coloniais representa o que Marx definiu como a pré-história do capital.[330]

Nesta sociedade a relação com a natureza é religiosa, a economia é agrícola e está na mão de poucas famílias. O objetivo da ordenação econômica é aquele de reproduzir valor de uso destinado à mera reprodução da propriedade fundiária. A forma "asiática" da produção é comum a grande parte dos territórios fora dos estados europeus e se baseia sobre o escravismo, o paternalismo e sobre a propriedade fundiária. Para Marx, a forma asiática ou colonial é a mais próxima da comunidade primitiva e é antagônica em relação àquela antiga e germânica pela sua natureza mais "progressiva". Quando o capitalismo europeu chegou na Índia e na China, como na América Central e Meridional, ou na Rússia, uma vez constatada a falta de uma sociedade civil não fez nada além de colonizar e destruir as civilizações presentes há milênios. Nascia a idéia de uma inferioridade cultural e política dos povos orientais, incapazes de iniciar um desenvolvimento autogovernado.

Gramsci, do mesmo modo que Marx, previa que todas as formas de resistência adotadas pelas civilizações "orientais" deveriam sucumbir sob a pressão da colonização capitalista. A

---

[328] LENIN, V. I. *Opere complete*. Roma: Riuniti, 1961, p. 168 passim.

[329] Para a reconstrução desse debate ainda é válido SOFRI, Gianni. *Il modo di produzione asiático*. Torino: Einaudi, 1973.

[330] MARX, Karl. *Introduzione allá critica dell'economia política* (1857). Roma: Riuniti, 1954, p. 48.

questão deveria ser, contudo, novamente colocada: o capital teria unido o mundo em um mercado mundial, e o seu teria sido um experimento espetacular, que Marx definia como *o comunismo do capital*. Tratava-se de um comunismo fundado sobre a guerra, o extermínio, a exploração escravista. Sobre isto Gramsci era consciente. A guerra mundial, a seu ver, tinha unificado o mundo, lhe tinha dado uma hierarquia de poderes que disciplina e controla a repartição das riquezas mundiais, conforme enuncia Gramsci no artigo de 15 de maio de 1919, *L'unità del mondo*.[331] O monopólio do poder estava nas mãos de um *trust* de capitalistas que teriam logo cancelado o Estado, tornando vassalos todos os povos da terra e reduzido o mundo a uma propriedade privada. Contra este domínio, escrevia Gramsci em um outro artigo, *La guerra delle colonie*, publicado em 7 de junho de 1919, se opõe a revolta das colônias:

> Durante a guerra as colônias foram desfrutadas em medida inaudita, com um método inflexível e desumano o qual pode ser concebido somente em períodos de admirável civilização, como a capitalista [...]. Milhares e milhares de indianos, egípcios, argelinos, tunisianos, tonkineses morreram de fome e de epidemia pela devastação levada às míseras economias coloniais pela concorrência capitalista européia.[332]

A perspectiva de que a "revolução oriental" realizada na Rússia teria podido contrastar a superpotência do imperialismo anglo-americano é vivíssima. No artigo *Italiani e cinesi*, publicado em 18 de julho de 1919, Gramsci escrevia que, a nível estratégico, este contraste teria devido reequilibrar os poderes internacionais, levando uma nova dignidade nacional a todos os povos e Estados coloniais. Era, em outras palavras, a intuição que seria desenvolvida no decênio sucessivo: a hegemonia política capitalista deveria ser "contida" estrategicamente. A tarefa a se cumprir era o enfraquecimento da prerrogativa, até aquele momento inconteste, do Estado capitalista: a ação expansionista, a conquista territorial e a

---

[331] GRAMSCI, Antonio. *L' Ordine Nuovo*, cit., pp. 226-228.

[332] Ibid., pp. 240-241.

colonização cultural. A rebelião das populações coloniais, assim como teria acontecido nos sucessivos cinqüenta anos, tinham certamente um valor de "libertação", mas aludia na verdade a esta visão estratégica que Gramsci desenvolveria em seguida na teoria da hegemonia mundial.

Não tardará a aparecer em Gramsci, como previsto por Marx, o aspecto anacrônico de uma revolução "oriental" no Ocidente. Dada a constituição "gelatinosa" da sociedade civil no Oriente, o modelo da revolução permanente parecia ser adequado àquele tipo de sociedade. A demonstração do anacronismo do modelo da "revolução permanente"-"guerra de movimento", chega a propósito em outra anotação. No Q I, 122 Gramsci descreve de maneira excelente a guerra antiimperialista nas colônias inglesas:

> Assim a luta política da Índia contra os ingleses (e em certa medida da Alemanha contra a França ou da Hungria contra a Pequena Aliança) conhece três formas de guerra: de movimento, de posição e subterrânea. A resistência passiva de Gandhi é uma guerra de posição, que se transforma em guerra de movimento; a preparação clandestina das armas e de elementos combativos é guerra subterrânea.

A complexidade de uma "guerra de libertação" é o resultado da complexidade da hegemonia exercitada pelos Estados capitalistas europeus. O realismo estratégico gramsciano não deve chocar. A guerra de libertação nacional utiliza numerosas táticas, incluídas as terroristas. Esta deve responder às técnicas de extermínio adotadas pelos ocupantes. Em uma situação trágica como a guerra "subterrânea", Gramsci pensa na regulação do uso da violência. No caso da Índia, como por todas as colônias inglesas, a guerra tinha como objetivo estratégico induzir os ingleses a crer que a insurreição de massa dos escravos os teria obrigado a diluir as forças em um teatro bélico transformado simultaneamente geral. A guerra de guerrilha será a técnica militar adotada por todos os movimentos de libertação nacional no século XX. Este tipo de

292

guerra é adotado quando as forças adversárias são manifestamente superiores. Esta deriva de um atento estudo do território e de uma longa e extenuante preparação militar ao combate, tal a quebrar a resistência das forças militares oponentes. As palavras de Gramsci são proféticas:

> Eis que nestas formas de luta mista, o caráter militar fundamental e o caráter político preponderante (mas hoje a luta política tem sempre um substrato militar), o emprego dos corajosos soldados requer um desenvolvimento tático original, para cuja concessão a experiência de guerra pode dar somente um estímulo, não um modelo.

A técnica militar mista da guerra de guerrilha não é certamente um fim em si mesmo. Ao contrário, Gramsci a enquadra estrategicamente em uma luta anticolonial de maior fôlego. No Q 901 esta responde em primeiro lugar às exigências da civilização indiana (e chinesa) de resistir à introdução da civilização ocidental "que de uma forma ou de outra terminará por vencer". A potência militar e cultural da civilização ocidental é tal que impõe aos "orientais" uma identidade colonial. Mas não é este o ponto: a colonização acelerará a ruptura entre "povo e intelectuais", expulsará o folclore, cancelará o senso comum e produzirá finalmente um novo tipo de intelectuais. Escreve Gramsci no Q 709, a propósito da sociedade indiana, que única revolução atuável em maneira realística e em tempo breve em uma sociedade colonial é o de alfabetizar as massas.

Para se fazer isto seria necessário dirigir-se às classes intelectuais "desempregadas", convertê-las à causa "nacionalista", tentar aviar o jogo combinatório entre as exigências de um Estado-nação independente e a libertação de um contexto internacional imperialista. No Q 480 Gramsci escreve que nas periferias dos impérios ocidentais, os intelectuais não são autônomos para o poder constituído. Na América Central ou Meridional, como na Índia ou na China, é difícil encontrar uma situação na qual o elemento laico tenha superado a fase da subordinação à política laica do clero e da casta militar. Em sociedades na qual a distância entre essas castas e o povo é máxima (como na Índia por exemplo), a guerra de liberação nacional resulta ser um instrumento inovador para reunir estes extremos e os colocar no interior do mesmo bloco social nacional e internacional.

A visão do centauro permite aos povos coloniais usar a fúria para conquistar o consenso, de desencadear a força para conquistar a hegemonia. A fúria do centauro permite adquirir a consciência do próprio ser subalterno, mas também de contestar a própria identidade dos escravos, aquela mentalidade que leva os povos coloniais a se identificar somente em um contexto "oriental". Uma vez criadas as condições de uma nova hegemonia, será possível criar uma classe social independente do contexto internacional, ao contrário do que são os funcionários das ocupações coloniais. Este é um ponto importante na teoria dos intelectuais de Gramsci. Se nas sociedades coloniais tivesse permanecido no poder o *status* parasitário de funcionários a soldo dos ocupantes ocidentais, vãs teriam sido as tentativas de libertação. Pelo contrário, voltar-se-ia à crença "religiosa" de que uma certa ordem do mundo, aquela da divisão do mundo entre imperialismos europeus, seja natural e eterna.

A visão do centauro reúne o particular com o universal, o local com o global. Cada indivíduo que luta contra a hegemonia colonial dos grandes Estados capitalistas compreende o objetivo estratégico final: a mudança das relações de força no interior de um novo período histórico e de uma nova ordem no jogo combinatório das "divisões territoriais" no interior de cada hegemonia histórica. É a idéia do "intelectual coletivo" que raciocina sobre estratégia e política. O centauro tem sempre uma visão global. Leia-se Q 242:

> Função do Atlântico na civilização e na economia moderna. Esse eixo se deslocará para o Pacífico? As massas maiores de população do mundo estão no Pacífico: se a China e a Índia se tornassem nações modernas, com grandes massas de produção

industrial, o destaque delas da dependência européia quebraria de fato o equilíbrio atual: transformação do continente americano, deslocamento da margem atlântica à margem do Pacífico do eixo da vida americana, etc.

Quem raciocina em termos de hegemonia histórica se coloca interrogações contra-fatuais: se a Índia, a China ou o Japão se tornasse Estados modernos com capitalismo avançado, o eixo hegemônico mundial se deslocaria para o Pacífico? Pensando às ordens hegemônicas do pós-guerra fria, tudo isto não está longe da realidade.

(Tradução do original italiano de
Marcos Del Roio e Paula Monteleone)

296